5년 후 중국

5년 후 중국

1판 1쇄 펴냄_ 2011년 12월 1일
1판 5쇄 펴냄_ 2013년 7월 10일

지은이_ 전병서
편 집_ 이은영, 김이슬, 손민지
마케팅_ 심지훈

펴낸이_ 하진석
펴낸곳_ 참돌

주   소_ 서울시 마포구 독막로 3길 8
전   화_ 02-518-3919
팩   스_ 0505-318-3919
이메일_ book@charmdol.com

신고번호_ 제313-2011-228호
신고일자_ 2011년 8월 11일

ISBN 978-89-967075-1-6 13320

이 책 내용의 전부나 일부를 이용하려면 반드시 저작권자와
참돌의 서면 동의를 받아야 합니다.

책값은 뒤표지에 있습니다.

잘못된 책은 구입하신 곳에서 바꾸어 드립니다.

After Five Years of
CHINA
세계를 변화시킬 중국 7대산업으로 살펴본
5년후 중국

· 전병서 지음 ·

프롤로그

팍스차이나 7대 신성장산업

노회한 사회주의 탈을 쓴 자본주의국가 중국

용이 승천하는 것을 본 적이 있는가? 무지개와 용을 보면 재수가 좋다고 한다. 용의 등에 올라타 무지개를 구경하면 금상첨화다. 용의 미래를 본 적은 있는가? 드디어 200년 전에 추락한 용이 다시 하늘로 올라가는 것을 볼 기회가 왔다.

중국의 1978년 개혁개방 이후 최근 30년의 부상이 눈부시다. 세계 150위에서 단박에 2등으로 올라선 것이다. 지난 30년간 중국의 부상은 놀라운 일이지만 인류 2,000년 역사를 돌아보면 중국의 부상은 별로 놀라운 것도 아니다.

1,000여 년 이상 전 세계 GDP 비중 1위를 차지하던 나라가 중국이었다. 1800년대까지 중국은 세계의 G1이었다. 그런데 아편전쟁 이후 역사의 뒤안길로 사라졌다. 1800년대에 전 세계 GDP의 33%를 차지하던 나라가 1978년에 5%대까지 떨어졌다가 다시 일어서고 있는 것이다. 영국 〈이코노미스트〉의 예측에 따르면 중국의 영향력은 2030년에는 다시 미국을 제치고 30%대로 올라설 전망이다.

큰 그림을 보기 위해 서방세계의 금융위기를 예로 들어보자. IT 같은 '선진국 종속산업'은 괴롭고 원자재, 중간재와 같은 '후진국 지배산업'은 신났다. 금융위기, 신용위기에 살아남은 나라는 선진국이 아닌 후진국이기 때문이다. 덕분에 지금 후진국에 원자재와 중간재를 공급하는 나라는 행복하다.

그 행복한 나라 중의 하나가 한국이다. 어마어마한 가속도로 발전하는 중국과 가장 가까이 있다는 것이 길게 보면 저주일지 모르지만 짧게 보면 행운일 수 있다. 콜럼버스가 신대륙을 발견하는 바람에 유럽이 대박 났던 것처럼, 우리가 발견한 것은 아니지만 우리 곁의 중국이 마치 콜럼버스의 신대륙처럼 떠오르고 있기 때문이다.

250년의 짧은 자본주의 역사로 일어선 서방세계가 100년의 암흑기를 거쳐 30년의 연습기와 30년의 성장기를 거친 자본주의의 신참 중국에게 누런색 지붕의 촌스런 자금성을 헐고 세련된 엘리제 궁전이나 버킹엄 궁전 스타일로 수리하든지, 그게 맘에 안 들면 좀 더 현대식인 백악관으로 개조하라고 압력을 넣고 있다. 그렇지 않으면 곧 망할 것이라며 오지랖 넓게 훈수하고 '중국붕괴론', '중국버블론'을 들어 겁을 주지만 1,800년의 세계패권의 역사를 가진 노회한 중국은 눈도 깜짝하지 않는다.

중국은 모방의 대가다. 자본주의 250년의 역사를 32년이라는 짧은 시간에 마스터하고 G2로 올라섰다. 서방세계가 입술이 빨개질 정도로 중국의 빠른 성장을 헐뜯었다. 횡령과 부패, 환경오염, 과열된 부동산 중심의 경제, 정경유착, 저임금과 혹독한 노동착취 등의 분배, 인권, 불평등 문제로 반드시 큰 대가를 치른다며 중국을 성토한다. 중국이 빨리 일어선 만큼 빨리 망할 거란 예측을 10년 전부터 쏟아냈지만 사회주의의 탈을 쓴 자본주의국가 중국은 이런 걱정과 비난에 아랑곳하지 않고 날로 성장하고 있다.

13억의 인구가 가진 규모의 경제가 세계 역사상 단 한 번도 경험해보지 못한 속도로 돌진하다 보니, 이런 경우를 역사 이래 단 한 번도 보지 못했던 작은 나라들의 시각으로 중국을 보면, 모조리 문제고 곧 과열로 망할 수밖에 없다. 세계가 '13억의 셈법의 무서움'을 역사상 경험한 적이 없어서 그 위력을 과소평가하는 것이다. 미국의 1/4, 유럽 전체의 1/2, 한국의 1/26의 속도로 가도 중국은 세계 어떤 나라와의 레이스에서도 최종적으로 양에서는 무조건 이길 수 있는 여건을 가지고 있다.

앞으로 5년, 중국이 가는 길

세상에서 제일 무서운 게 빚인데 '빚의 덫'에 걸린 미국과 유럽을 보면 정말 아수라장이다. 일단 물건을 사고 나중에 계산하는 서방세계의 '플라스틱 머니'의 마술이 그 효력을 다했다. '소비가 왕'이라는 미국식 소비문화의 종말이 온 것이다. 지금 미국과 유럽의 돌아가는 상황을 보면 5년이 걸려도 디레버리징이 마무리될지 미지수다.

부도위기에 몰린 서방세계는 30년간 빚으로 만든 소비의 무아지경에서 탈출하느라 안간힘을 쓰고 있다. 반면 30년간 번 것의 50%를 저축한 중국의 왕서방은 돈을 펑펑 쓰는 '중국 소비시대'를 맞이하고 있다. 제주국제공항 면세점 매출의 70%를 중국인이 싹쓸이하고 있고, 유럽명품의 30%도 중국관광객의 차지다. 게다가 명품브랜드 프라다가 유럽이 아닌 홍콩증시에서 상장해 중국부자들에게 눈도장을 찍는 일도 벌어지고 있다.

금융위기에 빠진 전 세계가 G2로 올라선 중국의 손을 쳐다보는 가운데 중국은 2010년 17기 5중전회에서 앞으로 5년의 갈 길인 '12차 5개년 계획'을 통과시켰다. 1953년부터 5년 단위로 진행되는 이 계획은 옛날 우리의 경제개발 5개년 계획과 비슷하다. 중국은 2011년부터 시작된 12차 5개년 계획기간 중에 넘치는 돈과 세계의 러브콜을 받으며 세계의 넘버원, G1으로 부상할 기반을 닦을 요량이다.

앞으로 5년간 중국의 성장방향은 지금과는 완전히 달라질 전망이다. '수출에서 내수로', '국부國富에서 민부民富로', '굴뚝 경제에서 저탄소 경제로' 경제의 틀을 완전히 바꿀 계획이다. 중국의 저축률은 현재 50%에 달한다. 사회주의 체제에서 사회안전망의 확보가 충분하지 않았기 때문에 벌어서 쓰지 않고 너무 많이 저축한 것이다.

미국과 유럽 구제는 애플 같은 '신기술 회사 700개면 된다'

굴뚝산업이 떠나간 자리에 인류의 미래를 바꿀 신기술, 신성장산업을 만들고 이를 통해 젊은 인재를 대량으로 고용해 세수를 늘리는 것이 부채중독과 실업병에 빠진 미국과 유럽을 구하는 길이다.

지금 배고픈 젊은이들이 월가를 점령한 미국을 구제하는 것은 FRB의 QE Quantitative Easing, OT Operation Twist 같은, 용어마저 생소한 '돈 찍기

Money Printing'가 아니다. 미국정부가 달러 인쇄기를 돌려 100년 전 죽은 링컨 얼굴을 전 세계에 도배해도 안 된다. 빚에는 백약이 무효이기 때문이다. 미국을 구할 수 있는 것은 오로지 매년 2만 명의 일자리를 만드는 애플 같은 신기술기업이다. 신기함과 속도에 목숨을 걸어 전 세계 정보유목민의 주머니를 터는 신기술기업 700개만 있으면 미국의 불황, 고용, 재정, 주식은 모두 해결된다.

세계의 TV, PC업체를 모두 미국으로 통합시키고 초저임금이긴 하지만 중국에서 40만 명의 조립가공인력을 만들어낸 것이 애플이다. 미국이 애플 같은 신기술기업 700개만 만들어내면 모든 것을 외상으로 쓰는 할부인생인 미국인의 주머니를 털지 않아도 세수는 걱정 없고 재정적자도 자동으로 해결된다.

영업이익률이 55%나 되는 시가총액 400조짜리 회사 700개면 미국증시는 영원한 세계 1등이다. 경기부양과 이자부담 때문에 금리를 제로로 만들고 중앙은행이 별별 말장난을 안 쳐도 애플 같은 수익률이 나오는 회사 700개가 있으면 돈에게 이머징마켓으로 가라고 비행기표를 사줘도 안 간다.

이런 기업을 700개 보유하고 있는 나라는 핵무기 1,000개 보유한 나라보다 믿음직하다. 그렇기 때문에 '0이 12개 붙어 있는 금액조 달러: 1,000,000,000,000'의 채권을 발행한다 해도 'A가 12개' 있는 평가등급을 주어도 된다.

또한 무리하게 수익률을 맞추려고 복잡한 수학과 통계학을 써서 파생

상품을 만들 필요도 없다. 원숭이가 아무리 재주를 부린들 사람만 못하다. 그림자가 아무리 긴들 해가 지면 사라진다.

실물의 그림자인 파생상품은, 통계와 확률의 마술로 무슨 짓을 해도 펀더멘탈이 형편없는 한 분칠하고 성형한들 '원판 불변의 법칙'을 깰 수 없다. 일시적으로 탱탱한 피부는 만들 수 있을지 몰라도 보톡스의 약효가 떨어지면 피부는 괴사하고, 더 센 처방전이 필요할 뿐이다.

유럽의 신용위기도 재정통합 없는 화폐끼리만의 통합의 위험성, 엄밀히 말하면 금융과 재정에서 모럴 해저드의 실체가 얼마나 무섭고 우스꽝스런 일을 가져오는지 알려주는 사건이다. 문제해결도 웃기다. 빚이 많으면 금리를 올려 빚을 줄이는 게 정상인데 금리를 제로로 만들어 이자부담을 없애고 돈을 계속 빌린다는 심산이다. 말도 안 되는 논리로 위기를 풀어가자니 하는 족족 정책실패다.

이미 일본에서 실패한 정책을 미국이 답습하고 유럽이 베꼈다. 그러면 결과는 일본식 장기불황이다. 노령화는 진행되었는데 돈을 낼 젊은 세대는 줄고, 일자리를 못 찾은 젊은이는 해외로 나간다. 그렇게 되면 노령인구의 복지를 위한 비용은 계속 늘지만 재정수입은 줄어든다.

자본주의 역사상 3차 산업으로 이전을 완료한 나라가 다시 2차 산업으로 돌아온 사례는 없다. 제조업이 해외로 도망간 나라 중에서 금융이 강한 나라는 잘 먹고 잘살지만 금융이 약한 나라는 거지가 되는 것을 역사가 보여주었다. 그리고 이번 미국발 금융위기가 가르쳐준 또 하나의 교훈은 금융이 강해도 과하면 탈이 난다는 것이다. 적정한 수익률을 먹는 정상적인 금융업이 아니라 통계학과 수학을 사용해서 만든 이상하고 복잡한 초고수익 금융상품을 만들어 폰지사기나 치는 나라도 살아남기 어렵다는 것이다.

유럽도 중앙은행이 자꾸 돈을 찍어서 인플레이션을 만들고 부채를 찍어 후손에게 부담을 주는 게 아니라 불요불급한 자산을 매각해 현금을 만들고, 허리띠를 졸라매 과도한 복지예산을 줄여 거기서 나온 돈으로 젊은이들을 고용할 수 있는 신성장산업을 육성해 일자리를 만드는 것이 답이다.

유럽은 미국과 한국에서 대형사고를 친 IB의 특수목적회사(SPC: Special Purpose Company) 구조를 부채의 덫에 빠진 남유럽국가를 구하는 데에 도입하려 한다. 역시나 레버리지를 이용해 5배의 부채를 지급하는 방식이다. 하지만 보증채권이 썩은 채권이라면 부실이 20%만 되도 원금이 모두 날라간다. 유럽도 이런 금융장난을 계속할 게 아니라 애플 같은 신기술 회사 700개를 만들어야 한다. 이러한 회사는 1,400만 명의 젊은 인력을 고용할 수 있는데, 이를 할 생각은 않고 꼼수를 쓰고 있는 것이다.

굴뚝산업이 떠나간 자리에 인류의 미래를 바꿀 신기술, 신성장산업을 만들고 이를 통해 젊은 인재를 대량으로 고용해 세수를 늘리는 것이 부채 중독과 실업병에 빠진 미국과 유럽을 구하는 길이다.

아시아와 중동이 인류 차세대산업의 주도권을 쥔다?

빚에는 백약이 무효고, 매에는 장사가 없다. 지금 미국과 유럽의 경제상황을 보면 딱 들어맞는 말이다. 악재의 종합선물세트처럼 보이는 것이 요즘 세계경제와 금융시장이다. 이런 판에 희망을 논하고 미래를 설계하는 게 맞을까? 결국 답은 역사에 있다. 손오공이 부처님 손바닥을 못 벗어난 것은 바로 부처님이 손오공의 코앞에 손바닥을 대고 손오공이 멀리 보지 못하게 막았기 때문이다.

미국이 제로금리정책을 고수하고 있다. 그러면 실질금리는 어떨까? 마이너스다. 그러면 돈이 붙어 있을 리가 없다. 일본이 제로금리를 십수 년 유지하자 엔 캐리 자금이 일본을 떠나 전 세계를 돌아다니면서 각종 투기의 역사를 만들었다.

지금 미국의 달러가 바로 그 형국이다. 미국의 자금은 속도나 규모가 장난이 아니다. 엔 캐리는 저리 가라 할 정도다. 달러는 지금 세계의 안전자산이 아니라 세계경제에 금융불안을 만드는 제조기다.

지금 미국은 심장에 병이 들었다. 피를 만들지 못하고, 피를 온몸으로 보낼 펌프인 금융시스템이 고장 났다. 유럽은 너무 퍼먹고 놀다 보니 뇌가 고장났다. 뇌와 심장이 병든 유럽과 미국은 피가 잘 돌지 않는다. 발가락이 아니라 이미 발목이 썩어들어 가는데 수술하고 항생제를 쓰는 대신 고통스럽다고 진통제와 소독약만 뿌리고 있다. 지금 전 세계에서 그나마 멀쩡한 곳은 미국과 유럽의 손발 노릇을 하던 중동을 포함한 아시아다.

지금 유럽은 할아버지와 아버지가 먹었던 공짜점심의 계산서가 아들과 손자에게 발부되고 있다. 그러자 노인과 청년의 갈등이 커지고 있다. 경로사상은 애초부터 물 건너갔고 노사나 빈부의 갈등이 아니라 노년과 청년의 갈등으로 사회가 분열되고 있다.

빚더미 국가를 떠안은 후손은 나라를 버릴지도 모른다. 연금 받는 노인천국, 돈 대는 청년층은 허리가 부러진다. 그래서 청년지옥이다. 연 4만 명의 청년들이 해외로 탈출해버린다. 성장동력을 만들려고 해도 일할 사람이 없어 만들 수 없는 상황이다. 지금 그리스에 이어 문제가 된 이태리의 상황이다.

결국 공장 팔고, 기계 팔고 기술과 브랜드까지 파는 일이 벌어질 판이다. 지금 궁지에 몰린 유럽은 자산과 기업매각이 시작됐는데 유럽의 매물을 날름날름 받아먹는 나라가 중국이다. 유럽의 명차 볼보에 이어 사브가 중국에 팔려간다. 중국 상하이 푸단대 경제학원에 빌딩 하나를 통 크게 기부한 푸단대 출신의 44세의 젊은 회장이 이끄는 상하이의 푸싱그룹은 프랑스의 클럽메드의 지분을 인수했고 그리스의 액세서리 전문브랜드 폴리폴리를 먹었다. 지금 예전에 전 세계 M&A시장에서 잘나가던 미국과 일본을 대신하는 나라가 중국이다.

배가 아픈 미국이 유럽에 대고 중국돈을 받으면 무서운 대가를 치를 것이라고 경고하고 나섰지만 유럽은 '법은 멀고 주먹은 가깝다'며 들은 척도 않고 중국에 매달리고 있다. G20 정상회담에서 후진타오 중국주석은 각국 정상들이 서로 만나려고 줄을 서는데 오바마 미국대통령은 찬밥이었다는 뉴스도 들린다. 중국의 현금이 말을 하는 시대가 와버렸다. 정말 상전벽해다.

남유럽과 북유럽은 서로 꼴 보기 싫어 이혼하고 싶어도 유로화라는 한 채 남은 집 때문에 그걸 파먹으려고 도장을 못 찍는다. 그러나 유럽의 남북이 한번 치고 박고, 부부싸움을 할 때마다 세계금융시장은 시퍼렇게 멍이 든다.

그러나 역사를 보면 전쟁으로 망한 나라는 있어도 금융위기로 망한 나라는 없다. 다만 더 가난해질 뿐이다. 미국에 이은 유럽의 빚잔치 소동은 짧으면 2년, 길면 10년 지속될 도미노게임이다. 문제의 해법은 후손에게 떠넘길 세금계산서가 아니고 실업과 질 나쁜 고용에서 분노한 젊은이들을 구할 신성장산업의 개발이다.

세상에 없는 서비스, 세상을 바꾸는 제품, 늙은이를 젊은이처럼 건강하게 만들 불로초산업, 이런 산업이 유럽과 미국을 구할 구세주다. 미친 소리로 들릴지 모르지만 역설적으로 아시아가 이런 산업을 만들면 미국과 유럽을 하청업체로 써서 지난 2차대전 이후 60년간 미국과 유럽이 아시아에 한 것처럼 싼값의 고용으로 미국과 유럽의 실업을 구할 수도 있다.

역사의 게임에는 영원한 승자도 영원한 패자도 없다. 자본주의 역사 250년을 돌아보면 바닷물 조류의 방향이 바뀔 때 누가 그물을 던지느냐에 따라 국가의 운명이 뒤바뀌었다. '풀 먹는 말馬'이 '석탄 먹는 말'로 바뀌고, 석탄 먹는 말이 '석유 먹는 말'로 바뀌고, 석유 먹는 말이 '전기 먹는 말'로 바뀔 때 그 조류에 제대로 올라탄 영국, 독일, 미국이 세계시장의 패권을 잡았다. 이제 전기 먹는 말이 '태양 먹는 말'로 바뀔 때 세계의 패권은 누구의 것이 될까?

전기 먹는 말, IT산업 다음으로 인류를 바꿀 밀물은 녹색산업, 노인산업, 스마트산업 바로 그것이다. 이런 산업들은 초기 투자부담이 크고 사업의 인프라가 갖추어져야 되는 산업이기 때문에 똑똑한 대학생 서너 명이 차고에서 창업해서 벤처 돈 받아서 성공하는 그런 비즈니스모델이 아니다.

검정 고양이, 흰 고양이가 아니고 녹색 고양이가 세상을 바꾼다. 진시황은 불로초를 제주도에서 찾는 바람에 실패했지만 2,000년이 지난 지금 불로초는 다름 아닌 진시황의 배꼽 아래 5cm의 지방 속에 있었다. 줄기세포가 바로 불로초산업인데 그걸 아는 데 2,000년이 더 걸렸다.

그러나 이런 산업들은 모두 정부의 정책과 정부보조금산업이다. 재정이 튼튼한 정부가 미친 듯이 돈을 퍼부어야 가능한 산업이다. 미국과 유럽은 재정적자로 정부가 대규모 보조금을 넣는 사업은 경제가 정상화되기까지는 어렵다. 집 안의 불 끄기도 바쁜데 집 밖의 '황금 송아지' 사업에 돈을 넣을 여유가 없다.

이런 사업에서는 상대적으로 재정이 튼튼하고 돈독이 오른 젊은이들이 득실대고, 조상이 물려준 사막에서 석유로 벌었든, 값싼 노동력으로 벌었든 간에 현금이 두둑한 놈이 최고다. 중동의 페트로 달러, 아시아의 차이나 머니가 세상을 바꿀 새로운 산업에서 미국과 유럽을 제치고 아시아를 선두에 세울 가능성이 있다.

신에너지, 전기자동차, 바이오, 환경보호 같은 인류의 차세대 성장산업의 주역이 미국과 유럽이 아니라 아시아와 중동이 된다면 상상력이 너무 지나친 것일까?

중국, 7대 신성장산업에 승부를 건다

황제와 왕의 상징은 용이다. 황제와 왕의 옷에는 용이 수놓아져 있어 곤룡포라고 부르는데 같은 옷이라도 옷에 새겨진 용의 발톱수에 따라 의미와 품격이 달라진다. 황제의 옷에는 7개의 발톱을 가진 용이 있고, 왕과 제후의 옷에는 5개의 발톱이, 왕의 아들인 세자의 옷에는 4개, 왕의 손자인 세손의 옷에는 3개의 발톱이 수놓아져 있다. 수놓아진 용의 발톱수는 곧 지위를 상징한다.

중국은 2008년 말부터 2년에 걸쳐 정부, 업계, 학계에서 수많은 전문가가 참여해 12차 5개년 계획을 준비했고 그 결과물로 1,500여 페이지의 '12차 5개년 계획 전략연구서'를 만들어 각계의 의견을 수렴해 2015년까지 중국경제의 밑그림을 그렸다.

그중 중국이 서방세계를 놀라게 할 이슈는 바로 '7대 신성장산업'新成長産業의 육성이다. 마치 황제의 곤룡포에 있는 7개의 발톱처럼 중국의 위상을 세상에 알리는 야심 찬 프로젝트다. 중국은 12차 5개년 계획에서 신에너지, 전기자동차, 신소재, 에너지절약과 환경보호, 차세대 IT, 바이오, 첨단장비 제조의 '7대 신성장산업'을 지정했다.

한국의 신성장동력산업, 녹색성장산업과 큰 차이가 없지만 중국의 목표가 놀랍다. 신에너지, 전기자동차, 환경보호, 바이오, 신소재, 차세대 IT, 첨단장비의 7대산업을 5년 내에 세계 1위로 키우겠다는 것이다. 중국은 현재 GDP 비중 4%에 불과한 이 7대산업을 2015년까지 8%, 2020년에는 15%까지 키울 계획이다.

한국의 대중국 수출호황, 봄날처럼 짧게 끝날 수 있다

과거 한국은 화학, 철강, 자동차, IT산업을 기러기가 날아오듯이 선진국으로부터 차례대로 이전 받아 국산화하고 성장산업으로 키웠다. 그러나 지금 중국에는 네 마리의 기러기가 동시에 내려앉고 있다. 그래서 한국이 중국의 국제적 산업이전 과정에서 누릴 이익이 없어졌다. 한국의 포스코가 이미 중국에 최첨단 파이넥스공법FINEX 공장을 지을 예정이고, 현대는 자동차공장을 지어 돈을 벌고 있다.

자동차 다음은 IT인데 IT강국인 한국의 신화는 이미 끝나가고 있다. 이미 중국에서 하이닉스가 40나노급 최첨단 반도체공장을 지었고, 삼성과 LG가 최첨단 LCD라인을 중국에 지으려 했지만 중국정부의 '바이 차이나 Buy China' 전략에 걸려들어 고전하고 있다. 지금 세상은 스마트폰과 트위터, 페이스북 등의 소셜네트워크 세상이 되었는데 한국 IT업계는 글로벌화와 앱에 실패해 일본지진에 버금가는 '아이폰 쓰나미'에 걸려들어 스마트폰에서 고전하고 있다. 아이러브스쿨과 싸이월드로 서방에 몇 년 앞서 있던 소셜네트워크는 싹만 틔우고 국제화를 이루지 못해 안방을 통째로 미국에 내주었다.

이들 산업 다음으로 한국이 중국에 팔 기술이 있을까? 제조업에서는 답이 잘 안 보인다. 제조가 아니라면 금융인데 한국의 금융업은 이미 중국에 비하면 조막손이 되어버렸다. 미국 금융업이 그 답을 보여주었듯이 금융업은 진정 '규모의 경제' 산업이고 대마불사大馬不死다. 2010년 중국은행의 연간이익은 152조 원이다. 이미 금융에서 한·중 간의 게임은 끝났다.

전통적인 굴뚝산업에서 대중국 수출호황은 기대보다 짧을 수 있다. 중국이 전 세계 내로라하는 세계 초일류기업들의 경연장이 되어버렸기 때문이다. 그래서 중국에서 소위 '규모의 경제'로 경쟁하는 굴뚝산업 같은 '근육형 산업'은 오래가기 어렵다. 또한 패션, 의류, 화장품 같은 감성에 호소하는 '피부형 산업'도 오래가지 못한다. 유행이 바뀌고 한류가 맥을 못 추는 순간 바로 사라진다.

현재 한국의 주요 산업은 이미 세계의 '최대', '최고', '최초'가 아니다. 중국에서 규모와 힘으로 경쟁하는 것은 3년을 못 가고 5년이면 끝난다. 한국의 삼성은 연간 2,500만 대의 노트북을 생산하지만 중국에서는 연간 3,000~5,000만 대를 생산하는 기업들이 있다. 즉 삼성은 중국의 노트북업계에서 중간 정도에 불과하다. 지금 중국이 이런 나라다.

근육형 하드웨어산업을 대부분 해외로 내보낸 일본에서 세계적인 소재부품업체인 무라타제작소가 지진 피해를 입자 전 세계 IT 세트업체가 떨었다. 이것이 바로 한국기업이 벤치마크해야 할 답안이다. 힘과 규모로 하는 근육형 산업에서, 독보적인 기술을 가진 핵심소재 부품산업, 소위 '세포형 산업'으로 이전해 목숨을 걸고 경쟁력을 기르지 않으면 안 된다. 국제적인 산업이전이 마무리돼가는 중국에서, 한국이 규모에 의존하는 근육형 산업에 만취해 즐기다 보면 한국제조업의 대중국 수출호황은 봄날처럼 짧게 끝날 수 있기 때문이다.

한국의 미래 5년, 중국의 신성장산업에서 판가름 난다

지금 금융위기로 전 세계의 기업들이 내수가 살아 있는 중국으로 몰리면서 전 세계 첨단기술, 중급기술 할 것 없이 모든 기술이 동시에 중국으로 이전되고 있다. 과거 아시아 국가들이 누렸던 기러기가 날아가는 형국의 기술이전모델이 중국과는 관련이 없다. 기러기떼가 내려앉고 있기 때문이다.

한국과 중국의 기술격차는 2~3년이 되지 않는다. 한국은 2~3년 지나면 더는 팔 제품이 없고, 보유한 기술을 내다 팔아야 하는 시대가 올지도 모른다. 외자기업에 대한 세율조정, 노동자의 종신고용, 5대 사회보험 의무화, 이전가격 조사, 환경기준 강화, 최저임금제의 도입과 두자릿수 임금인상 등 외자기업의 대중국 영업환경은 날로 악화일로에 있다. 최근 중국은 외자에 대한 우대를 완전히 철폐했다.

중국의 향후 5년의 청사진은 12차 5개년 계획이다. 12차 5개년 계획을 자세히 들여다보면 중국이 주력할 미래 5년 성장산업에 굴뚝산업은 없다. 중국의 향후 5년 그림에는 지금 한국이 잘나가는 철강, 화학, 조선, 자동차, 핸드폰은 없다. 하지만 중국이 집중적으로 키울 7대산업의 시가총액 비중은 현재 8%에서 5년 뒤에는 30%까지 올라갈 전망이다.

한국은 이런 상황에서 5년 뒤 대중국 수출의 먹거리를 어떻게 준비하고 있는가? 앞으로 중국의 성장주도산업인 7대산업에 한국이 선두로 나서서 중국에 한 수 가르칠 수 있는 분야가 있는가를 보면 답답해진다. 지금 같은 추세라면 한국의 대중국 수출호황은 5년 안에 끝난다. 한국은 중국이 2011년부터 시작한 12차 5개년 계획에서 앞으로 중점 육성할 신소재, 신에너지, 전기자동차 등 7대산업 분야에 대한 전략이 반드시 있어야 한다.

한국은 지금 자동차, 철강, 화학 등 전통산업 분야에서 대중국 수출호황을 누리고 있지만 중국의 향후 5~10년의 먹거리산업은 '7대 신성장산업'이 분명하다. 이미 이 중 일부 업종에서 중국은 세계 1위를 달성했다. 그러나 이건 시작이고 1등을 유지하기 위한 엄청난 투자가 기다린다.

중국의 하드웨어산업은 장대하지만 상대적으로 소재부품과 중간재가 모자란다. 한국은 중국의 굴뚝산업에 중간재를 납품하면서 대박 낸 것처럼 중국의 바이오를 포함한 7대산업 분야에서도 잘만 하면 그럴 가능성이 있다. 한국은 중국 7대산업에 중간재를 납품할 수 있는 능력과 기술을 가진 회사, 중국의 녹색산업에 발을 들여놓을 3세대 수출업종을 빨리 육성해야 한다. 그것이 한국이 5~10년 후에도 중국특수로 여전히 잘 먹고 잘사는 길이다.

지난 5년간 중국의 11차 5개년 계획기간 중 상해종합지수는 123% 증가에 그쳤지만 400% 이상 오른 업종이 6개나 된다. 중국시장에 투자하는 것이 아니라 업종에 투자해야 하고 정부가 집중적으로 육성하는 산업에 투자해야 돈을 먹는다는 것을 바로 보여준다.

한국증시는 최근 2년 반 동안 '차화정'으로 대표되는 굴뚝산업이 대박이었다. 선진국 증시에서 차화정은 없었다. 차화정은 한국에만 있는 투자패턴이고 이는 중국이라는 신대륙이 한국에 만들어준 신조어다.

한국경제는 지금 중국에 빨려 들어가고 있다. 그 속도는 더 가속화되고 있다. 한국의 향후 5년간, 길게 보면 10년간의 먹거리는 분명 지금 우리가 중국에 팔고 있는 상품이 아니라 중국의 7대산업이다.

증시에서도 중국의 향후 5년의 그림을 잘 보면 어디에 투자해야 할지를 알 수 있다. 한국경제, 한국증시 향후 5년은 중국의 7대산업에 달려 있다고 해도 과언이 아니다. 이것이 바로 중국의 7대 신성장산업의 계획을 자세히 들여다봐야 하는 이유다.

이 책은 12차 5개년 계획의 초안이 발표되기 시작한 시점부터 1년여 동안 저자의 주도로 한국과 중국의 대학교, 연구소, 금융기관, IT기업 등에서 일하고 있는 상하이 푸단대 경제학원과 관리학원 출신의 석·박사들이 7대 신성장산업을 분석하고 연구한 결과물이다. 한국의 산업계와 금융계의 중국진출과 투자에 작은 도움이 되었으면 한다.

2011년 가을에
상하이 한단로邯鄲路에서
전병서

차례

프롤로그
팍스차이나 7대 신성장산업 • 5

PART 1
중국 미래 5년의 청사진

Chapter01 중국의 미래 5년, 빛과 그림자
    Section 01 앞으로 5년 중국이 가는 길 … 30
    Section 02 2015년은 중국경제의 중대 변곡점 … 36
    Section 03 에너지, '애써 2등'을 주장하는 중국의 고민 … 49

Chapter02 중국경제 55년의 발자취
    Section 01 조화사회 건설을 기치로 내건 11차 5개년 계획 … 58
    Section 02 중국경제의 미래 5년, 12차 5개년 계획 … 66

Chapter03 중국, 7대 신성장산업에 승부를 건다
    Section 01 7개의 발톱을 가진 중국의 용? … 72
    Section 02 IT와 자동차의 나라 한국의 고민 … 83
    Section 03 한국의 대중국 수출호황, 봄날처럼 짧게 끝날 수 있다 … 89
    Section 04 한국의 미래 5년 중국 신성장산업에서 판가름 난다 … 92

PART 2
팍스차이나 7대 신성장산업

Chapter04 신에너지산업: 신이 내린 모든 것 에너지로 바꾼다
Section 01 중국의 풍력·태양광산업 육성 한국에는 위협이자 기회 … *100*
Section 02 바람으로 세계를 잠재우다 … *104*
Section 03 21세기 태양은 중국에서 뜬다 … *115*
Section 04 일본보다 더 무서운 중국의 원자력산업 … *123*
Section 05 미래 전력의 동맥, 스마트그리드 … *128*

Chapter05 전기자동차산업: 육참골단(肉斬骨斷)의 전략
Section 01 중국의 미래를 담아 달린다 … *136*
Section 02 중국 전기자동차산업의 3대 강점 … *143*
Section 03 중국 전기자동차시장, 그들만의 리그일까? … *159*

Chapter06 신소재산업: 신소재로 황하문명의 재건을 꿈꾸다
Section 01 인류의 변화가 신소재로 다시 시작되고 있다 … *168*
Section 02 중동에는 석유가, 중국에는 희토가 있다 … *179*
Section 03 13억, 에디슨을 끄고 LED를 켜다 … *201*

차례

Chapter07 차세대 IT산업: 핵심은 융합에 기회는 선점에
  Section 01 차세대 IT, 추격자에서 선도자로 ⋯ *224*
  Section 02 네트워크와 물질세계의 융합 ⋯ *228*
  Section 03 통신, 인터넷, 방송 3망의 융합 ⋯ *241*
  Section 04 신형 디스플레이 ⋯ *246*
  Section 05 고성능 집적회로, 첨단 소프트웨어 ⋯ *251*
  Section 06 IT 없이 경제강국은 될 수 없다 ⋯ *256*

Chapter08 환경보호산업: 중국의 '녹색 고양이'
  Section 01 베이징 VS 상하이 VS 광둥성의 신 녹색 삼국지 ⋯ *260*
  Section 02 중국만의 독특한 녹색산업의 청사진을 그리다 ⋯ *263*
  Section 03 신재생에너지가 변화구라면 에너지절감은 직구 ⋯ *266*
  Section 04 12차 5개년, 에너지절감산업 ⋯ *269*
  Section 05 에스코가 뜬다 ⋯ *271*
  Section 06 고압주파수 변압기도 대박 ⋯ *275*
  Section 07 녹색건물, 건축에너지 절감이 신성장산업 ⋯ *277*
  Section 08 이제는 쓰레기처리산업이다! ⋯ *279*
  Section 09 이젠 매립이 아닌 소각! ⋯ *285*
  Section 10 떠오르는 바이오매스발전소 ⋯ *289*
  Section 11 재활용: 자원순환산업 ⋯ *291*
  Section 12 석탄가스 복합발전시스템과 탈황산업 ⋯ *293*

Chapter09 바이오산업: 중국이 간절히 원하는 '생명산업'
    Section 01 '불로장생'의 영약을 구하라 … *298*
    Section 02 생명의 무게와 의약품의 경제적 가치는 비례한다 … *300*
    Section 03 바이오산업의 발전 로드맵 … *302*

Chapter10 첨단장비산업: 중국의 비상飛上, 그 내막은?
    Section 01 더욱 높게, 더욱 멀리, 더욱 빨리 … *322*
    Section 02 우주항공산업 … *328*
    Section 03 GPS, 베이더우가 접수한다 … *338*
    Section 04 바다를 지배하는 자, 세계를 지배한다 … *347*
    Section 05 바다의 오아시스, 해수담수화 … *356*
    Section 06 고속철도산업 … *360*

After Five Years of China
PART 1

중국
미래 5년의 청사진

Chapter 1
중국의 미래 5년,
빛과 그림자

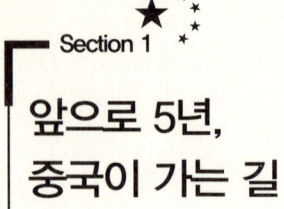

Section 1

앞으로 5년, 중국이 가는 길

앞으로 5년간 중국의 성장방향은 지금과는 완전히 달라질 전망이다. '수출에서 내수로, 국부國富에서 민부民富로, 굴뚝 경제에서 저탄소低炭素 경제로' 틀을 완전히 바꿀 계획이다. 이는 공업화로 이룬 30년의 화려한 성적표가 위협받기 시작했기 때문이다. 날밤 새며 죽어라 공장을 돌려 달러 모으는 것이 부자되는 길이고, 부가가치가 얼마든지 간에 고용만 일어나고 먹고 잘 잠자리만 보장되면 만들고 보자는 중국식 성장에 한계가 왔다. 이렇게 구조적으로 치명적인 약점을 가진 중국의 30년 산업구조를 바꾼 것은 공산당이 아닌 미국과 유럽의 금융위기였다.

2007년 이후 4년간 서방세계의 금융위기를 지켜보면서 중국은 세계 최대인 3조 2,000억 달러의 외환보유액이 한낱 종이더미에 불과할 수도 있다는 것을 확실하게 인식했다. 또한 미국발 금융위기로 광저우 선전지방에 있는 수천 개의 전자부품과 완구공장의 연쇄부도를 경험하면서 저부가가치산업의 정리와 고부가가치산업으로의 구조전환이 절박하다는 것을 인식했고, 이번 유럽발 신용위기로 온조우와 이우시의 경공업지역에서 수천 개의 중소기업이 줄도산하는 것을 보면서 비행기 한 대 사려면 8억 벌의 와이셔츠를 만들어 팔아야 하는 이런 수출산업구조로는 생존할 수 없다는 것을 알았다.

'돈이 피보다 진한 나라'가 중국이다. 같이 잘 먹고 잘살자는 공유제가 사라진 지는 이미 32년째다. 중국은 나라 이름만 사회주의지 돈 버는 데는 철저한 자본주의다. 도시와 농촌 간의 격차가, 가난뱅이와 부자의 격차가 자본주의국가보다 더 큰 나라가 중국이다. 그런데 부자를 미워하는 정도는 사회주의 중국이 자본주의 미국과 유럽보다 더 약하다. 오히려 중국은 부자를 미워하는 게 아니라 부러워하는 이상한 나라다. 돈 버는 것도 재주라는 것이다. 중국은 사촌이 땅을 사도 배가 아프지 않다. 한 자녀 갖기 운동을 한 지 32년이 지나 배 아파할 사촌이 없을뿐더러 최고 지도자가 흰 고양이든, 검은 고양이든 쥐만 잘 잡으면 된다는 판에 '왜 네가 번 것을 나하고 같이 안 나누느냐'고 툴툴거리는 놈이 촌놈 아니면 간첩이거나 문맹이다. 덩샤오핑의 지시를 어긴 것이다.

지금 중국에는 천만장자가 96만 명이나 되고 노동자와 농민의 당이라는 중국의 공산당에는 중국 최고의 부자인 삼일중공업의 회장이 당 간부로 등장한다. 이런 나라를 공유제, 사회주의국가라고 할 수 있을까? 그렇다고 믿는 자본주의국가 사람들의 중국변화에 대한 이해가 부족한 것이다. 중국은 무늬만 사회주의지 내용은 자본주의보다 더 자본주의적이다. 돈 없으면 될 일도 안 되고 돈 있으면 안 될 일도 되는 나라다.

중국은 그간 번 돈의 50%를 저축한 나라였다. 사회안전망이 완전하지 않은 상태에서 공유제가 사유제로 바뀌면서 믿을 건 자식도 친구도 공산당도 아니고 오로지 내 주머니의 돈이라는 인식이 강했던 것이다.

'한 자녀 낳기 정책'이 낳은 우스꽝스러운 사회현상 중 하나는 중국의 가임여성의 25%가 임신중절의 경험이 있다는 것이다. 한 자녀 낳기 정책이 산부인과의 임신중절 수술양을 엄청나게 늘린 것이다. 어쨌거나 중국은 1978년 이후 한 자녀 낳기 정책으로 4억 명 이상의 인구를 줄였고 덕분에 소득이 25% 올라갔다. 여성의 사회참여가 경제성장의 가속화에 크게 기여했고 열심히 일한 당신들, 지금 그 40~50대 여성들이 돈을 쓰기 시작했다.

중국은 지금, 내부에서 풀어놓은 돈과 외부에서 들어온 돈으로 부글부글 끓고 있다. 해외로 나가는 금융시장의 통로를 막아놓은 탓에 돈이 탈출구를 못 찾고 있다. 재테크바람이 불어 황금, 골동품, 동충하초, 부동산, 명품, 고급승용차, 별장, 골프장 등을 가리지 않는다. 요즘 서울에 있는 5성급 호텔의 부킹대란은 중국관광객의 영향이 크다. 서울 중심가의 명품점 상품진열대가 싹쓸이되는 것도 중국 중년여성들의 구매력 때문이다. 지금 중국인구의 46%가 1963년±7년생들이다. 생활에 여유가 생긴 이들의 폭발하는 소비욕구가 미국과 유럽발 금융위기로 길이 좁아진 중국의 수출을 대신해줄 해방구다.

중국은 전 세계 강대국 중 GDP에서 소비가 차지하는 비중이 50%가 안 되는 유일한 나라다. 중국정부는 지금까지 민간을 대신해 정부가 소비하던 것을 민간에게 돌려줄 생각을 하고 있다. 중국의 GDP 성장률은 9~10%대인데 정부가 거두는 세수는 30%대로 증가하는 이상한 나라다. 국민은 가난해도 정부는 부자인 대표적인 나라다. 정부의 세수를 20%대로 낮추면 중국의 소비는 폭발한다. 최근 중국정부는 소득세면세점을 애초 기대했던 2,800위안보다 훨씬 높은 3,500위안으로 올려 세금을 낮추어 소비를 자극하는 정책을 이미 시작했다. 이제 정부가 부자가 되는 것이 아니라 국민이 부자가 되는 프로젝트를 시작한 것이다. 중국은 GDP 수준이 올라가면서 사회보장과 사회안전망이 확충되고, 저축이 소비로 전환되면 경제가 더 활성화될 가능성이 크다. 빚더미에 올라선 서방세계를 본 중국은 서방세계로의 수출을 통한 성장에 대한 기대를 접었다. 대신 구매력을 갖춘 13억의 내수소비를 통해 대국성장의 새로운 면모를 보여주겠다는 것이 중국의 새로운 전략이다.

중동의 '재스민 혁명'과 미국의 가을 사태Occupy Wall Street를 보면서 중국은 미사일 핵무기보다 더 무서운 것이 1주일, 1달, 1년 굶은 젊은이들의 시위라는 것을 확실히 인식했다. 중국에서는 서버와 정보통제로 '모리화茉莉花 혁명'도, 상하이의 금융가를 점령하자는 '루자주이 점령'의 시위도 없었다. 그러나 중국이 결코 배고픈 젊은이들의 시위에 안전지대가 아니라는 것을 중국정부는 인식하고 있다. 결국 이번 금융위기가 끝나면 국가 간의 패권경쟁은 다시 누가 새로운 일자리를 대거 창출해낼 신성장산업을 먼저 만들어낼 수 있을 것인가에 있다.

화석연료가 만든 인류의 발전이 21세기에 인류의 성장을 잡는 덫으로 등장했다. 전쟁보다 더 무서워진 것이 이상기후가 가져온 자연재해다. 멀쩡한 하늘에 구멍을 낸 인류가 창조주의 눈에 벗어난 대가를 치르는 것이다. 태풍, 홍수, 지진, 해일이 쉴 새 없이 닥치고 해수면의 상승과 북반구 지구의 열대화, 아열대화의 속도는 생각보다 빨라지고 있다. 이 모든 것이 서방세계가 250년 동안 화석연료를 쓴 공업화의 재앙이고, 지금은 그 공업화의 종착역인 중국의 굴뚝에서 나오는 연기가 지구촌 하늘의 구멍을 더 넓히고 있다.

중국이 세계의 패권을 잡는 날이 온다면 먼저 미국의 석유패권에서 벗어나야 한다. 그리고 좀 과장하자면 중국이 화석연료에서 해방되는 날 지구촌이 자연재해에서 편안해지는 날이다. 중국은 과거 30년간 공업화의 물결을 타고 G2로 올라섰지만 앞으로 30년은 탄소배출 없는 저탄소의 첨단 신기술의 물결에 올라타 G1의 반열에 올라가려 하고 있다. 강대국의 양대 필수조건은 에너지와 금융이다. 에너지는 석탄과 석유가 아닌 태양과 바람에서 뽑아내는 신에너지여야 한다. 이를 위해서는 신소재와 이동수단의 혁명이 있어야 한다. 전기차가 21세기 기술혁명의 총아가 될 수밖에 없다. 중국 같은 넓은 대륙을 일일생활권으로 묶으려면 고속철도가 딱 맞다. 그사이 벌어질 화석연료의 연기를 줄일 환경보호와 에너지절감기술이 중국이 올인하는 기술이다. 그리고 늙어가는 중국, 13억의 노령화에 답안은 진시황의 불로초이지만 중국은 그 답을 줄기세포와 같은 바이오

• 1981년 이후 5개년 계획의 목표와 성과

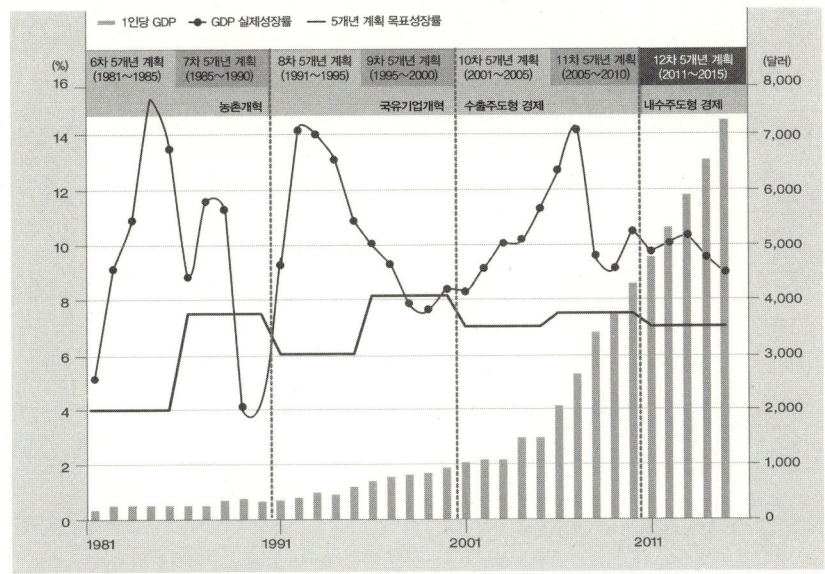

자료: 국가발전개혁위원회, 국가통계국, 사회과학원자료로 CEFRI 작성

산업이라고 보고 있다. 그래서 중국은 바로 저탄소 경제성장의 답을 '7대 신성장산업新成長産業'에서 찾았다.

2015년은 중국경제의
중대 변곡점

마魔의 4천 불 함정은 지났다

몇 년간 잠잠했던 중국붕괴론이 다시 넘쳐나고 있다. 미국의 루비니 교수는 "왜 중국이 패권을 쥘 수 없는가?", "중국은 인류 미래의 시한폭탄"이라며 "2013년이면 중국의 버블이 붕괴한다"고 했고, 미국 증권사의 이코노미스트였던 앤디 시에는 계속해서 몇 년간 "중국이 부동산으로 붕괴한다"고 했지만 중국은 아직 건재하다. 최근에는 2015년이면 집값이 반토막 날 거라고 호언장담하고 있다.

그리고 미국의 우파들도 중국은 안 되고 미국은 앞으로도 500년 동안 패권을 쥐고 갈 거라고 큰소리치고 있다.

"중국을 딱 세 번 가본 사람이 최고의 전문가다"라는 농담이 있다. 아는 척한다는 것이다. 서울 남대문에 문지방이 있는지 없는지를 놓고 논쟁이

붙는다면 서울 안 가본 사람이 무조건 이긴다. 서방세계의 기준으로 보면 중국은 망할 나라다. 하지만 인구가 5,000만, 1억, 3억인 나라에서 통하는 상식이 13억 인구의 나라에서는 절대 들어맞지 않는다.

중국붕괴론을 주장하는 이들은 모두 서방세계의 사람이거나 서방사회에서 교육 받은 사람들이다. 중국에서 생활하고, 대학 다니고, 직장을 다닌 사람은 단 한 명도 없다. 이들은 13억이 한 개의 나라로 부상하는 것을 본 적이 없는 사람들이다. 본 적이 없는 것을 상상해서 예측하자니 항상 틀리는 것이다.

중국붕괴론의 주요 포인트는 미국처럼 첫 번째가 부동산버블, 두 번째가 지방정부 발행 채권의 부실, 세 번째가 '마의 4천 불대의 함정'이다.

영국의 〈이코노미스트〉가 냉소적으로 중국에 대해 표현했다. 중국은 유럽의 모든 나라가 보유한 집의 수량을 15년 만에 지었다는 것이다. 로마가 하루아침에 이루어지지 않았다고 하는데 "중국은 2주일 만에 로마를 지어버렸다"는 비유도 한다. 그럼에도 중국의 집값은 천정부지다.

중국은 도시화가 매년 1%씩 진행된다. 이는 연간 1,300만 명의 인구가 도시로 진입한다는 얘기다. 또한 1년에 대학졸업자가 660만 명에 이른다. 이들이 학교 기숙사에서 사회로 나와 집을 구한다. 그리고 연간 1,000만 쌍의 신혼부부가 탄생한다. 이런 도시인구를 수용하려면 연간 500만 채의 집으로는 턱도 없다. 2010년에 중국은 580만 채의 집을 지었고 2011년에는 1,000만 채의 서민주택을 보급하는데도 집이 모자란다. 중국은 매년 1,000만 채의 집을 지어도 실수요를 충당하지 못하고 있다. 서방세계의 부동산가격은 재테크열풍 때문이지만 중국은 물론 투기요소도 당연히 있지만, 기본적으로 실수요 때문에 올라간 것이다.

중국의 은행부실을 얘기하지만 중국은행은 예금한 돈의 75% 내에서만 대출하고 실제로 운영은 70% 아래로 한다. 그래서 중국의 은행자금은 예금을 초과한 대출이 없어서 서방세계처럼 구멍이 날 수가 없다. 또한 부동산 파생상품 자체가 없다. 서브프라임모기지 같은 상품이 아예 없다. 미국의 부동산버블은 실수요는 없는데 돈 벌 욕심에 30~60배의 레버리지를 걸어 금융투자상품으로 사고팔았지만 집값이 1/30~1/60 이상 떨어지자 원금이 날아가 망한 것이다.

금융이 지른 불에 제조업이 홀랑 타버려 정부가 불을 끄느라 빚을 내어 쓰는 바람에 GDP를 넘어선 것이 지금의 미국, 유럽, 일본이다. 소비가 미덕이라고 외치면서 번 돈을 모두 써버려 저축률이 한자릿수인 서방세계가 국민의 저축률이 50%에 달하는 중국의 과열을 걱정하고 있다.

빚내서 투자한 과열이 문제지, 저축한 자기돈으로 투자한 과열은 버블이 터져도 손해는 보지만 적어도 망하지는 않는다. 중국이 부동산과열로 스스로 터질 거라는 비관론을 퍼붓는 이들이 중국의 주택보급률과 저축률 그리고 부동산 금융시스템을 제대로 따져봤는지 궁금하다.

최근에는 중국이 망할 이유 중의 하나로 금융위기를 극복하기 위한 중국 지방정부의 투자에 따른 부실과 부동산대출 부실을 얘기한다. 지방정부의 대출 총액은 2010년 말 기준으로 10조 7,000억 위안이고 중국의 전체 대출액은 47조 9,000억 위안이다. 지방정부대출은 전체대출의 22%, 부동산대출은 16%에 그치고 있다. 두 대출이 한 푼도 안 남고 다 부실이라고 해도 전체대출의 38% 선에 불과하다. 은행이 국유이기 때문에 만약 38%가 전량 불량자산이라고 해도 미국처럼 정부가 돈을 집어넣으면 그만이다.

GDP는 9~10% 증가하는데 중국의 재정수입은 30% 이상 증가하고 있다. 지방정부부채와 부동산대출이 몽땅 다 부실이라고 해도 GDP 대비 38% 수준이고 20% 정도가 부실이라고 하면 7% 수준이다. 중국은 2011년 〈포브스〉가 발표한 '세금부담 고통지수'에 따르면 세금부담 고통지수가 159를 기록, 총 조사된 65개의 나라 중 2위를 차지할 정도로 높은 세금 고통지수를 가진 나라다. 국민은 가난해도 정부는 돈을 펑펑 쓸 수 있는 부자다.

미국을 보면 이미 미국의 지방정부는 거의 실질적인 부도상태. 그래도 잘 버틴다. 왜냐하면 중앙정부가 돈을 찍어주기 때문이다. 이런 미국은 안 망하고 중국이 먼저 망한다는 서방세계 전문가들의 이상한 중국붕괴론의 논리는 '똥 묻은 개가 겨 묻은 개 나무라는 격'이다. 중국도 미국처럼 정부가 돈 찍어 지방정부에 주면 된다. 중국은 야당도 없고 언론도 모두 국영이어서 안 된다고 반대하거나 비판하는 세력도 없다.

최근 네이멍구 광산사태가 터지면서 중국의 신장, 티베트사태처럼 사회문제가 커져 중국은 중남미와 동남아국가들처럼 1인당 소득 4천 불의 함정에 빠져 망할 거라는 것이 붕괴론의 또 한 가지 이유다. 13억 인구 중 소수민족의 인구비중은 8%에 불과하다. 8%가 92%를 엎으려면 뭔가 특별한 힘이 있어야 하는데 중국의 소수민족을 보면 그렇게 할 지도자나 역량이 없다. 중국에는 사회문제를 대중에게 전하고 체제를 전복시킬 세력인 야당과 재야세력이 없다는 것이다. 전체인구의 10명당 1명이 공산당원이다.

그리고 자본주의 발전단계에서 보면 못살면 혁명이 일어나지만 잘살면 혁명이 없다. 오히려 서로 더 벌려고 난리다. 연간 GDP가 10% 성장하는 나라에서 혁명이 일어나 사회가 뒤집어진 역사가 있는지 보면 답이 간단하다. 최고의 성장과 연간 600만 명의 고급인력을 취업시키는 힘을 가진 나라가 망한다면, 4,000만 명이 정부가 주는 음식쿠폰으로 밥 먹고 사는 미국은 벌써 붕괴했다.

중국의 경우 마의 4천 불의 함정은 이미 지나갔다. 중국의 2010년 구매력 환산 1인당 GDP는 7,864달러다. 과거 선진국의 경험을 보면, 1인당 소득이 4,000~7,000달러대에서 나타나는 성장둔화는 비정상적이다. 통상 1만 1,000달러 수준에서 성장둔화가 나타난다. 공업화 중기에는 후발자 이익이 여전히 존재하기 때문에 성장률 하락이 없다. 공업화 발전단계가 완성되면 그때는 자연스런 성장률 둔화가 나타난다. 중국은 아직 공업화 중기다.

2014~2017년 사이 루이스 전환점 진입

중국에서 최근 '루이스 전환점Lewisian Turning Point' 통과 논란이 뜨거워지고 있다. 루이스 전환점은 1979년 노벨 경제학상 수상자인 아서 루이스가 제시한 학설로 개발도상국이 값싼 농촌인력을 구하기 어려워 임금이 오르기 시작하면서 고성장세가 둔화되는 시점을 말한다.

〈월스트리트저널〉은 "중국의 물가상승은 중국이 루이스 전환점에 진입했기 때문"이라고 보도하고 중국의 임금인상에 따른 수출상품의 가격 상승이 세계적인 인플레이션으로 이어지고 있다고 주장했다. 메릴린치도 "중국의 노동력 원가가 지속적으로 상승함에 따라 앞으로 수년 안에 루이스 전환점에 진입할 것"이라고 예상했다.

서방세계에서는 중국이 이미 루이스 전환점에 도달했다는 지적이 나오고 있지만, 중국 내에서는 인구가 13억 명에 달하는 중국의 특성을 감안하면 아직 상당기간 고도성장이 가능하다. 인구가 현재 13억이나 되는 데다 매해 지속적으로 1,000만 명이 넘는 농촌인구가 도시로 유입되는 것을 감안하면 당장 임금인상이 경제의 성장을 둔화시킬 정도로 심각하지는 않다.

중국정부의 싱크탱크인 사회과학원에 따르면 중국의 도시인구는 2009년 6억 1,000만 명에서 2015년 7억 7,000만 명으로 늘어날 전망이다. 사회과학원은 이를 근거로 중국에서 노동가능 연령대의 인구가 감소하기 시작해 노동력 수급 관계가 역전되고 일반노동자와 농민공의 급여가 특히 빠르게 상승하는 시점을 2017~2018년으로 예상했다.

중국인적자원사회보장부의 위파밍 국장은 한 언론 인터뷰에서 "중국에서는 매년 유럽 한 국가의 인구에 달하는 1,000만이 넘는 인구가 실업자로 추가된다"며 "중국에서 지금 루이스 전환점을 거론하는 것은 큰 의미가 없다"고 주장했다.

　사실 동부연안의 도시에서는 이미 저임금근로자를 구하지 못하는 농민황(農民慌) 문제가 생기고 있어 '루이스 전환점'에 도달했다. 그러나 중국의 중서부내륙지방은 아직 유휴인력이 많다. 종업원의 연쇄 자살로 물의를 빚었던 대만의 팍스콘사의 문제점에 대해 중국정부가 이를 묵인하고 남동부해안에서 중서부내륙으로 생산기지를 옮기도록 장려하는 것도 바로 이런 이유에서다. 생산기지의 이전을 통해 산업구조의 전환시기도 늦추고, 중국 전체적으로 인구의 효율성을 높이고 중서부의 잠재적인 인력을 활용하는 방안으로 인식되고 있는 것이다.

　보는 시각의 차이겠지만 중국에도 언젠가는 루이스 전환점이 오는 것은 분명하다. 다만 서방세계는 2014년이라는 것이고, 중국은 2017~2018년이라는 것이다. 하여간 그 시점의 도달은 2014년에서 2018년 사이로 보면 된다.

　중국의 인구통계를 보면 인구가 1억 명 늘어나는 데 10년밖에 걸리지 않았다. 중국의 토지와 자원을 감안하면 최대 수용인구는 16억 명이고 식량 생산능력으로 보면 11억 6,000만 명, 에너지 생산능력으로 보면 11억 5,000만 명이라고 한다. 이상적인 인구는 7~10억 명이다. 중국은 전후 베이비붐세대의 인구가 많이 늘어난 이후, 인구급증에 대비해 한 자녀 갖기 운동을 전개했다. 그 이후 출산율이 하락하고 여성의 사회진출이 늘었다. 중국은 한 자녀 갖기 운동의 결과로 그간 인구를 4억 명 정도 줄이는 효과를 봤다. 만약 자연증가를 그대로 내버려 뒀다면 중국의 1인당 소득은 지금 4,000달러가 아니라 3,000달러 수준에 머물렀을 것이다.

출산율 하락 초기에는 부양이 필요한 유년인구0~14세가 줄어들어 총 부양비율, 즉 생산가능인구 대비 피부양인구유년인구+노인인구의 비율이 하락한다. 이 기간이 바로 인구보너스Population Dividend시기다. 중국의 15~64세 노동인구 비중은 약 74.5%며 중국의 부양비율은 일본보다 낮다. 그러나 유년인구가 생산가능인구로 성장하고 생산가능인구의 고령층이 차차 노인인구로 변해감에 따라 상황은 정반대로 바뀌어 총 부양비율이 상승한다.

중국의 인구조사에 따르면, 중국의 60세 이상 인구는 1억 8,000만 명으로 전체인구의 13.2%를 차지하고 있고, 65세 이상 인구는 1억 2,000만 명으로 전체인구 중 8.9%를 차지하고 있다. 국제적으로 65세 노인인구의 전체 차지 비중이 7% 이상이거나 60세 이상 인구의 비중이 10% 이상일 때 고령화사회 진입으로 판단하는데, 이 기준으로 보면 중국은 이미 고령화사회로 진입했다. 지금 중국은 0~14세 인구는 감소하고, 60세 이상의 인구는 늘어나고 있어 중국의 인구구조가 빠르게 변화하고 있다.

2010년 현재 중국의 생산가능인구15~64세 인구는 9억 9,849만여 명이지만 중국사회과학원은 중국의 노동인구 비율이 2009년 최고점을 찍은 후 점차 하락하고 있으며, 2015년에는 중국의 노동인구 증가가 전혀 없고 2015년 이후에는 노동인구가 마이너스 성장에 접어들 것이라고 경고하고 있다. 따라서 중국의 인력으로 인한 경쟁력은 12차 5개년 계획이 끝나는 2015년 이후에는 사라질 가능성이 커졌다. 그래서 중국의 총 부양비율은 2010~2015년에 바닥을 찍고 상승세로 전환할 것으로 전망되고 있다.

생산가능인구가 증가하면 노동력이 풍족해져 임금수준이 전반적으로 낮게 형성되고, 피부양인구에 대한 부양부담이 적어지면 저축률이 높아져 자본조달 금리가 낮아지고 자본공급이 원활해진다. 이들 생산요소의 가격은 전반적인 물가에 반영되어 상대적인 저물가 속에서 고성장이 가능해진다.

그러나 그런 인구보너스가 사라지는 과정에서 가장 먼저, 가장 뚜렷하게 나타나는 현상은 임금의 상승이다. 일용직 노동력의 부족으로 농민공의 임금이 빠르게 오르며, 농촌 노동력 부족으로 농산품 공급이 감소하게 되고, 또한 생활수준 제고로 식품 소비수준이 높아져 농산품가격이 지속적으로 오르면 전반적인 식품가격의 상승이 인플레이션의 한 요인이 될 수 있다.

중국정부는 이런 시점에 도달하기 전까지 높은 인건비를 대체할 생산공정의 자동화와 산업구조 고도화를 추진하고 지역적 균형발전을 통한 인구 가용자원의 효율적인 활용으로 이 시기의 도래를 될 수 있으면 늦추는 노력을 하지 않을 수 없다.

2015년 전후, 잠재성장률 하락이 중국의 진짜 위험

2008년 금융위기의 충격이 중국의 성장방식에 결정적 변화를 주었다. 역설적으로 금융위기가 중국경제의 체질과 성장방식을 바꾸는 계기가 되었다. 중국공산당이 아니라 미국이 중국의 성장방식을 바꾸어준 것이다.

지난 30년간 연평균 9.9%의 초고성장을 하는 과정에서는 성장모형의 대변혁은 어렵다. 잘나가는데 바꿀 필요도 없고 이유도 없기 때문이다. 지난 30년간의 성장방식에 대한 문제점이 많이 대두됐지만 중국은 이는 중국경제의 세계경제에 대한 적응방식이었다고 둘러대고 많은 문제점을 덮었다.

그러나 성장률의 하락이 오면 고속성장의 기본요소가 변하게 되고, 그렇게 되면 성장모형에 의도하지 않았던 근본적인 큰 변화가 올 수밖에 없다. 따라서 현재와 같은 구조와 성장방식과 속도로 계속 달리면 중국경제는 심각한 도전에 직면할 가능성이 크다. 물론 중국이 비관적이라기보다는 성장속도의 하락 대신 성장모형과 발전방식의 변환, 성장의 질에서 혁신을 이룬다면 중국은 더 활기차고 지속 가능한 성장국면으로 진입할 수도 있다.

1978년 개혁개방 이후 중국은 과거 30년간 연평균 9.9%의 초고성장을 지속해왔다. 국제적인 경험으로 보면 20~30년의 고속성장기 이후 성장률의 하락이 있었다. 중국도 이와 같은 양상을 따라갈 가능성이 크다. 중국의 성장이 둔화되는 시기는 언제쯤 올까?

선진국의 사례를 보면 장기적인 고속성장 후에는 필연적으로 성장률 하락단계를 겪는 것이 하나의 규율처럼 되어왔다. 20세기 이래로 미국, 영국과 같은 기술과 성장의 프론티어 국가를 제외한 국가 중 성공적으로 선진국에 진입한 나라를 보면 대부분 20여 년의 고속성장기를 경험하고 그 다음에는 성장률이 하락하는 단계로 진입했다. 2차대전 이후 고속성장을 경험한 일본, 독일, 한국이 전형적인 사례다.

• 아시아 국가의 고성장기 전후의 성장률

국별	고성장 전기	GDP 성장률	고성장기	GDP 성장률	고성장 후기	GDP 성장률
중국	1952-1978	6.15	1978-2008	9.90		?
일본			1955-1973	9.22	1973-2000	2.81
싱가폴	1960-1965	5.74	1965-1984	9.86	1984-2000	7.18
한국	1953-1962	3.84	1962-1991	8.48	1991-2000	5.76
홍콩	1966-1968	2.61	1968-1988	8.69	1988-2000	4.14
대만	1951-1962	7.92	1962-1987	9.48	1987-2000	6.59
평균(일본 제외)						5.92

자료: 중국국가통계국, CEFRI

지금까지 중국의 경제성장은 큰 규모와 빠른 성장으로 모든 것을 얻는 '속도 효익형 성장'이었다. 그러나 일단 속도가 하락하면 각 경제계층의 모순이 한꺼번에 폭발할 가능성이 있다. 고속성장은 통상 고高유동성과 '규모의 경제' 효과를 통해 저低효율로 발생하는 많은 문제를 덮는다. 그러나 고속성장이 멈추면 저효율과 관련된 각종 문제가 폭발하게 되고 재정수입과 기업이익은 하락하게 된다. 이어 자산가격 하락과 장기대출의 회수불량 문제가 대두된다.

저렴한 생산원가의 이점이 약화되면 시장개방과 경쟁으로 민영기업의 발전, 과학기술, 금융 방면에서의 낙후 문제에 봉착하게 되고 창의력에 기반을 둔 경쟁우위를 확보하지 못하면 사회는 매우 큰 어려움과 불안정성에 직면하게 된다.

중국의 전문가들은 대략 2015년에 끝나는 12차 5개년 계획과 2020년에 끝나는 13차 5개년 계획의 교차시점을 중국의 잠재성장률이 10%대에서 7%대로 하락하는 시점으로 예상하고 있다. 대략 2014~1017년 사이에 고속에서 중속으로 성장단계가 전환되는 시기가 도래할 것이다. 고속성장에서 중속성장으로 바뀌는 단계에는 성장속도뿐만 아니라 경제구조의 대폭적인 변화가 있을 수밖에 없다.

중국의 대책은 무엇일까? 리스크 관리를 잘하든지 새로운 신성장동력을 찾아 성장률의 급속한 하락을 막든지 하는 것이다. 10%에서 7% 정도로만 유지되면 선진국의 경험으로 보아 소프트랜딩도 가능한 일이다. 그러나 중국경제는 그 특성상 성장률 하락에 매우 취약하다. 2008년 2분기와 2009년 1분기를 예로 들면, 금융위기의 영향으로 성장률이 10.7%에서 6.5%로 낮아졌다. 재정수입과 기업이익은 2008년 2분기에 각각 31.4%와 22.4%였는데 2009년 1분기에는 -8.3%, -37.1%로 전환했다. 취업자 수는 2,000만 명 이상 줄어들었다.

중국은 현재와 같은 구조에서 구조적인 성장률 둔화기로 들어서면 재정과 금융위기, 그리고 거대한 실업인구의 발생으로 장기간 정상궤도로 돌아오지 못할 가능성이 있다. 이에 적극적인 대응이 안 되면 그 대가는 치명적이고 경제구조 전환의 실패 확률이 매우 높아진다.

중국의 성장률 둔화는 결국 재정과 금융의 위기로 올 수 있다. 생산능력 과잉, 정책성 불량대출, 고유동성 등과 은행의 신용대출, 자산가격버블 등이 동시에 엉겨 큰 문제를 일으킬 수 있다. 이는 남미와 아시아의 경제발전단계에서 전형적으로 보였던 현상이다. 재정과 금융위기가 경기침체를 가져오는 직접적인 원인이 되고 경제내부의 모순이 집중적으로 튀어

나오는 단계에 이르게 되는 것이다.

　중국경제는 성장속도에 의존하는 경제모델이다. 대형 국유기업은 과잉 유동성에 기대 금융의 집중적 지원을 받으며 규모의 확장을 통해 수익을 실현했고, 중소기업은 수출의 고성장에 힘입어 빠른 상품의 회전으로 현금을 회수함으로써 수익을 실현했지만 일단 성장세가 둔화되면 전체 사회의 투자의욕이 한꺼번에 줄어든다. 그러면 과도한 역전이 벌어져 성장속도 둔화의 초기단계에는 사회의 전반적인 분야에 큰 충격을 줄 수 있고 이는 기업이익의 격감과 실업의 급증으로 나타날 수 있다.

에너지, '애써 2등'을 주장하는 중국의 고민

국제에너지기구IEA의 세계에너지소비국 순위 발표와 이에 대응한 중국의 반응이 재미있다. IEA의 2010년 세계에너지산업전망에 따르면 중국은 2009년에 22억 5,000톤의 에너지석유환산를 소비해 미국의 21억 7,000톤을 4%나 초과했다. 에너지소비에서 미국을 추월해 세계 1등이 되었고 또한 이산화탄소배출에서도 세계 1위가 되었다고 한다.

세계 1등이면 좋아해야 하는데 중국 측의 반응은 시큰둥하다. 일부 중국언론은 서방세계가 중국의 에너지소비를 세계 1등이라고 띄우는 것은 다른 꿍꿍이속이 있다고 의혹의 눈길을 보내고 있다. 세계기후협약에서 중국을 압박하기 위한 수단이라는 것이다. 즉 세계 최대의 에너지소비국이기 때문에 이산화탄소배출 감축프로그램에 중국을 옭아매 IEA라는 선진국의 모임에 후진국 중국을 강제로 끼워 넣으려는 수작이라는 것이다.

중국에너지국의 장구어바오 국장은 "자료에 오류가 있다"고 주장했고 일부 언론은 "중국은 IEA의 회원국이 아니므로 수치제공 의무도 없어 수치의 정확성에 의문이 간다"는 주장도 한다. 중국석유대학의 한 교수는 IEA의 2009년 미국 에너지소비통계치는 9만 4,578×1만 15Btu인데 이를 석유로 환산하면 $1×1만 12Btu=0.025$백만 톤/석유 23억 6,000톤 9만 4,578×1,015Btu으로 여전히 미국이 1등이고 22억 5,000톤의 중국은 2등이라는 주장도 했다.

세계는 지금 환경전쟁이다. 오존층의 파괴와 빈번하게 발생하는 기상이변이 누구의 책임인가에 관해 로마클럽보고서, 도쿄의정서, 코펜하겐 협약 등으로 이름을 바꾸어가며 논란 중이다. 화석연료의 최다 사용으로 세계 최대의 CO_2 배출국이 되어버린 중국은 인류의 환경을 더럽히는 원흉으로 지목받을 가능성에 대해 이를 피하고자 에너지소비 1위를 사양하고 있는 것이다.

중국은 경제대국은 좋지만 세계 에너지소비 1등은 하기 싫다는 것이다. 그러나 사람과 물자 그리고 자원을 엄청나게 소모하는 이런 중국의 성장모형은 오래갈 수 없다. 중국이 세계 경제규모 2위의 은메달에 우쭐거릴 수 없는 이유가 여기에 있다.

중국의 아킬레스건 에너지와 CO_2

중국이 미래 5년간 특별히 강조하는 것이 '저탄소 경제성장'이다. 지금 전 세계가 기상변화로 곤혹을 치르고 있다. 200년간의 서방세계의 공업화로 나온 이산화탄소가 하늘에 구멍을 냈고 이것이 커지면서 지금 전 세계가 이상기온을 경험하고 있다.

그러나 지금 중국이 세계 최대의 이산화탄소배출국이 되었다. 서방이 구멍을 낸 오존층에 구멍의 크기를 확대하는 건 이젠 중국이다. 강대국의 조건은 힘과 존경이다. 인류를 죽이는 이산화탄소를 가장 많이 내뿜으면서 초강대국이 될 수 없다. 중국은 저탄소 경제에 목을 걸었다. 중국이 청정에너지에 사활을 걸고 집중하는 것은 이런 이유 때문이다.

세계의 패권을 산업의 측면에서 보면 '농업과 산업제품'에서, '무역과 금융'으로 넘어갔고, 미국이 패권을 쥐면서 '에너지와 금융'이 핵심이 되었다. 강대국 패권의 무기가 '은'에서 '금'으로, 다음에는 '달러'로 바뀌었고, 달러가 '석유'로 대표되는 '에너지'로 넘어갔다.

이제 새로운 패권전쟁은 에너지기술과 금융업에서 벌어질 가능성이 크다. 21세기 후기산업사회에서 모든 경제활동의 동력인 석유는 물과 공기와 같은 존재가 되었고 여기에 달러가 연동되어 있다. 화석연료에너지로 구축된 세계경제의 구도는 석유에너지가 태양과 바람으로 대체되는 클린테크Clean Tech 기술혁명이 오면 어떻게 바뀌게 될까?

달러의 가치와 강대국의 금리가 장기적으로 하락하고 있지만, 에너지 가격은 천정부지로 상승하고 있다. 태양과 바람이 석유를 대체하는 날이 오면 달러로 대표되는 기존 강대국의 패권구도도 한방에 바뀔 가능성이 크다. 강대국을 꿈꾸는 중국이 이런 패권구도의 경쟁에서 물러날 가능성은 없다.

중국, '그린 차이나Green China'에 목숨 건다

강대국의 흥망은 에너지와 같이한다. 일본이 2차대전 때 미국의 진주만을 공격한 건 동남아의 석유를 미국이 장악하고 있었기 때문에 에너지 확보를 위해 불가피하게 미국과 일전을 벌이지 않을 수 없었던 것이다.

링컨 대통령이 공업화로 인력이 절대적으로 부족했던 북부의 공업지대 공장주들의 꼬임에 빠져 남쪽지방 농장의 흑인노예를 해방한 남북전쟁도 따지고 보면 사람에너지의 쟁탈전이었다. 지금도 뉴욕 맨해튼의 화장실 청소, 신문배달, 세탁일 등의 허드렛일을 하는 이들은 대부분 흑인과 개도국 이민자들이다. 상대적인 개념으로 보면 할아버지 때 남부의 흑인 노예의 생활이나 지금 미국 북부 대도시의 흑인빈민의 생활은 별로 나아진 게 없다.

지금 세계 최대의 화석연료의 소비국은 중국이다. 가장 중요한 에너지원인 1인당 석유사용량을 보면 아직 중국은 선진국에 비하면 새 발의 피다. 중국이 선진국만큼 석유를 소비하는 상황이 오면 전 세계는 중동을 몇 개 더 가지고 있어도 안 된다. 그러면 중국은 과거 일본처럼 세계를 상대로, 미국을 상대로 에너지전쟁을 벌여야 한다. 그렇지 않으면 대국이 쓰러진다. 그만큼 중국의 에너지문제는 절박하다.

중국은 지금 넘치는 달러를 가지고 석유 사재기를 하고 있다. 중국은 2005년에는 35일분의 석유를, 2010년에는 50일분의 석유를 비축하는 것이 목표였다. OECD는 80일분을 비축하고 있는데 IEA의 기준에 따르면 중국은 90일분에 달하는 석유를 비축해야 한다고 한다. 세계에서 경제성장이

• 1인당 석유소비량 비교

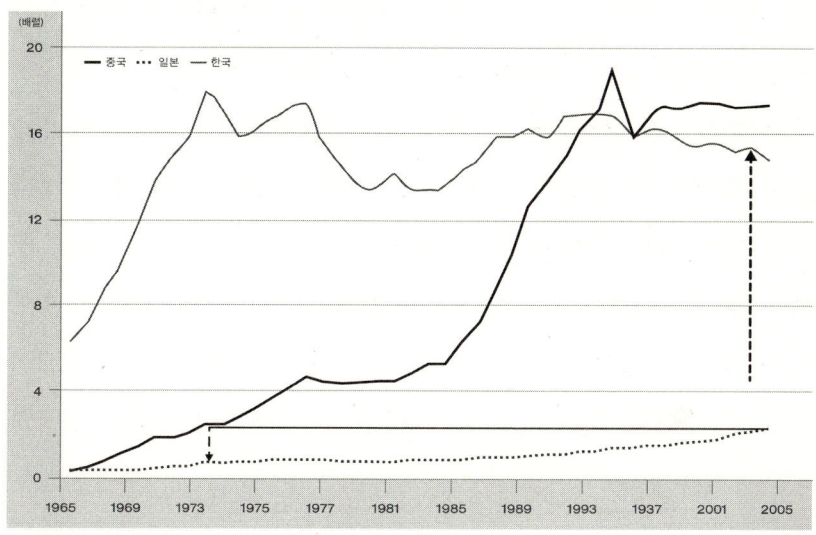

자료: CEFRI

가장 빠른 국가로, 중국이 비축량을 급격히 늘리면 국제시장에 큰 영향을 미치게 된다. 지금 중국은 1차 석유 비축창고가 차버려 2차 비축기지를 건설하고 있다.

갈수록 커지는 중국의 석유수입 의존도는 국제 원유가격과 중국의 군사정책을 비롯한 여러 분야에 영향을 미치고 있다. 중국은 동남아시아와 중동지역의 석유 공급선을 확보하기 위해 현재 막강한 9만 톤급 핵 항공모함을 제작하는 등 해군군사력 구축에 엄청난 투자를 하고 있다. 이는 중동에서 아시아로 들어오는 석유 공급루트를 미국이 모두 장악하고 있기 때문에 유사시 석유수입의 해상안보를 확보하기 위한 것이다. 난사군도와 관련해 베트남 등과 국지전도 불사해야 한다는 중국 극우파들의 주장도 에너지와 에너지 해상안보를 염두에 둔 것이다.

IT혁명의 종결은 정보를 나르는 에너지인 전기를 만들 수 있다는 데에 있다. 땅에서 나는 기름이 아닌 하늘에서 나는 기름으로 세상을 뒤바꿀 수 있다. 작열하는 태양과 집도 날려보내는 강한 고원의 광풍이 반도체, LCD, 그리고 메카트로닉스기술과 만나면 하늘에서 나오는 석유가 된다. 두바이 사막에 7성급 호텔이 서고 아이스링크와 골프장에 공급하는 에너지가 땅속 유정에서 올라오는 것이 아니고 하늘에서 무한정 쏟아지는 태양일 수 있다.

이런 중요성 때문에 중국은 화석연료의 확보 외에 전략적으로 태양광, 풍력발전 등의 신재생에너지에 돈을 쏟아붓고 있고 이 분야에서는 이미 미국을 앞서 가고 있다. 차세대 친환경에너지산업에서 중국의 집중과 발전은 무서울 정도다.

중국 수출품의 대다수가 석유를 기반으로 한 에너지 다소비성 제품이며 환경오염을 그 대가로 치르고 있다. 그래서 중국은 '탈脫 석유화'의 길에 집중하고 있다. 중국은 국가의 정책적 지원으로 자동차용 2차전지 분야에서 이미 선두를 달릴 정도로 높은 기술력을 확보했다. 중국의 2020년까지 목표는 그린에너지 비중을 전체 에너지의 8%까지 끌어올리는 것이다.

중국의 그린에너지 촉진을 위한 법규도 미국보다 앞섰다. 미 의회는

2009년에 재생에너지를 이용한 발전 비율을 늘리도록 하는 법안을 승인했지만 중국은 이미 2006년에 유사한 법규를 만들어 시행했다. 중국정부는 지난 2007년 9월, 대형 전력업체들이 2010년부터 전체 전기의 3% 이상을 재생에너지로 발전하도록 했다.

현재 세계 10대 태양광업체 중 5개가 중국기업이고 생산량 기준 세계 최대 일인자의 태양광기업은 중국기업이다. 과거 일본이 1위를 하다가 독일에 자리를 넘겨주었고 지금은 중국이 생산량 기준 28%의 점유율로 1위에 올라섰다. 일본과 미국은 각각 14%와 12%에 그치고 있다. 태양광 분야에서도 중국은 낮은 원가를 무기로 판매를 크게 늘렸기 때문이다.

중국이 그린에너지 분야에서 또 하나 세계 최대로 올라선 분야가 풍력발전이다. 중국의 서부와 북부는 바람과 고원의 고향이다. 지금 중국은 화석연료 개발과 수송을 위해 서부에 원래의 서부 대개발보다 더 큰 규모로 풍력, 태양광발전 투자를 시작했다. 제2의 서부 대개발이 시작된 셈이다.

중국의 신에너지 개발사업은 서북부의 광활한 고비사막을 거점으로 추진되고 있다. 바람 불고 뙤약볕에 쓸모없던 황무지 사막이 이젠 하늘에서 기름을 뽑아내는 유전으로 탈바꿈한 것이다. 중국의 2009년 풍력발전 생산량은 1만MW로 미국의 풍력발전량보다 약 3,000MW 더 많은 수준이다. 중국의 풍력발전시설 규모는 최근 4년 동안 매년 2배씩 증가했다.

중국은 고비사막에 막대한 자금을 투입해 2020년을 목표로 세계 최대 규모의 풍력발전소를 세울 예정이다. 2008년 1,200만kW 규모의 풍력발전량은 2020년에는 1억kW 규모에 도달할 전망이다. 이렇게 되면 중국은 세계 최대 규모의 풍력발전국가로 부상하게 된다. 2020년에 풍력발전은 중국의 전력산업에서 화력발전, 수력발전 다음으로 큰 전력공급원이 될 전망이다.

전 세계 70억 인구 중 후진국의 56억 인구가 공업화와 도시화로 가는 과정에서 맞부딪히는 최대 과제는 선진국이 맘대로 썼던 화석연료의 문제다. 56억 인구가 도시화로, 공업화사회로 진입하면 필연적으로 에너지 전쟁이 벌어진다. 그러나 화석연료가 아닌 다른 에너지를 값싸게 확보할 수 있다면 기존의 화석연료 중심으로 구축된, 미국이 만든 세계질서와 판도는 완전히 뒤집힐 수 있다. G1을 꿈꾸는 중국이 끈질기게 신에너지를 국가적 사업으로 추진하는 것은 바로 이 때문이다.

Chapter 2
중국경제
55년의 발자취

조화사회 건설을 기치로 내건 11차 5개년 계획

5년 단위의 중국경제 55년의 발자취

중국은 1953년부터 5년 단위의 경제개발계획을 추진해왔다. 1978년 개혁개방을 중국 전역으로 확대하기 이전까지 경제개발계획은 주로 자력갱생에 기초한 생산물의 자급자족에 역점을 둔 경제정책이 기본이었다. 1953년 시작된 중국의 5개년 계획은 단순히 경제분야에 국한된 '경제개발계획'이 아니다. 정치, 사회, 외교 등 국정 전 영역의 중장기 이슈를 포괄하는 '국민경제와 사회발전을 위한 종합계획'이었다.

따라서 대내외 환경변화나 정치사회 기류에 의해 좌우되기도 하고 당내 사상투쟁 결과에 따라 방향과 내용이 수정되기도 했다. 중국의 과거 5개년 계획을 들여다보면 각종 현안에 대한 지도자들의 상황인식과 처방이 여실히 드러나 있고 정부의 경제정책 변화도 알 수 있다.

• 1차 5개년 계획부터 10차 5개년 계획까지의 주요내용

	주요내용	비고
제1차 (1953~1957)	· 구소련이 제공한 156개 프로젝트 및 이에 기초한 694개 중대형 공업 프로젝트 건설 추진으로 사회주의 공업 생산구조 형성 · 농업, 수공업 분야의 사회주의 생산체제로 전환	급격한 사회주의 체제의 전환으로 재정 압박
제2차 (1958~1962)	· 중공업 중심 공업화 · 전민 소유제, 집단 소유제 공고화 · 철강 등 공산품의 영국, 미국 추월 목표 설정	대약진 운동
제3차 (1966~1970)	· 농업, 경공업, 중공업 순으로 발전시키되 농업발전을 통한 의식주 해결에 역점 · 자력갱생 기초 아래 국방건설을 위한 공업육성 · 전쟁 대비 삼선 건설 강화	구소련과 국경 분쟁으로 전쟁 준비
제4차 (1971~1975)	· 전쟁 대비 삼선 건설 및 연해지역 공업기반 건설을 통한 기초수준의 독자적 공업기반 구축 · 농업발전 최우선 · 6개 경제권(화동, 화남, 화북, 서남, 서북, 동북) 건설	전쟁에 대비한 공업과 국방의 강화
제5차 (1976~1980)	· 독자적 공업기반 구축을 위한 120개 대형 프로젝트 및 철강(10개), 비철금속(9개), 석탄(8개), 유전(10개) 기지건설 · 거시경제 조정과 개혁 제기	양적 성장 목표 제시
제6차 (1981~1985)	· 소비재 공급 확대 · 기술 교체 및 에너지소비 절감 · 경제발전을 위한 외자 이용과 선진기술 도입	양적 성장의 후유증 해결에 역점
제7차 (1986~1990)	· 소비재 공급 확대 · 고정자산 투자규모 조절 및 산업 구조조정 추진 · 에너지, 교통, 통신, 원자재 공업 발전	경제성장의 질과 속도 중시
제8차 (1991~1995)	· 수요와 공급 균형 유지 속에 지역별 경제구조 동조화 현상 억제 · 시장경제 체제로의 전환 · 중대형 핵심기업 중심의 기술개조를 통한 선진국 수준의 제품 품질 확보 · 경영관리 시스템 개혁을 통한 기업경영 활력 부여	개혁개방 확대에 대비 경제체제 개혁
제9차 (1996~2000)	· 현대적인 기업제도 모색 · 기계, 전자, 석유화학, 자동차, 건설 등 기간산업 중심의 경제발전 동력원 육성 및 산업 구조조정 추진 · 양적 성장에서 질적 성장으로 성장방식 전환 추진	공유제 중심의 다양한 소유제 인정
제10차 (2001~2005)	· 농업의 산업화 등을 통한 농민소득 증대 · 서비스산업 발전 및 과학기술 육성 · 구조조정을 통한 산업구조 고도화와 국제 경쟁력 강화 · IT산업 발전과 정보화 추진 · 서부 대개발 등 지역 간 균형발전과 환경보호	경쟁력 강화와 지속 가능한 발전

자료: 중국국가발전개혁위원회

1978년 개혁개방 이후 중국의 일관된 정책기조는 경제건설이 중심과제였다. 이는 11차 5개년 계획 2006~2010년도 예외는 아니었다. 이 때문에 경제발전 과정에서 발생하는 제반 문제는 성장을 통해 치유나 해결한다는 것

을 전제로 접근했다.

11차 5개년 계획에서는 자주적인 기술과 브랜드, 국제 경쟁력을 갖춘 국내 대기업 육성의 필요성이 강조되었고 거시경제 부분의 불균형 문제를 해결하기 위한 조화가 강조되었다. 경제구조를 수출 위주에서 내수 위주로 전환을 시도했고 11차 5개년 계획에서 내수시장을 개발하는 이구환신以舊換新, 가전하향家電下鄕 등 내수촉진 정책으로 중국의 자동차, 고급가전, 명품 등에 대한 소비가 크게 늘어났다.

11차 5개년 계획은 30여 년에 걸친 개혁개방의 성과 및 한계에 대한 명

• 11차 5개년 계획(2006~2010)의 주요내용

구분	주요내용
계획의 성격규정	· 소강(小康)사회 전면건설의 관건 시기
계획수립 시 중국경제 및 사회의 문제점	· 투자와 소비 관계 부조화 · 일부 산업의 맹목적 투자와 생산능력 과잉 · 경제성장모델 전환 부진 · 과다한 에너지소모와 환경오염 악화 · 도농 간, 지역 간 격차 확대 · 선진국과의 과학기술격차 확대 · 각국 간 자원, 시장, 기술, 인재경쟁 가열 무역보호주의 위협
주요 정책목표	· 1인당 GDP 2000년의 2배(8% 성장 지속) · 자원 사용의 효율성 20% 개선 · 자주적 지적재산권과 브랜드를 가진 기업 육성 · 개혁개방 지속(국제수지 균형) · 경제적 약자 보호(9년 의무교육 확대), 사회보장체제 건전화 등
주요방침 및 임무	· 사회주의 신농촌 건설 · 산업구조 고도화 · 지역 간 합리적 발전 · 자원절약형 환경친화적 사회 건설 · 체제개혁과 대외개방 심화 · 과학기술과 인재강국 전략 · 조화로운 사회주의 건설

자료: 중국국가발전개혁위원회

확한 인식과 그 후유증에 대한 전면대응 의지를 담고 있었다. 이는 11차 5개년 계획이 경제성장 목표 이외에 경제 구조조정과 환경, 사회 방면의 목표를 상호 대등한 정책목표로 삼았다는 데서도 알 수 있다.

2006년에 시작되어 2010년에 끝난 11차 5개년 계획에서는 이전 5개년 계획과 몇 가지 다른 점이 있었다. 하나는 성장 우선주의에서 탈피했다는 것인데, 이 같은 방향전환은 양적 위주의 성장으로 인한 성장률의 급등락을 방지함으로써 효율 중심의 질적 성장을 통해 안정적인 고도성장을 달성하기 위한 것이다.

다른 하나는 정책과제 해결에 보다 종합적으로 접근하고 있다는 점이다. 11차 5개년 계획에서는 지속적으로 해결되어야 할 과제뿐만 아니라 직전 5개년 기간 중 발생한 투자와 소비의 부조화, 생산능력 과잉 등과 같은 문제를 제기하였다. 또한 중국이 국내외 경제의 일체화가 더욱 빠르게 진행됨으로써 경쟁이 더욱 치열하게 전개된다는 점에서 좀 더 넓은 시각에서 경제발전 전략을 제시했다.

마지막으로 5개년 청사진을 '계획計劃'에서 '규획規劃'으로 명칭을 바꾸었다는 것이다. 일반적으로 계획에는 반드시 달성해야 한다는 강제적인 의미가 있지만, 규획은 방향을 제시하는 가이드라인적인 성격이 강하다는 점에서 기존의 '계획 경제적인 이미지'를 불식시키고 '시장 경제적 색채'를 강조했다.

• 도농 및 지역 간 격차 해소·균형발전 주요내용

동북지역
· 산업 구조조정 추진
· 농업의 기계화와 산업화 추진
· 자본재, 강재, 석유화학, 자동차, 선박 제조기지 육성

서부지역
· 개혁개방 가속, 인프라 확대
· 특화산업 발전
· 청정에너지자원 개발 및 가공

중부지역
· 도시화 및 농산물 가공기지 건설
· 서부지역 이전 가교 역할 및 물류 중심기지 조성
· 철강, 석유화학, 비철금속, 건축자재 등의 산업 구조조정을 통한 원자재 공급기지 조성

동부지역
· 기술개발을 통한 국제 경쟁력 배양 및 대외지향형 경제발전
· 환경보호, 효율 중시 등의 경제성장방식 전환
· 첨단기술, 서비스산업 발전 경제특구, 상하이 푸동신구(浦東新区), 텐진 빈하이신구(濱海新区) 등을 통한 역내 발전 추진

자료: 중국국가발전개혁위원회

11차 5개년 계획의 목표 대비 성과를 살펴보면 성과측정의 기준으로 제시된 22개의 수량 지표 중 8개는 반드시 달성해야 하는 구속성 지표고 나머지 14개 지표는 예측성 지표다. 경제성장지표와 공공서비스 부문의 지표는 농촌의 노동력 이전 항목을 제외하고는 모두 목표를 달성했다.

인구, 자원, 환경 부문 중 수자원, 폐기물 이용에 대해서는 진전이 있었으나 가장 중요한 단위 GDP당 에너지소모량 감축은 한참 부족한 수준이다. 또한 주요 오염물질 배출총량감소 항목 역시 간신히 목표치를 달성했다. 도시화율은 당초 목표수준을 넘어섰으나, 'GDP 대비 연구개발비 비중'을 향상시키겠다는 의욕적인 목표는 달성하지 못했고 서비스업 비중 확대도 목표에 미달했다.

11차 5개년 계획을 평가하자면 첫째, 방향은 잘 잡았으나 구체적인 정책수단 마련에 실패했다. 산업구조 고도화를 강조했으나 성과가 미흡했다. 중화학공업 주도의 성장방식이 지속적인 고용창출 과제와 양립할 수 있는지에 대한 논란이 진행되던 중 계획이 입안되어 굳어진 생산구조와 산업구조에서의 변화는 애초부터 어려웠던 것이다.

둘째, 구조적 문제점에 대한 종합적 인식에도 관련 정책은 종합적으로 추진되지 못했다. 구조적인 문제점을 개선하기 위한 정책 추진은 중국경제와 사회 전반에 큰 영향을 끼칠 수밖에 없다. 정책 담당자들은 이에 따른 정치 사회적 불안정을 감수하고 관리해나갈 만한 정치적 과단성이 부족했던 것이다.

• 11차 5개년 계획 주요지표의 목표 및 달성 여부

구분	지표	기준 2005년	목표 2010년	연평균 성장률 (%)	속성	평가 2009년	목표 달성 여부
경제 성장	GDP(조 위안)	18.2	26.1	7.5	예측성	27.55	O
	1인당 GDP(위안)	13,985	19,270	6.6	예측성	25,125	O
경제 구조	서비스업 부가가치 비중	40.3	43.4	3	예측성	42.6	X
	서비스업 취업 비중	31.3	35.3	4	예측성	33.2	X
	GDP 대비 연구개발비 비중	1.3	2	0.7	예측성	1.62	X
	도시화율	43	47	4	예측성	47	O
인구·자원·환경	전국 총인구(만 명)	130,756	136,000	8	구속성	133.474	
	단위 GDP당 에너지소모량 감축(%)			20	구속성		X
	단위 공업 증가치당 용수량 감축(%)			30	구속성		O
	농업관개용수 유효이용 계수	0.45	0.5	0.05	예측성		
	공업 고체폐기물 종합 이용률(%)	55.8	60	4.2	예측성	65	O
	경지 보유량(억 헥타르)	1.22	1.2	-0.3	구속성	1.2	O
	주요 오염물질 배출총량감소(%)			10	구속성		O
	산림피복율(%)	18.2	20	1.8	구속성	20.36	O
공공 서비스·국민 생활	국민 평균 의무교육연한(연)	8.5	9	0.5	예측성	9	O
	도시 기본 양로보험 적용인원(억 명)	1.74	2.23	5.1	구속성	2.345	O
	신형 농촌 협력의료 보급률(%)	23.5	80	56.5	구속성	94	O
	5년간 도시 취업 증가(만 명)			4.500	예측성	1,102	O
	5년간 농촌 노동력 이동(만 명)			4.500	예측성		X
	도시 동기 실업률(%)	4.2	5		예측성	43	O
	도시주민 1인당 가처분 소득(위안)	10,493	13,390	5	예측성	17,175	O
	농촌주민 1인당 순수입(위안)	3,255	4,150	5	예측성	5,153	O

자료: 중국국가발전개혁위원회

셋째, 정책 담당자들은 사실 경제구조 개혁의 절실한 필요성을 느끼지 못했다. 2000년대 들어 가속화된 글로벌 불균형Global Imbalance 상황이 중국 측엔 무역흑자, 대외자산 증가 등 손해볼 것 없는 결과를 낳음으로써, 정책 담당자들이 경제구조나 생산모델을 굳이 변경할 필요성을 느끼지 못했다. 이렇게 경제구조 전환에서 정면 승부수를 띄우지 못한 채, 행정적 강제를 동원한 환경과 사회 분야의 지표들에 대해서는 일부 목표를 달성한 것이 11차 5개년 계획의 한계였다.

Section 2

중국경제의 미래 5년, 12차 5개년 계획

　서방세계가 금융위기로 우왕좌왕하는 바람에 세계 2위로 올라선 중국 내부에는 미국발 금융위기 이후 어떤 변화가 있을까? 세계의 모든 눈이 중국의 경이로운 경제지표에 몰려 있지만 정작 중요한 것은 '베이징의 생각'이다.

　13억을 다스리는 베이징 지도부의 생각을 읽어야 중국경제가 보인다. 중국은 금융위기 이후 서방세계의 몰락을 보면서 2010년부터 성장전략을 바꿨다. '생산대국'에서 '소비대국'으로, 검은 연기 나는 '굴뚝대국'에서 청정한 '녹색대국'으로의 탈바꿈을 결심했다.

　중국은 매년 10월부터 이듬해 3월까지가 소위 정치의 계절이다. 10월에 중국공산당 중전회의, 우리로 말하며, 집권여당의 전당대회가 열리고 이듬해 3월에는 우리 국회와 비슷한 전국인민대표대회가 열린다. 여기서 중국의 모든 정치노선과 경제정책이 최종 추인되고 결정된다.

2010년 10월 베이징에서 개최된 17기 5중전회의에서 중국은 2011년부터 시작되는 12차 5개년 계획을 입안하면서 향후 5년의 성장기조를 모든 것을 다 끌어안는다는 의미의, 포용성 성장을 기치로 내세웠다.

2010년 중국의 1인당 소득은 4,000불대로 한국의 1988년 수준이다. 그러나 지금 중국은 한국의 1988년과 2000년, 2011년이 공존하는 사회다. 중국 연안 대도시의 소득수준은 한국의 2000년대 수준인 1만 불대를 넘었고 중국의 상위 5%인 6,500만 명 부유층의 소득은 현재 한국의 소득을 훨씬 넘어섰다. 그래서 빈부격차와 도농 간의 격차 그리고 한 자녀 낳기 정책으로 세계에서 가장 빨리 늙어가는 중국의 내부문제는 간단하지 않다.

이런 모순을 소득 재분배와 복지정책을 통해 해결하겠다는 것이 중국의 포용성 성장의 핵심이다. 개도국이 1인당 소득 4,000불대에서 분배 욕구와 민주화 욕구가 거세져 혼란에 빠져든다는 소위 '마의 4천 불'의 함정에 빠지지 않겠다는 중국의 전략이다.

또한 중국은 현재 세계 경제규모 2위지만 이산화탄소배출은 세계 1위다. 앞이 보지지 않는 베이징의 스모그는 눈을 짓무르게 해 눈물 마를 날이 없다. 개방도시 선전, 광저우의 검은 엉덩이에서 뿜어 나오는 매연가스는 숨을 막히게 한다. 흰 고양이든 검은 고양이든 돈만 벌면 최고라고 했던 덩샤오핑의 그 '검은 고양이'가 사고를 친 것이다. 그래서 2011년부터 5년간 지속할 12차 5개년 계획에서 베이징의 지도부는 중국을 '굴뚝대국'

에서 '녹색대국'으로 키우겠다는 전략을 확실히 했다.

12차 5개년 계획의 핵심, 민부民富와 산업구조의 고도화

중국은 30년간의 눈부신 개혁개방의 성과로 국가는 강대국이 됐지만 국민은 그 과실을 누리지 못하고 있다. 현재 중국 일반국민의 부富가 중국 전체 부에서 차지하는 비중은 20%에 못 미친다. 60~70%는 국가가, 나머지 20% 남짓은 자본가 계층의 수중에 있는 것으로 추산된다. 그래서 연해지방과 내륙, 정부와 국민, 국유와 민영부문 간 소득 및 기회의 격차를 좁혀 민생을 개선하고 사회 정치적 갈등소지를 줄이는 것이 12차 5개년 계획의 중대과제다. 전체 GDP 중 차지하는 비율이 49%에 불과한 소비를 12차 5개년 계획기간 동안 GDP는 연평균 7% 정도의 성장수준을 기록한다는 보수적인 전제하에, 2015년에는 55%, 2020년에는 65%까지 올릴 계획이다.

소비와 내수 확대의 관건은 도시화다. 도시화에서 가장 중요한 것은 2억 명에 달하는 농민공의 도시민화인데 2억 명의 낙후지역 인구의 취업과 생활안정이 중요하다. 도시화의 수준이 높아지면 농촌인구가 점차 도시인구로 바뀌게 되고, 이것은 농업의 규모화 경영에 도움이 될 뿐만 아니라 농업의 생산효율과 상품화 비율을 향상시키며, 농민들의 수입과 소비수준을 증가시키고 도시와 농촌의 격차를 줄일 수 있다.

일본의 사례로 보면 농촌인구는 도시로 이동한 후 생활방식이 바뀌어 도시의 생활방식에 적응해간다. 이것은 인구의 소비경향을 제고시켜 소비수준을 높여준다. 도시화계획 추진 중에 12차 5개년 계획기간 동안 중국이 바라는 것은 일본의 1960년대 말, 1970년대 초에 나타났던 '대중 소비사회'의 재현이다.

또 하나 12차 5개년 계획의 초점은 산업고도화다. 중국은 12차 5개년 계획을 수행하면서 특히 금융위기 이후 드러난 중국의 갖가지 구조적 문제점을 해결하는 데 주력한다는 것이다. 중국이 5년 뒤에 봉착할 인구보너스의 종료, 루이스 전환점의 통과, 잠재성장률의 하락에 대비한 전략은 산업의 업그레이드다.

중국이 이러한 문제점을 해결하지 못하면, 기본적인 복지사회인 '2020년 소강小康사회 건설'의 목표는 공염불에 그치게 된다는 게 중국정부의 판단이다. 특히 중국의 아킬레스건인 CO_2 배출에 대한 국제적 압력이 높아지는 반면, 현재 에너지절감목표의 달성수준이 기대에 미치지 못하고 있어 12차 5개년 계획에선 더욱 강력한 규제와 에너지문제가 강조될 수밖에 없다. 그래서 12차 5개년 계획의 산업고도화에는 이러한 중국산업의 내재적인 문제의 해결과 선진국형의 산업구조 고도화를 이루는 것이 모두 포함되어 있다.

• 12차 5개년 계획의 주요 정책방향과 수단

	정책방향	주요 정책수단	성공 실패 요인
경제 구조 조정	내수 비중 확대	· 임금인상(최저임금 기준 인상, 공증의 임금협상시스템 확립) · 사회보장 확대 · 전략적 품목에 대해 소비부양책 지속 추진(정부보조금)	· 기업경영에 대한 부정적 영향 방지 · 근로자들에 대한 국가의 통제력 약화 우려
	도시화	· 도시 인프라 지속 확충 · 호구제도 개혁 · 효율적 국토개발 독려	· 도시화의 방향을 둘러싼 논란(지역 중심, 도시 중심의 도시화 vs 대도시 중심의 도시화)
	지역 균형 개발	· 중서부지역 개발 가속화(동부연안 제조기업의 중서부내륙 투자 유도) · 7대 신성장산업의 지역 배치	· 연해지역에 버금가는 지방 개발거점의 등장 여부 · 지방정부의 7대 신성장산업 거점기지 유치 경쟁
산업 구조 고도화	산업 경쟁력 제고	· 7대 신성장산업 육성 · 생산능력 과잉 해소 · 자주창신 능력 제고 · 인적자본 확충 · 서비스산업, 문화산업 육성	· 산업구조의 고도화 요구와 지속적인 고용창출 요구의 조화 · 7대 신성장산업의 안착 속도
	실리주의적 통상 정책	· 환율 자주권이라는 전제 아래에 글로벌 임밸런스 해소에 협력(위안화 점진적 절상) · 기업의 해외진출 가속화 · 자원확보 노력 지속 · 선별적 외자유치	· 보호주의 강화 경향성 · 외국기업들에 대한 경제 기여 요구 강화
사회 안정	소득 불평등 해소	· 부동산투기 억제 · 빈곤층과 서민층에 대해 감세, 세금환급, 개인소득세 면세점 상향 조정 · 부유층을 겨냥한 재산세 도입 · 국유기업 배당금을 주민 부담 낮추는 방향으로 활용	· 기득권 세력과 지방정부의 반대 · 부동산시장의 안정적 성장 및 지방정부 재정 안정화 여부
	정치 및 행정 개혁	· 지방정부 성과 평가기준 개혁 · 반부패 투쟁 강화 · 중앙정부의 장악력 강화	· 지방정부의 반발 극복
저탄소 경제 이행	고탄소 경제에서 저탄소 경제로	· 에너지절감 및 오염물질 배출 감소 · 이산화탄소배출 축소 · 환경보호 · 그린산업 육성	· 그린산업의 비즈니스화 가능성과 국민경제 내 역할

자료: 중국국가발전개혁위원회, 12차 5개년 계획

Chapter 3
중국,
7대 신성장산업에 승부를 건다

Section 1

7개의 발톱을 가진 중국의 용?

　중국은 2008년 말부터 2년에 걸쳐 관계부서, 전문가, 교수 등 수많은 전문가가 참여해 12차 5개년 계획을 준비했고 그 결과물로 1,500여 페이지 분량의 '12차 5개년 계획 전략연구서'를 만들어 각계의 의견을 수렴해 2015년까지 중국경제의 밑그림을 그렸다.

　중국이 5년 뒤 서방세계를 놀라게 할 이슈는 바로 7대 신성장산업의 육성이다. 마치 황제의 곤룡포에 있는 용의 7개의 발톱처럼 중국의 위상을 세상에 알리는 야심 찬 프로젝트다. 중국은 12차 5개년 계획에서 에너지 절약과 환경보호, 정보기술, 바이오, 신소재, 첨단장비 제조, 신재생에너지, 전기자동차의 7대 신성장산업을 지정했다.

　이 7개의 신성장산업은 전 세계 어느 나라에서도 아직 확실한 주도권을 갖지 못했다. 이들 산업은 어느 분야도 세계표준이 이루어진 것이 없다. 그리고 시장을 보면 중국이 세계 최대의 시장이고 최대 투자국인 분야다. 하지만 서방 선진국이 금융위기로 죽네 사네 하는 판이라서 이들 신성장산업에 너도나도 참여한다는 플래카드는 걸었지만 아무도 엄두를 내지 못하고 있다.

이들 신성장산업의 특징은 초기에 대규모 자금이 들어가는 산업이라 적자가 불가피하다. 그래서 초기단계에 정부보조금이 없으면 성장할 수 없다. 미국과 유럽은 지금 엄청난 재정적자와 국가부채로 국가재정 축소의 위기에 몰렸기 때문에 신성장산업에 보조금을 대거 투입할 여지가 거의 없다. 또한 민간기업들은 금융시장의 폭락과 긴축의 영향으로 대규모 자금조달도 어려운 상황이다.

중국은 세계 최대인 내수시장을 기반으로 정부의 대규모 보조금을 무기 삼아 산업의 기반을 확립하고, 선두기업의 이점과 가장 많은 장비공급능력을 내세워 세계표준을 장악해 세계시장으로 수출한다는 장기적인 목표를 세웠다. 대표적인 것이 고속철도다. 최근 대형사고가 났지만 이미 중국은 세계 최대의 시설경험과 생산규모를 가지고 일본, 유럽 등이 손댈 여력이 없는 중남미지역에 저리자금을 무기로 시설공급을 타진하고 있다. 여타 서방세계는 '규모의 경제' 효과에 밀려 가격에서 너무 차이 나는 바람에 입찰 참여를 꺼리는 지경까지 왔다.

중국의 7대 신성장산업은 한국의 신성장동력산업, 녹색성장산업과 큰 차이가 없지만 중국의 목표수준이 우리와 너무 다르다. 신에너지, 전기자동차, 환경보호, 바이오, 신소재, 차세대 IT, 첨단장비의 7대산업을 5년 내에 세계 1위로 키우겠다는 것이다. 중국이 이런 첨단사업에서 과연 가능할까 하지만 중국 정부지도자는 한다고 발표하면 하늘이 두 쪽이 나도 반드시 하는 사람들이다. 중국은 현재 GDP 비중 4%에 불과한 이 7대산업을 2015년까지 8%, 2020년에는 15%까지 키울 계획이다.

중국이 목숨 걸고 추진하는 이 7대 신성장산업은 특징이 있다. 첫째, 최첨단산업이지만 전 세계 어느 누구도 완전한 기술적 우위를 가지고 있지 못하다. 둘째, 중국이 최대 수요시장인 산업이다. 셋째, 세계 누구도 아직 표준화를 시킨 나라나 기업이 없다.

이 7대산업은 아직 누구도 두각을 내지 못한 무주공산이자 또한 강대국으로 가는 중국으로서는 반드시 넘어야 할 산이기도 하다. 중국은 7대 산

• 7대 신성장산업의 GDP비중 추정

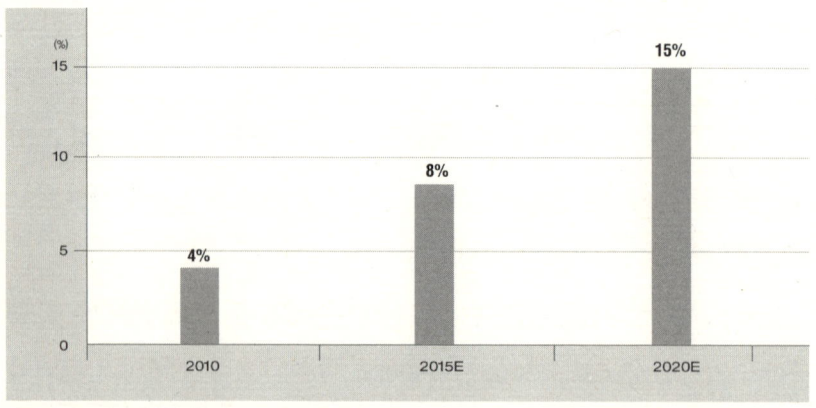

자료: 중국국가발전계획위원회, CEFRI

업 중 신에너지, 전기차, 신소재를 선도산업으로 차세대 IT, 에너지절감 및 환경보호, 바이오, 첨단장비산업을 지주산업으로 정했다.

한 나라가 강대국으로 부상하는 데는 에너지와 금융산업의 발전이 필수조건이다. 특히 제조업이 강하면 그만큼 에너지의 수요는 급증한다. 석유와 같은 화석연료의 해외의존도가 50%가 넘는 중국으로서는 장기적인 국가발전 전략에서 석유의 의존도를 줄이는 것이 미국이 장악한 세계 에너지패권과 기축통화인 달러의 패권에서 벗어나는 길이다.

중국이 7대 신성장산업을 지정한 것 중에서 중국정부가 가장 중요하게 보는 것은 신에너지, 전기자동차, 환경보호와 에너지절약산업이다. 앞으로 5년간 이들 산업에 대한 중국 정부차원의 투자는 전 세계 어떤 나라보다 강력하게 추진될 가능성이 크다.

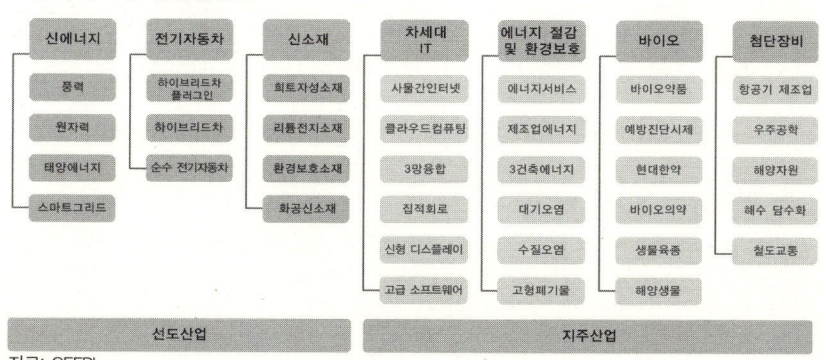

• 중국의 7대 신성장산업

자료: CEFRI

7대 신성장산업을 살펴보면 첫째는 신에너지산업이다. 석유가격이 세 자릿수를 찍으면서 사막과 고원의 태양과 바람에서 전기를 뽑아 쓰는 시대가 왔다. 사막과 고원의 나라 중국이 신에너지의 메카가 되고 있다. 지금 세계 최대의 태양광장비 공급국이 중국이고 풍력발전설비 투자 세계 1위도 중국이다. 2020년까지 중국이 신에너지산업을 육성하기 위해 투자하는 금액은 우리 돈 약 850조 원으로 우리나라 1년 예산의 2배가 넘는 수준이다. 한국이 강점을 가진 태양광 모듈과 핵심소재인 폴리실리콘의 최대 시장이 중국이다. 풍력발전장비시장 역시 앞으로 5년간 2배 이상 늘어날 전망이다. 또한 앞으로 10년 동안 원자력발전소도 150기 늘릴 예정이다.

　둘째는 전기자동차다. 2010년 중국 자동차시장은 1,800만 대로 세계 최대의 시장으로 부상했다. 중국정부는 대대적으로 보조금을 지급하면서 이제는 석유 먹는 자동차가 아니라 전기를 먹는 자동차의 보급에 열을 올리고 있다. 중국은 전기자동차 보급목표를 2015년에 100만 대로 잡고 있다.

　지금 중국 대도시에서 전기자동차를 사면 중앙정부와 지방정부의 보조금을 합해 대략 12만 위안, 한화로 2,040만 원을 지원받는다. 전기자동차 구매자는 차체만 사면 되고 엔진에 해당하는 배터리값은 국가가 보조해주는 것이다. 그러니 전기자동차가 안 팔릴 수가 없다. 전기자동차 한 대당 배터리용량을 핸드폰의 6,300배라 보면 2015년이면 중국의 전기자동차용 2차전지 수요는 핸드폰 63억 개 분량이다.

　셋째는 신소재산업이다. 신에너지, 전기자동차 발전의 전제는 소재개발이 있어야 한다는 것이다. 특히 희토류금속은 첨단산업의 아킬레스건이다. 일본과 중국의 영토분쟁에서 일본이 한방에 간 것도 중국의 희토류금속 수출중단 협박에 자동차와 IT 수출의 나라 일본이 꼼짝없이 당한 것이다. 지금 중국은 전 세계 희토류금속 수출의 90% 이상을 담당하고 있다. 30년 전 중국경제의 설계사로 칭송받는 덩샤오핑이 남쪽지방을 순시하면서 "중동에 석유가 있으면 중국에는 희토가 있다"고 한 말이 인상적이다. 덩샤오핑의 30년을 내다본 혜안이 무섭다. 30년이 지난 지금 이웃 일본을 총 한 방 쏘지 않고 잠재운 것이 바로 신소재의 기초인 희토류다.

넷째는 차세대 IT다. 하늘에 떠다니는 구름에서 데이터를 끌어다 컴퓨터에서 쓰는 클라우드컴퓨터부터 사물 간 인터넷 등 각종 첨단인터넷 서비스가 모두 들어 있다. 상하이, 베이징의 대도시 산업단지에는 대규모 클라우드컴퓨터 단지들이 우후죽순처럼 들어서고 있다. 지금 중국은 핸드폰 가입자가 9억 5,000만 명이다. 스마트혁명이 미국의 애플에서 시작되었지만 스마트혁명의 꽃은 전 세계에서 모바일 인구가 가장 많은 중국에서 필 가능성이 크다. 신기술의 역사를 보면 기술의 시발점과 종착역이 같은 경우는 없다. 공업혁명이 영국에서 시작되었지만 고속도로의 길이가 가장 긴 미국에서 자동차로 꽃피었기 때문이다.

다섯째는 환경보호산업이다. 세계의 공장 중국은 에너지 다소비형 산업구조로 환경파괴가 심각하다. 중국은 12차 5개년 계획이 끝나는 2015년까지 에너지절감 및 환경보호산업에 지난 5년의 두 배가 넘는 3조 1,000억 위안을 투자할 계획이다. 고압주파수 변압기를 대량 보급해 제조업의 에너지효율을 끌어올리려고 하고 있어 고압전력설비 분야에 큰 시장이 선다. LED 가로등을 설치해 에너지를 절감하는 산업, 대기오염물질 및 공업 오수 폐수 처리산업, 고형폐기물 처리산업 등이 중국이 주력할 산업이다.

여섯째는 바이오산업이다. 가장 빨리 성장했지만 가장 빨리 늙어갈 나라가 중국이다. 중국의 노인인구는 1억 9,000만 명이나 된다. 앞으로 10년 뒤에는 3억 명에 달할 전망이다. 노인폭탄이 터지는 것이다. 4명의 조부모, 2명의 부모, 1명의 아이로 구성된, 소위 4-2-1의 현재 중국의 가족구조를 보면 중국의 성장산업이 보인다.

노인대국 중국은 '집'과 '약'과 '아이'에 집착한다. 매년 1,000만 쌍의 결혼이 부동산가격의 폭등을 불러오고 있다. 중국정부는 2010년에 580만 채의 서민주택을 건설했지만 그래도 모자라 2011년에는 1,000만 채로 늘린다. 불로초를 캐러 다녔던 진시황의 후손 13억 명이 피부미용과 줄기세포 시술을 포함한 바이오산업에 돈을 쓰기 시작했다. 한국에서는 여러 가지 제약으로 주춤거리는 줄기세포사업이 중국에서는 활기를 띠고 있다. 줄기세포 중 상대적으로 리스크가 적은 성체줄기세포사업이 한국에서는 법적 제약으로 상업화에 어려움을 겪고 있지만 중국은 초대형 노인전문병원을 짓고 한국보다 먼저 성체줄기세포의 상업화를 시도하고 있다.

중국은 돼지가 은행을 터는 재미있는 나라다. 중국은 소비자물가 구성요소 중 먹고 마시는 것의 가중치가 34%나 된다. 그래서 중국인의 식단에 가장 많이 올라가는 돼지고기의 가격이 올라가면 소비자물가가 정기예금

금리를 넘어선다. 그러면 마이너스금리를 견디다 못한 은행예금이 은행을 빠져나와 부동산과 주식으로 몰려가 과열을 만들 정도로 먹는 것의 영향력이 크다.

농수산물의 흉작으로 피쉬Fish플레이션, 애그Agriculture플레이션에 가장 고통스러운 나라가 중국이지만 중국의 먹는 문제는 바이오기술로 해결할 수 있다. 연간 7억 마리의 돼지와 124억 마리의 닭을 먹어치우는 중국의 먹거리산업에도 바이오가 들어가기 시작했다. 또한 정부의 강제면역기준이 강화됨에 따라 구제역, 조류인플루엔자와 같은 가축전염병에 대한 동물면역 백신시장이 12차 5개년 계획기간 중에 빠른 성장을 보일 분야다.

마지막으로는 첨단장비산업이다. 한국은 첨단장비 하면 IT를 생각하지만 중국은 차원이 다르다. 중국은 2011년 9월 말에 10월의 국경절을 맞아 우주정거장인 천궁天宮호를 쏘아 올렸다. 인공위성과 비행기, 그리고 시속 480Km로 달리는 고속철도, 해양플랜트 등이 중국의 첨단장비산업이다. 얼마 전 베이징에서 출발해 온조우를 향해 가던 고속철도가 탈선하는 바람에 대형사고가 나 중국의 고속철도는 부실덩어리라고 알려지기도 했지만 중국은 이미 세계 최대의 고속철도 운영국가다. 그런데 왜 중국은 말도 많고 탈도 많은 고속철도에 목매고 국가적인 사업으로 추진할까?

인구증가와 경제성장은 국민의 여행거리와 높은 상관성이 있다. 1950~1990년대 중반까지 미국의 인구증가는 75%였지만 여행거리는 4배가 늘었다. 경제성장은 국민의 장거리 여행을 늘리는 중요한 요인이다. 중국의 인구는 1985년부터 2007년까지 26% 늘었고, GDP는 26배 증가했지만 국민의 여행거리는 3.9배 증가하는 데 그쳤다.

2007년 중국인의 연평균 여행거리는 1,634km로 선진국의 1990년대의 평균 여행거리의 1/8~1/9밖에 못 미친다. 1995년 미국인의 평균 여행거리는 1만 4,000km, 1991년 영국이 1만 2,000km, 1997년 일본이 1만 1,000km, 1998년 러시아가 3,300km다.

소득수준의 급속한 향상으로 중국인의 여행거리는 급속히 늘어날 전망인데 13억 인구가 선진국의 1/3정도 연간 5,000km 정도의 여행을 한다고 하면 이는 2007년 여행거리의 3.1배로 중국의 운송수단과 여행업의 잠재력은 엄청나다. 그런데 에너지와 자원소비가 문제다.

중국은 13억 인구에 960만km^2의 면적으로 인구밀도가 138명으로 세계 100위 근처다. 네이멍구, 시장, 칭하이, 신장 등 외곽지역의 면적이 473만km^2로 거의 절반을 차지하지만 이들 지역인구는 5,300만 명에 불과하다. 나머지 동부와 중부지역에 12억 7,000만 명의 인구가 사는데 이 지역의 인구밀도는 260명으로 이는 세계 30위 수준으로 유럽 인구밀도의 2.3배다. 이들 동부와 중부의 인구를 수송하는 데 효율성이 높은 수송수단이 필요한데 여기에 적합한 것이 고속철도다.

중국은 에너지의 70%가 석탄이고 20%가 석유인데 석유의 수입의존도가 50%가 넘는다. 중국은 에너지소비와 이산화탄소의 배출량을 줄여야 하기 때문에 소위 미국식 '자동차+비행기' 중심의 운송체계 구축은 구조적으로 문제를 안고 있다.

그래서 중국은 고속철도 건설로 이 문제를 해결하고자 하는 것이다. 여객 1인당 에너지소비를 보면 고속철도, 승용차, 비행기의 비율은 1:5.3:5.6이다. 또한 토지점용면적을 보면 4차선 고속도로 1개를 건설하는 데 소요되는 토지면적은 고속철도의 1.6배고 대형공항 하나를 건설하는 데 필요한 토지면적은 고속철도 1,000km의 건설부지와 맞먹는다.

2010년 기준으로 중국은 6,555km의 고속철도를 운행 중인데 이 중 3,676km가 시속 250~350km고 2,876km가 시속 200~250km짜리다. 중국은 2012년까지 전국에 1만 3,000km의 고속철도를 건설하고 있다. 1만 3,000km의 고속철도 중 시속 250km의 철도가 5,000km고 350km의 고속철도가 8,000km다. 철도차량은 200~250km, 250~300km, 350km 이상의 3종류의 고속철도를 유럽과 합작으로 개발을 끝냈고 국산화율은 이미 75~85% 수준에 이른다.

중국 철도건설은 동부와 중부를 종횡으로 연결하는 4종4횡四縱四橫 프로젝트가 진행 중인데, 총 49개 노선 중 2010년 2월 현재 12개 노선이 완공되었고 24개 노선이 건설 중이다. 이렇게 되면 철도의 운송 중 고속철도의 비중이 2007년 33%에서 2012년에는 50%대로 올라갈 전망이다. 2011년 말이면 베이징에서 최남단 선전까지 2,260km, 베이징에서 최북단 하얼빈까지 1,700km의 고속철도가 완성된다.

베이징에서 선전까지 6시간 30분, 베이징에서 하얼빈까지 5시간이면 갈 수 있어 중국의 남북이 일일생활권으로 들어간다. 상하이에서 베이징까지 비행기로 2시간 걸리던 1,318km 거리를 고속철도를 타면 3시간 45분이면 갈 수 있다. 한국에서 대구와 서울에 고속철도가 생기면서 대구행

비행기노선이 죽어버리는 효과가 중국에서도 2012년부터 나타날 수 있다. 자동차, 철도를 포함한 운송수단의 보급확대를 통한 지역경제 활성화와 내수부양 효과는 엄청날 수 있다.

IT와 자동차의 나라 한국의 고민

한국의 대중국 IT전략, 소프트가 안 보인다

한국은 IT의 나라, IT강국이다. 그러나 IT기계가 가장 잘 활용되고 꽃피울 나라는 어디일까? 13억 인구의 중국이다. 불과 6년 만에 9억 5,000만의 이동전화가입자를 가진 나라가 중국이다. 지금 세계 IT의 디지털 컨버전스는 TV도 PC도 아닌 핸드폰이다.

중국의 일당 독재가 문제라고 하지만 13억 인구의 국가를 통치하는 데 미국과 같이 2년마다 선거를 치른다면 중국은 선거하다 볼일 다 본다. 중국의 선출식 선거가 경제적으로, 정치적으로 훨씬 유효하고 효율적인 수단일 수 있다는 말이 궤변처럼 들리지만 지금 서방세계의 정치판, 선거판을 보면 일리 있어 보이기도 하다.

그런 13억 인구를 통제하는 가장 좋은 수단은 IT지능망이다. 13억의 인구통제는 전통적 방식으로는 어렵다. IT가 강대국의 통제를 강화하는 데 기가 막힌 수단이다. 후진타오 주석 다음에 중국의 정권을 이어받을 시진핑 부주석은 공산당 주요 간부들에게 동시에 메시지를 보낼 수 있는 핸드폰 메시지서비스를 시작했다.

중국의 12차 5개년 계획의 많은 부분은 크게 보면 정보화와 정보인프라 구축에 맞춰져 있다. 중국의 전산망은 부동산과 같다. 서버를 국가가 소유하고 있기 때문에 토지의 사용권을 국가가 가지는 것과 같다. 신장과 티베트에서 폭동사건이 발생했다는 것은 인터넷을 통해 알았지만 그 진행과정과 결과는 알 수 없다. 정부가 통제에 들어가 인터넷서버에 접속되지 않기 때문이다.

인류의 역사를 보면 신기술의 발원지와 종착지가 같은 경우는 없다. 지금 세상을 휘저은 스마트 지식혁명의 시작은 미국이지만 꽃은 핸드폰가입자가 세계에서 가장 많은 중국에서 필 가능성이 크다. 정보산업에서 가치는 결국 가입자다.

정보의 가치는 '가입자 수의 제곱에 비례한다'는 멧칼프의 법칙이 적용된다. 지금 중국의 핸드폰가입자는 9억 5,000만 명이나 된다. 미국과 유럽 인구를 합한 수치다. 멧칼프의 법칙으로 본 미국과 중국의 인구는 9억 명 대 91억 명이다. 지금 중국에서 모바일 인터넷을 쓰는 사람이 3억 3,000만 명이다. 이미 중국은 구글에 버금가는 '바이두 닷컴', 페이스북에 맞먹는 2억 명이 넘는 가입자를 가진 '시나 웨이보'가 있고 10억 명의 가입자를 가진 메신저업체 'QQ'가 있다. 스마트혁명시대에 이런 중국의 모바일 인프라가 바로 중국의 성장동력이다.

　세계 첨단산업의 변방인 중국의 향후 5년 첨단산업의 변화를 눈여겨 봐야 한다. 중국은 세계 첨단산업의 변방이지만 전 세계 첨단장비의 세계 최대의 소비국이고 지금 최대의 생산국으로 일어서고 있기 때문이다. 중국에서 9억 5,000만 명의 핸드폰가입자가 스마트폰을 쓰게 되면 전 세계 스마트혁명은 필연적으로 중국에서 만개滿開할 수밖에 없다. 큰 시장이 있는 곳에서 명품이 나오고 돈벌이가 되기 때문이다. 미국시장에 상장된 중국의 모바일 인터넷 관련 회사들의 시가총액이 이미 이를 말해준다. 한국은 이미 앞서 가버린 애플의 아이폰i-Phone 따라 하기에 급급할 게 아니라 9억 중국인을 타깃팅하고 철저하게 이들에게 특화한 'China-phone'을 만들어야 이 격렬한 스마트혁명시대에서 살아남을 수 있을 것이다.

　애플의 아이폰은 중국이 6달러에 만들어주고 애플이 550달러에 판다. 짝퉁의 천국 중국에서 애플 아이폰의 저가 짝퉁이 나오면 중국은 3세대 핸드폰의 혁명이 바로 일어난다. 중국의 연간 1,800만 대씩 팔리는 자동차와 9억 5,000만 명의 핸드폰가입자가 만드는 네트워크는 중국을 역사상 보지 못했던 가장 빠른 산업구조의 소프트화와 업그레이드로 이끌 가능성이 크다.

　문제는 한국이다. 한국이 자랑하는 LCD와 핸드폰에서 한국의 경쟁력이 계속 떨어지고 있다. 서방전문기관의 스마트폰 보고서에 따르면 한국의 S, L사의 브랜드선호도가 떨어지고 있다. 하지만 연간 1억 대의 TV가 생산되는 중국에서 한국의 LCD회사는 일본의 센카쿠 열도 분쟁으로 어부지리를 했다. 일본이 매를 맞는 바람에 한국의 양대 LCD회사가 중국에 LCD 생산 공장을 짓게 되었지만 그간 공장설립 문제로 마음고생을 많이 했다. 세계적인 기술을 가진 한국의 IT기업이, 시장을 가진 중국에서 더는 갑이 아니라 을이라는 것을 간접적으로 시사하는 일이다.

한국의 최고 핸드폰회사가 애플에 밀리는 것은 반도체, 액정이 아니라 앱이다. 한국의 핸드폰공장은 세계브랜드를 만들지 말고 중국에 특화된 브랜드와 소프트웨어를 개발해야 한다. 하드웨어가 아니라 응용 소프트웨어가 강한 중국판 아이폰이 경쟁력이고 공장은 100% 중국에 지어야 한다.

한국의 중국핸드폰연구소는 관리자만 한국인이고 모든 엔지니어는 칭화대, 하얼빈공대 등 중국 최고의 명문대를 나온 중국인의 손으로 중국인의 느낌으로 중국인에게 편한 핸드폰을 만들어야 이긴다. 한국의 핸드폰, 표음문자에 익숙한 엔지니어로는 표의문자 핸드폰에 익숙한 사람들에게 편한 핸드폰을 개발할 수 없다. 현지화는 소프트웨어와 콘텐츠의 현지화가 진짜 현지화다. 9억 5,000만 명의 핸드폰시장을 잡지 못하면 세계시장에서 변방의 독수리로 전락한다.

한국에서 가전, 반도체, 핸드폰의 전성기가 끝나가고 있는 것 같다. 1등이 1등을 놓치는 순간 비참해진다. 그러면 답은 상대를 사버리거나 내가 포기하는 것이다. 또는 그간 벌어놓은 돈으로 새로운 비즈니스를 하면 된다. 한국의 IT는 이제 애플처럼 소프트웨어로 경쟁해야 한다. 그렇지 않으면 연간 10조 원의 이익을 내도 주가는 박스권에서 수년째 벗어나지 못하는 한국 대표기업의 신세가 된다.

지금 한국에는 창의성 넘치는 벤처기업이 사라지고 있다. 한국의 벤처기업이 납품하는 원청회사는 결국 크게 보면 삼성, LG인데 이들에게 필요한 벤처기업이 사라진다는 것은 대기업이 공룡이 되어 더는 활력이 없다는 것이다. 삼성과 LG 등 대표기업의 주가가 부진한 것을 보면 알 수 있다.

한국 IT는 이제 소프트웨어로 가지 않으면 더 이상 성장이 어렵다. 한국의 IT기업은 하드웨어로 승부를 걸어 번 돈으로 소프트웨어의 싹에 투자해야 한다. 그런데 한국의 IT기업의 대중국투자는 이 부분에서 치명적으로 약하다. 이젠 아마존이나 애플 같은 모델로 중국을 공략해야 한국 IT의 미래가 밝다. 대량의 컨베이어벨트로 생산하는 첨단 IT제품에서 한국은 이미 경쟁력을 잃어가고 있다.

한국의 대중국 자동차 수출의 미래

자동차는 지금 대중국 수출 효자품이다. 소형차를 만드는 한국의 모 자동차회사의 주가는 지난 2년 사이 11배 가까이 상승했다. 중국 바람이 그렇게 강했다. 그러나 중국의 석유를 먹는 자동차시장은 얼마나 갈까?

지금 중국수출 효자상품인 자동차도 중국이 현재와 같은 속도로 자동차를 사기 시작하면 5년을 못 간다. 한국에서 모토라이제이션이 시작된 1988년 이후 보급률을 중국에 적용해보면 현재 1억 대의 차량을 보유한 중국은 2016년이면 자동차 보급 대수가 2억 대, 2020년이면 3억 대를 초과한다. 베이징의 도로사정을 감안한 최대 자동차 수용능력은 670만 대인데, 2015년이면 이 수준에 도달한다.

그러면 베이징 시내에서 시속 15km로 달리기도 어려워질 것이다. 그 때쯤 되면 주차장과 도로 부족으로 차량수요는 한풀 꺾일 가능성이 크다. 중국정부는 앞으로 전기자동차에 집중할 계획인데, 한국은 이 분야에서 중국보다도 뒤처져 있다.

한국 자동차산업은 중국에서 전기자동차 연구센터를 만들고 중국에 맞는 전기자동차를 중국에서 개발할 필요가 있다. 한국 자동차가 오래 갈려면 중국에 전기자동차를 팔아야 한다. 중국에서 석유자동차의 수명은 5~10년을 못 간다. 석유 먹는 자동차의 증설에 목을 맬 게 아니라 중국에 전기자동차를 직접 개발하고 생산하는 것도 추진할 필요가 있다. 중국은 전기자동차에서 한국보다 이미 그 수준이 낮지 않기 때문이다.

자동차와 전자의 기초소재인 철강산업을 보면 중국의 철강산업은 이미 4차 이동이 시작됐다고 보고 있다. 미국, 유럽에서 일본으로, 일본에서 한국, 한국에서 중국, 이젠 중국에서 동남아로 이전되고 있다는 것이다. 이를 다른 측면에서 해석해보면 중국에서 전통적인 철강의 전방산업이 한물가고 있고 굴뚝산업 그 자체는 끝났다는 것이다.

CEO가 '중국의 헨리 포드'라고 불리는 중국의 지리자동차가 유럽의 명차 볼보를 인수했고, 사브가 다시 중국기업에 넘어간다. 최근 볼보는 상하이, 대경, 칭다오에 공장을 짓는다고 발표했다. 현재 중국정부의 관용차인 아우디를 볼보로 바꾼다는 설도 나돈다. 고급자동차의 수요에 대응하는 중국의 전략은 이런 식이다. 고급자동차와 차세대 전기자동차에서 중국의 변화에 대응할 한국의 전략이 있어야 한다.

한국의 대중국 수출호황, 봄날처럼 짧게 끝날 수 있다

미국과 일본, 그리고 유럽 셋을 더하면 무엇이 나올까? 넌센스 퀴즈 같지만 답은 중국이다. 한국의 지역별 수출비중을 보면 미국, 일본, 유럽을 합쳐서 겨우 26% 선이지만 홍콩을 포함한 대중국 수출비중은 30%에 달한다. ≪중국이 미국된다≫는 제목의 책이 있었지만 한국경제에서 중국은 이미 미국이 되어버렸다.

일본의 대지진이 한국증시에는 보약이 됐다. 일본에 대지진이 나자 다시 오지 않을 것처럼 떠나갔던 외국인들이 떼로 몰려와 한국주식을 순매수했다. 그런데 매수종목을 보면 IT강국 한국에서 IT 주식이 아닌 철강, 화학, 자동차, 조선주 등의 굴뚝주를 미친 듯이 샀다.

이유는 무엇일까? 답은 수출호황이다. 더 엄밀히 보자면 대중국 굴뚝산업의 수출호황에 베팅한 것이다. 한국의 일본지진 수혜주는 모두 중국에 수출하는 중국 관련 주다. 지금 한국의 수출호황산업을 보면 석유화학, 조선, 기계, 철강, 자동차산업 순이다.

2011년 들어 8월까지 중국의 수출증가율은 24%였지만 수입은 27%나 늘었다. 2011년은 중국정부가 내수확대를 통한 소비대국을 기치로 내건 12차 5개년의 첫 번째 해다. 중국의 5개년 계획의 첫해 수입확대에 한국이 수출호황을 누리고 있는 것이다. 달러유입에 따른 물가상승에 고전하고 있는 중국은 2010년 10월 이래로 수출보다 수입을 무지막지하게 늘려 무역수지 흑자를 줄여 인플레이션을 막는 데 안간힘을 쓰고 있기 때문이다.

연간 1,000만 채의 집을 짓고, 연간 1,800만 대의 차를 사고, 세계 명품의 27%를 소비하는 나라가 지금 중국이다. 전 세계가 금융위기의 후유증에 힘들어하고 있는데 한국은 이런 중국을 이웃으로 둔 덕분에 수출호황을 만끽하고 있다. 덕분에 2011년 한국 상장기업의 영업이익은 처음으로 100조 원을 돌파할 것이라고 한다.

그런데 이런 한국의 중국특수와 기업이익에 문제는 없을까? 한국은행의 자금순환표상 기업의 이자성 부채는 1,027조 원에 달한다고 한다. 엄청난 부채에도 이익이 난다는 것은 규모의 경제, 대량생산을 통한 레버리지 효과 때문이다. 그런데 만약 이 대량생산에 문제가 생기면 이익은 급락할 수밖에 없다. 2007년 금융위기 전 한국의 환율이 936원이었고 2008년에는 26% 절하된 1,260원이었다. 현재 1,100원대의 환율은 2007년보다 여전히 17% 높은 수준이다. 100조 원 영업이익이라고 하지만 영업이익률은 7%에도 못 미친다. 금리가 올라가고 환율이 좀 더 절상되어 금융위기전으로 돌아간다면 한국기업의 이익은 어떻게 될까?

그리고 더 근본적인 문제는 대중국 굴뚝산업의 수출호황에 취한 한국 제조업이다. 화학, 철강, 자동차, IT산업에서 세계 최대시장이 된 중국은 지금 전 세계 일류기업들의 시장쟁탈전과 기술 경연장이다. 지금 중국에서는 세계 최대, 최고, 최초가 아니면 살아남지 못한다.

과거 한국은 화학, 철강, 자동차, IT산업을 기러기가 날아오듯이 차례대로 선진국으로부터 이전 받아 국산화하고 성장산업으로 키웠다. 그러나 지금 중국에는 네 마리의 기러기가 동시에 내려앉고 있다. 그래서 한국이 중국에서 국제적 산업이전 과정에서 누릴 이익이 없어졌다. 지금 한국의 주요 산업들은 이미 세계 최대, 최고, 최초가 아니다. 중국에서 규모와 힘으로 경쟁하는 것은 3년을 못 가고 5년이면 끝난다. 힘과 규모로 하는 근육형 산업에서, 독보적인 기술을 가진 핵심소재 부품산업, 소위 세포형 산업으로 이전해 목숨을 걸고 경쟁력을 기르지 않으면 안 된다. 국제적인 산업이전이 마무리돼가는 중국에서, 한국이 규모에 의존하는 근육형 산업에 만취해 즐기다 보면 한국 제조업의 대중국 수출호황은 봄날처럼 짧게 끝날 수 있기 때문이다.

한국의 미래 5년 중국 신성장 산업에서 판가름 난다

　많은 이들이 기대 반, 비판적인 시각 반으로 세계경제에서 미국을 대신할 중국대안론을 거론하지만 중국경제는 글로벌경제에서 아직 미국을 대신할 대안이 아니다. 전 세계 GDP의 25%를 차지하는 미국 GDP의 40%밖에 안 되는 중국이 어떻게 미국을 대신하겠는가? 근대 세계시장의 패권을 잡은 역사를 보면 영국이 200년을 지배했고, 지금 미국이 패권을 잡은 지 116년이 지났다. 패권의 역사는 하루아침에 바뀔 수 없다. 세계시장에서 중국이 확실한 미국의 대안으로 부상하려면 짧으면 10년, 길면 30년은 더 가야 할지 모른다.

　그러나 분명한 것은 중국은 이번 금융위기, 신용위기로 서방세계보다 10년은 앞서 갈 판이다. 서방세계가 지금 돌아가는 상황을 보면 5년이 지나도 디레버리징이 될지 모르는데 그사이 중국은 9%대의 고성장을 지속하기 때문이다. 서방세계는 5년을 후퇴하고 중국은 5년을 전진하기 때문이다.

그런데 한국으로서는 세계의 견인차가 미국이든 중국이든 관계없다. 우리는 잘 달리는 기관차에 올라타 달리기만 하면 되는데 쓸데없는 중국 논쟁에 시간을 너무 많이 쓰는 것 같다. 우리 한국으로 보면 중국은 이미 미국, 일본을 넘어선 한국의 대안이 되어버렸다.

이미 경제적으로 중국은 한국경제의 운명이다. 홍콩을 포함한 중화권의 수출비중이 1/3이고 무역수지흑자는 한국 전체 흑자의 1.7배가 중화권으로부터 나온다. 한국의 대미 수출비중은 10%에도 못 미친다. 대중 무역 흑자는 대미 흑자의 7.4배다. 세계경제가 불황으로 가는데도 한국의 수출이 두자릿수 성장, 사상 최고치를 갱신하는 것은 중국 때문이다. 세계경제에서 중국이 언제 미국의 대안이 될지는 모르지만, 한국경제의 입장에서 중국은 이미 미국이 된 셈이다.

중국은 지금 전 세계에서 달러가 가장 많은 나라다. 더는 돈이 필요 없는 나라에 돈 들고 들어가 중국의 인건비로 승부하는 산업은 끝났다. 중국에서 제조업으로 승부하는 것은 점차 매력이 사라진다. A380 비행기 한 대를 사려면 와이셔츠 8억 벌을 만들어 팔아야 하는 중국의 산업구조를 중국정부가 의도적으로 파괴하려 하고 있기 때문이다. 중국의 규제환경보다 더 빠른 생산규모 확장과 판매증가로 원가절감이 가능한 산업은 살아남지만 규모에서 밀리는 중저급 기술산업은 수익성 악화 정도가 아니라 2~3년 내 퇴출을 걱정해야 할 판이다.

중국에서는 이미 대도시 농민공이 설 자리가 없다. 고층빌딩 공사장의 땅을 파는 것은 사람이 아닌 포크레인이다. 인부가 고층빌딩을 올리는 게 아니라 타워크레인이 인력을 대신하고 있다. 도시화, 아파트화, 빌딩의 고층화 첨단화로 기술 없는 농민공 인력은 다시 농촌의 2선 3선 도시로 이동하고 있다. 철새가 겨울에 다시 제자리 찾아 시베리아로 가듯이.

중국은 동부와 중부내륙의 성省 간 교차발전과 산업이전이 이루어진다. 미국, 일본, 한국, 중국으로 국제적인 산업이전이 이루어지듯이, 1인당 소득 1만 달러에서 6,000달러대로, 4,000달러대로, 2,000달러대로 이전해가는 것이다. 그러면 중국의 전통산업의 수명은 서방세계와는 달리 예상보다 길어진다. 동부지방에 진출한 전통산업은 망하지만, 중서부에서는 성장산업이다. 광저우에서 청두와 시안으로 공장을 이전한 아이폰 조립가공업체 팍스콘이 그 예다.

앞으로 5년 중국의 청사진은 12차 5개년 계획인데 이를 자세히 들여다보면 중국이 주력할 미래 5년 성장산업에 굴뚝산업은 없다. 이 그림에는 지금 한국이 잘나가는 철강, 화학, 조선, 자동차, 핸드폰은 없다. 중국이 집중적으로 키울 7대산업의 시가총액 비중은 현재 8%에서 5년 뒤에는 30%까지 올라갈 전망이다.

지금 같은 추세라면 한국의 대중국 수출호황은 5년 안에 끝난다. 한국은 중국이 2011년부터 시작한 12차 5개년 계획에서 앞으로 중점 육성할 신소재, 신에너지, 전기자동차 등 7대 신성장산업 분야에 대한 전략이 있어야 한다. 중국은 이미 7대 신성장산업 중 일부 산업에서 세계 1위를 달성했다. 그러나 이건 시작에 불과하고 1등을 유지하기 위한 엄청난 투자가 기다린다. 중국의 하드웨어산업은 장대하지만 상대적으로 소재부품과 중간재가 모자란다. 한국은 중국 7대 신성장산업에 중간재를 납품할 수 있는 능력과 기술을 가진 제3세대 수출업종을 빨리 육성해야 한다. 그것이 한국이 5~10년 후에도 중국특수로 여전히 잘 먹고 잘사는 길이다.

After Five Years of China
PART 2

팍스차이나
7대 신성장산업

Chapter 4
신에너지산업:
신이 내린 모든 것 에너지로 바꾼다

Section 1

중국의 풍력·태양광산업 육성
한국에는 위협이자 기회

중국정부가 앞으로 10년간 신에너지산업에 5조 위안약 800조 원을 투자한다. 2011년 우리나라 예산의 2.5배가 넘는 규모다. 신에너지란 화석연료를 변환해 이용하거나 물, 햇빛, 지열, 생물 유기체 등의 재생 가능한 에너지원을 변환시켜 사용하는 것을 말한다.

2009년 12월 코펜하겐에서 열린 유엔기후변화협약UNCCC에서 중국정부는 2020년까지 이산화탄소배출량을 40~45% 감축하겠다고 밝혔다. 이 감축목표에 서명하지는 않았지만, 화석연료의 사용을 줄이고 풍력이나 태양열과 같은 신에너지 사용을 늘이고자 하는 국제적인 흐름을 무시할 수는 없는 상황이다. 실제 중국은 2009년 신에너지 분야에 345억 달러를 투자했다. 투자국 2, 3위인 미국과 영국의 투자액을 합친 것보다 많다.

중국정부는 신에너지산업을 12차 5개년 계획기간 중에 적극적으로 육성하게 될 7대 신성장산업의 하나로 지정했다. 풍력, 태양광, 원자력발전중국은 신에너지에 원자력을 포함하고 있다 그리고 대량의 전력을 효율적으로 주고받을 수 있는 스마트그리드 건설사업이 신에너지산업의 핵심이다. 물론 중국은 이미 세계 최대의 풍력발전대국이며, 중국의 태양광산업도 2010년 한 해 크게 성장했다. 2011년 3월 일본 동북지역의 지진으로 인한 원자력발전소 사고 때문에 건설속도를 조금 늦추고는 있으나, 중국으로서는 빠른 도시화로 함께 급증하는 전력수요를 감당하기 위해서는 원자력발전을 늘리지 않을 수 없는 형편이다. 풍력, 태양광, 원자력발전 관련 산업은 중국의 바로 옆집에 있는 한국에 위협이자 큰 기회다.

2020년 발전용량, 2억 7,000만kW에 이를 것

중국정부는 더욱 장기적인 전망을 가지고 신에너지산업을 발전시킬 계획이다. 또한 12차 5개년 계획과 13차 5개년 계획을 포함하는 2020년까지 신에너지를 포함한 비화석에너지의 사용비중을 15%까지 늘리고 탄소배출을 45% 수준까지 감축하는 것을 목표로 한다. 이 목표가 달성되면 중국은 화석연료에 대한 의존을 조금 줄이고 좀 더 다양한 에너지원을 통해 에너지를 획득할 수 있게 된다.

이를 위해 신에너지 육성을 중심으로 하는 에너지산업의 구조조정이 필수 불가결한 조건이다. 구조조정이 마무리되는 2020년에 이르면 이들 에너지의 설비용량 규모는 2억 7,000만kW에 이를 전망이다. 구체적으로 풍력은 1억 5,000만kW, 원자력은 8,000만kW, 태양광은 3,500만kW까지 증

• 12차 5개년 계획기간 동안의 에너지산업

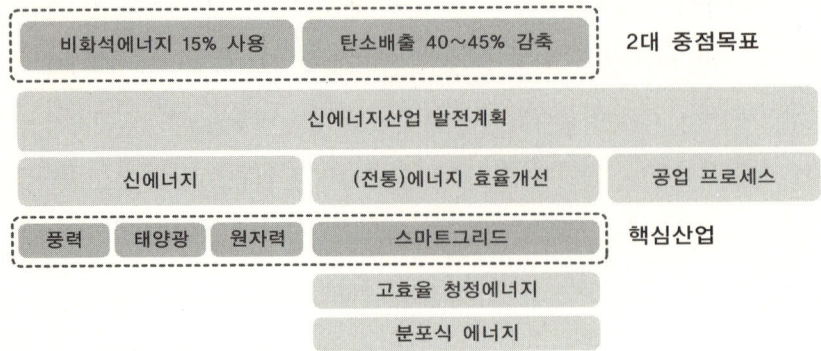

자료: CEFRI

가하게 된다. 한국의 전력 총 설비용량이 7,800만kW임을 감안한다면 엄청난 규모라고 볼 수 있다.

중국정부는 2010년 하반기에 발표된 '신성장산업 육성 및 발전에 관한 국무원의 결정'에 신에너지산업을 7대 신성장산업 중에서도 선도산업으로 분류했다. 신에너지산업을 발전시키면 다른 산업을 이끌어갈 수 있다는 뜻이다. 예를 들면, 신에너지산업은 전기자동차산업과 밀접하게 관련되어 있다. 전기자동차의 충전문제 해결을 위해서는 충전목 설치가 관건인데, 충전목 설치는 스마트그리드산업과 연관이 있기 때문이다. 또 태양광산업의 발전은 신소재산업의 기술혁신을 촉진할 수 있다.

현재 한국은 반도체 제조 분야에서 1위를 달리고 있다. 하지만 10년 내에 세계 태양광산업은 반도체 시장규모를 넘어설 것으로 예측된다. 한국 내 대기업이 부랴부랴 신에너지사업에 뛰어들고 있지만, 신에너지 분야에서 한국과 중국의 격차는 이미 꽤 벌어져 있기 때문에, 조금이라도 방심하면 중국을 추격하는 것은 요원한 일이 될 수 있다.

Section 2

바람으로
세계를 잠재우다

　상하이 시내에서 동남쪽 외곽으로 1시간쯤 벗어나면 동해대교東海大橋라는 긴 다리가 나온다. 총길이 32.5km, 상하이와 양산洋山항을 연결하는 중국 최초의 장거리 해상대교다. 이곳을 자동차로 달리다 보면 도로 양쪽으로 끝없이 펼쳐진 바다가 장관을 연출한다. 이곳에 중국 최초의 거대한 해상풍력발전단지가 생겼다. 거센 바닷바람이 수많은 프로펠러를 돌리며 끊임없이 전기를 생산해내는 모습에서 중국 풍력발전산업의 현재를 가장 생생하게 볼 수 있다.

　중국은 이미 세계 1위의 풍력대국이 되었다. 유럽과 미국이 금융위기로 신에너지산업에 대한 투자에 주춤하는 사이 중국이 단숨에 뛰어올랐다. 2009년 신규설비용량에서 세계 1위를 차지했고, 2010년에는 누적설비용량에서도 미국을 제치고 세계 1위로 올라섰다. 앞으로도 2015년까지 7개

• 풍력발전 설비용량

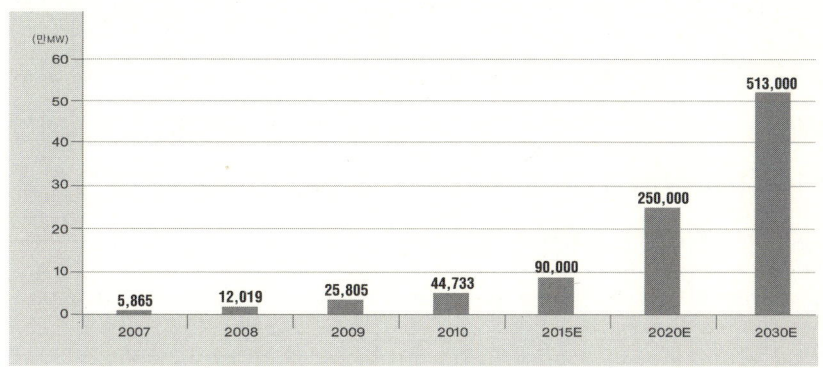

자료: GWEC

의 1,000만kW급 대형 육상풍력단지를 추가로 건설할 계획이다.

북으로는 산둥성山東省부터 남으로는 광둥성廣東省까지 해상풍력발전단지 건설도 지속적으로 추진 중이다. 그야말로 풍력의 왕국을 만들겠다는 각오다. 중국정부는 2020년까지 150GW로 설비용량을 늘리겠다는 계획을 세우고 있다.

중국 풍력발전이 강한 이유

'풍차의 나라' 하면 네덜란드가 떠오르듯이, 앞으로 10년 후 '풍력의 나라' 하면 중국이 떠오르게 될지도 모른다. 그렇다면 중국은 언제 어떻게 이런 성과를 이루게 되었을까?

중국정부는 이미 1990년대 초부터 중국의 풍력자원분포에 대한 조사에 착수했다. 풍력발전을 위해서는 초속 4m 이상의 강한 바람이 필요한데, 조사결과 중국의 서부지역과 네이멍구內蒙古 지역은 초속 9m 이상의 강풍이 분다는 사실이 밝혀졌다. 풍력발전을 위한 최적의 조건을 가지고 있는 것이다. 그 후 중국의 서부지역과 네이멍구 지역은 중국정부의 전폭적인 지원 아래에 거대한 풍력산업단지가 들어서기 시작했다. 현재는 중국 육상풍력산업의 핵심지역으로 발돋움했다.

중국은 현재 24개의 성에 풍력단지를 건설했다. 거의 전 지역에서 풍력단지 건설열풍이 불고 있는 것이다. 이미 많은 풍력단지가 완공되어 전력생산에 들어갔으며, 이에 따라 전력을 효율적으로 생산하기 위한 기상 관측시스템도 덩달아 발전하고 있다. 효율적인 풍력발전을 위해서는 풍향과 풍속을 예측하는 시스템이 무엇보다도 중요하기 때문이다. 중국의 육상풍력산업은 이미 전후방 연관 산업까지 고르게 발전하고 있다는 평가를 받고 있다.

풍력발전산업에서 수익을 창출하는 프로세스는 크게 두 가지다. 하나는 풍력발전설비를 만들어서 판매하는 것이다. 풍력발전설비는 매우 많지만, 핵심은 풍력발전기 즉 WTGWind Turbine Generator다. 기술적으로는 여전히 선진국이 크게 앞섰지만, 중국도 자체적으로 WTG를 생산할 수 있는 능력을 갖추고 있다. 발전속도도 매우 빨라, 이미 3개의 중국기업이 세계 7대 풍력설비 제조업체 리스트에 이름을 올렸다.

또 다른 하나는 풍력단지 개발업자들이 단지를 건설한 후 생산된 전기를 판매하여 수익을 내는 방식이다. 중국에서는 국유기업인 궈뎬國電, 중뎬

토우中電投, 화뎬華電 등이 중국정부의 전폭적인 지원을 받으면서 성장하고 있다. 정부는 풍력발전산업에 대해 세제혜택을 주고, 시중금리보다 낮은 금리로 대출을 알선한다. 중국정부의 강력한 지원은 최근 중국의 풍력산업이 양적으로 엄청난 발전을 거듭할 수 있었던 주요한 요인 중의 하나라고 볼 수 있다.

중국 풍력발전지도

풍력발전의 입지로 볼 때, 크게 육상풍력발전과 해상풍력발전으로 나눌 수 있다. 광대한 내륙지역과 기다란 해안선을 동시에 가지고 있는 중국도 그 장점을 모두 활용하고 있다.

• 세계 7대 및 중국 7대 풍력설비 제조업체

세계순위	기업	국적	중국순위	기업
1	Vestas	덴마크	1	Sinovel
2	Sinovel	중국	2	Goldwind
3	GE Wind	미국	3	둥팡뎬치
4	Goldwind	중국	4	Vestas
5	Enercon	독일	5	연합동력
6	Suzlon	인도	6	Gamesa
7	둥팡뎬치	중국	7	인양

자료: GWEC, CEFRI

• 중국 내 상장된 풍력산업 관련 기업

관련 프로세스	세부 업무	관련 기업
재료 생산 및 연구개발	섬유유리	쭝궈뽀셴(中國玻纖) 쥬딩신차이(九鼎新材)
	네오디뮴(Nd), 철강, 붕소(B)	쭝커싼환(中科三環) 빠오강희토(包鋼稀土) 닝보윈셩(寧波韻升)
부속품 제조	베어링(Bearing)	톈마구펀(天馬股份) 와조우B(瓦軸B)
	기어박스(GearBox)	둥리촨동(東力傳動)
	철강 주조	화루이주강(華銳鑄鋼)
	타워	베이팡창업(北方創業)
	발전기	샹뎬구펀(湘電股份), 창청뎬공(長城電工)
	날개	신마오커지(鑫茂科技) 쭝차이커지(中材科技) 톈치구펀(天奇股份) 난펑구펀(南風股份) 쥬딩신차이(九鼎新材)
완성품 제조	완성품 제조	진펑과기(金風科技) 동팡전기(東方電氣) 샹뎬구펀(湘電股份) 화이전기(華儀電氣) 톈웨이바오삐엔(天威保變) 상하이전기(上海電氣)
풍력단지 운영 및 서비스	운영	인씽넝웬(銀星能源) 바오신녕웬(寶新能源) 션화콩구(申華控股)
	서비스	진펑과기(金風科技)

자료: CEFRI

중국에서 풍력발전을 위한 조건이 가장 좋고 실제로 가장 많은 육상풍력발전단지가 건설된 곳은 단연 네이멍구 지역이다. 네이멍구는 2015년까지 3,300만kW의 설비용량 계획을 세우고 있다. 우리나라의 총 발전설비용량7,800만kW의 절반에 가깝다. 풍력발전으로만 앞으로 5년 동안 대한민국 총 설비용량의 절반에 가까운 발전설비를 증설하는 셈이다.

일각에서는 현재 유휴장비가 늘어나고 있음에도 대량의 설비를 추가로 건설하는 것은 낭비라고 지적하고 있다. 하지만 네이멍구 에너지개발국에서는 구체적인 데이터를 바탕으로 증설목표가 산출되었기 때문에 충분히 달성 가능하며, 또 필요하다고 주장한다. 현재 네이멍구 지역에 풍력단지를 개발하기 위해 참여한 기업은 68개에 이른다. 메이저 풍력기업은 물론 신흥기업도 네이멍구에 단지를 건설하면서 기업성장의 활로를 찾고 있다.

산둥성의 풍력산업도 주목할 만하다. 특히 산둥성은 3,100km에 이르는 긴 해안선을 가지고 있어 해상풍력자원이 풍부하다. 산둥성정부는 2015년까지 성내 7개 도시에 대형 육상풍력발전소를, 해상에는 6개의 100만kW급 풍력발전소를 건설하겠다는 계획을 세웠다.

중국의 메이저 풍력설비 제조기업은 모두 쟝쑤성江蘇省에 생산기지가 있다. 또한 쟝쑤성정부도 쟝쑤성 지역을 기반으로 한 풍력기업 육성에 많은 역량을 투입해왔다. 그 결과 난징가오츠南京高齒, 쟝인지신江陰吉鑫, 롄윈강連云港과 같은 제법 탄탄한 중소기업들을 키워냈다. 최근 이 지역은 풍력산업 인재육성을 위한 교육플랫폼 구축에 나서 풍력산업의 꿈을 꾸고 있는 수많은 젊은이들이 모여들 것으로 예상된다.

중국 풍력발전은 최근 대형화 추세를 보이고 있다. 육상풍력발전은 1,000만kW급 대형 풍력기지가 7개, 100만kW급 풍력발전소가 11개에 이른다. 해상풍력발전도 1GW급 이상 발전소가 4개나 된다. 풍력발전소는 기술력이 뒷받침된다면 발전기가 커질수록 비용을 절감시킬 수 있기 때문에 풍력발전의 대형화가 주요한 이슈가 되고 있다.

WTG제조능력을 보유하게 된 중국기업은 일제히 대형 WTG제조산업에 뛰어들었다. 2009년 골드윈드金風科技 Goldwind가 2.5MW와 3MW급 WTG를 선보였고, 이에 질세라 경쟁자인 시노벨華銳 Sinovel이 3MW와 5MW급 대형 WTG개발에 성공했다. 이미 중국 내 WTG제조 선도기업은 5MW 이상 대형 발전기 연구개발에 뛰어든 상태다. 많은 기업이 연구개발에 힘쓰고 경쟁이 치열해지면서 풍력발전기의 가격은 눈에 띄게 하락하고 있다.

풍력발전에 있어 또 하나의 트렌드는 해상풍력발전이다. 육상풍력발전에 비해 해상풍력발전은 기업 간의 기술격차가 크지 않기 때문에, 전 세계적으로 많은 풍력기업들이 해상풍력산업에 진출하고자 한다. 중국은 연안지방을 따라 또 하나의 풍력지도를 그리고 있다. 북쪽의 톈진天津으로부터 남쪽의 광둥성廣東省에 이르기까지 해상풍력단지가 빽빽하게 들어설 예정이다.

중국정부 입장에서 동부연안지역에 풍력발전소를 건설하는 프로젝트 또한 매우 중요하다. 육상풍력발전소는 대부분 중국의 중서부내륙지역에 치우쳐 있기 때문에, 생산된 전력을 전력수요가 많은 동부지역으로 끌어오기 위해서는 별도의 전력망 정비가 불가피하다. 반면, 해상풍력발전은 전력의 생산지와 전력수요가 많은 대도시지역에 인접해 있다는 점에서 매우 매력적인 발전방식이다. 따라서 12차 5개년 계획기간 동안 중국의 해상풍력발전 건설도 눈여겨볼 필요가 있다.

• 중국 육상 및 해상풍력발전 현황

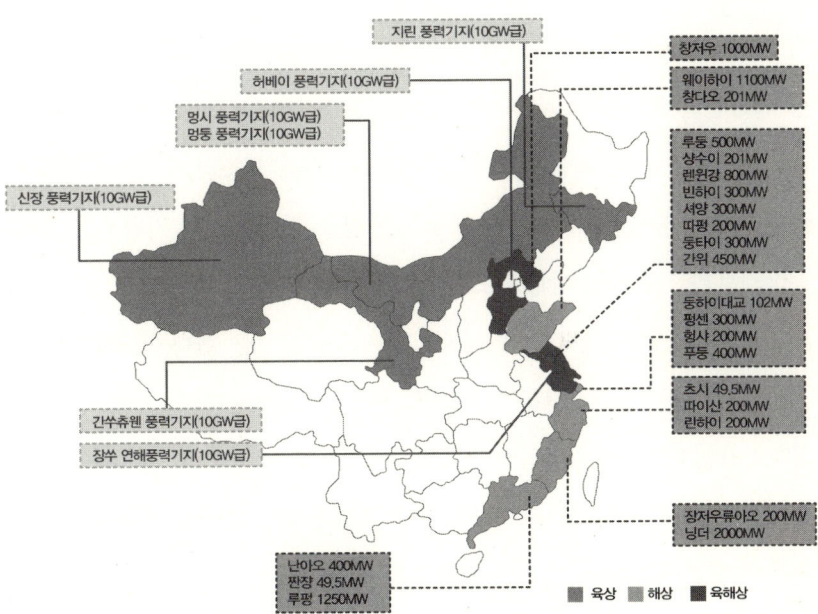

자료: CEFRI

풍력발전 정책 종결자, 중국정부

다른 첨단산업과 마찬가지로 풍력발전산업 또한 기술과 자금이 중요하다. 중국정부는 2000년대 들어와 풍력발전산업을 적극 육성하기 위해 다양한 지원책을 제시했다. 2004년에 중국 풍력발전산업의 '헌법'이라 할 만한 법규 '신재생에너지 촉진법'이 발표됐다. 이후 2006년, 2007년, 2008년, 그리고 2010년에 풍력발전산업을 촉진하기 위한 법들이 잇따라 제정, 발표되었다.

특히 2007년 중국국가발전개혁위원회國家發展改革委員會, 이하 발개위의 '재생가능 에너지 중장기 발전계획'에 따르면, 2015년 중국 풍력발전 설비용량 목표는 9,000만kW 해상풍력 500만kW 포함, 2020년에는 1억 9,000만kW 해상풍력 3,000만kW 포함이다. 중국정부는 이를 달성하기 위해 보조금 혜택에서부터 세금감면까지 다양한 정책을 통해 풍력산업을 전폭적으로 지원하고 있다. 중국정부가 지원하는 방향은 크게 두 가지다.

먼저 풍력설비 제조기업에 정책적인 우대책을 제공한다. 풍력발전으로 생산된 전력은 일정기준을 통과하면 정부가 모두 구매하는 제도를 시행하고 있다. FIT Feed In Tariff 시스템이란 발전가격을 입찰로 결정하여 전력사용 비율에 따라 발전 차액을 지급하는 제도를 말한다. 최근에는 신에너지로부터 생산된 전력가격을 상향 조정하는 방안도 검토 중이다.

둘째, 세금 및 대출 우대혜택도 제공한다. 풍력발전은 부가가치세가 50% 면제된다. 풍력단지 건설지역에 대해서는 토지 관련 세금도 면제해준다. 은행에서는 풍력발전 프로젝트에 대해서는 다른 업종에 비해 10%

낮은 금리수준으로 대출해준다.

중국 풍력산업의 미래

중국의 풍력산업이 빠르게 성장하면서 몇 가지 부작용도 나타나고 있다. 우선 설비투자의 과잉과 이에 따른 기업실적 악화가 가장 큰 문제다. 골드윈드, 시노벨 등 몇몇 세계적인 풍력설비 제조업체를 제외하면, 중국의 중소 설비업체의 기술력은 오십보백보 수준이다. 이러다 보니 이들 중소 설비업체는 생산력 강화에서 경쟁력을 확보하고자 했고, 결국 과잉생산을 가져오게 된 것이다. 이들은 설비를 도입하기 위해 은행으로부터 자금을 차입했지만 자금상황은 악화됐고, 품질문제로 수출도 쉽지 않게 되었다. 결국 재고품이 쌓이고 기업의 상황은 점점 악화되고 있다. 전문가들은 이미 중국의 풍력설비 제조업계가 구조조정의 시기에 접어들었다고 평가하고 있다. 앞으로 몇 년간은 이러한 환부를 도려내는 작업이 불가피할 것으로 보인다.

불안정한 전력공급 문제도 제기되고 있다. 최근 쥬첸酒泉 대형 풍력단지에서는 전력망에 문제가 생겨 시스템이 중단되는 사태가 수차례 발생했다. 정부 당국은 쉬쉬하는 분위기지만, 전력수급이 불안정하거나 공급이 중단되면 불만이 폭발한다. 결국 바람을 이용하여 전력을 생산하는 것 못지않게 그 생산된 전력을 안정적·효율적으로 전달해주는 전력망을 건설하는 것이 중요한 과제로 떠올랐다. 중국정부는 막대한 예산을 책정해 12차 5개년 계획기간 동안 스마트그리드를 집중적으로 건설할 계획을 가지고 있다. 또 13차 5개년 계획이 끝나는 2020년에는 중국 전역의 전력흐름에 문제가 없도록 스마트그리드를 완성하게 될 것이다. 전력망은 전력의 '혈관'이다. 혈관에 문제가 생기면 건강한 신체를 유지할 수 없다. 스마트그리드에 대해서는 본 챕터 마지막 부분에서 좀 더 자세히 살펴볼 것이다.

앞으로 중국정부의 강력한 정책적 지원을 등에 업고 첨단기술 확보와 전력망 구축에 성공한다면, 중국 풍력산업이 세계를 호령할 가능성이 높다. 한편, 12차 5개년 계획이 끝나는 2015년까지 중국 풍력산업의 경쟁력이 확보되면, 세계무대로 진출하게 될 것으로 보인다.

한국의 풍력기업이 중국에서 기회를 찾기란 쉽지 않아 보인다. 경쟁도 치열하고 기술수준도 세계 일류와는 아직 격차가 있기 때문이다. 다만 해상풍력발전 분야는 가능성이 존재한다. 중국 내에서 해상풍력시장이 이제 형성되고 있는 단계며, 기술수준의 차이도 육상풍력발전만큼 크지 않기 때문이다. 풍력시장은 너무나 빨리 변하고 있어 그 추세를 파악하기가 쉽지 않다. 한국정부와 기업들이 변화의 흐름을 읽고 적극적으로 대응하는 자세가 절실하다.

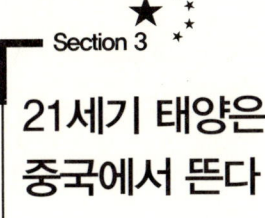

Section 3
21세기 태양은 중국에서 뜬다

상하이 푸둥浦東국제공항에서 시내로 들어오다 보면 태양광패널들이 설치된 주택을 많이 볼 수 있다. 중국에서 태양광발전시스템을 설치한 개인가구는 와트당 20위안의 보조금을 지급받을 수 있다. 중국정부의 태양광산업 육성의지가 느껴진다. 세계 최대의 태양광 건물도 역시 중국에 있다. 상하이의 홍챠오虹橋 기차역은 세계 최대의 건물 일체형 태양광발전시스템Building Integrated Photovoltaic, BIPV이다.

중국이 태양에너지 관련 산업으로 뜨겁게 달아오르고 있다. 불모지로만 여겨졌던 중서부지역의 사막은 순식간에 태양광발전을 위한 황금빛 토지로 탈바꿈했으며, 아직 한국에서도 낯선 태양열온수기가 중국의 신규건축물에 속속 설치되고 있다. 21세기 석유고갈 위기로부터 인류를 구원할 태양은 지금 중국에서 떠오를 준비를 하고 있다.

중국정부가 핵심적으로 추진하는 태양에너지산업은 크게 둘로 나눌 수 있다. 하나는 태양광발전이고, 다른 하나는 태양열온수기다. 태양광발전산업에서 중국 태양전지기업들은 이미 세계시장을 거의 독과점하고 있다. 태양열온수기도 세계시장 제품의 80%를 공급하고 있다.

중국정부는 2015년에 끝나는 12차 5개년 계획기간 동안 태양에너지산업의 질적 발전을 추구하고 있다. 태양에너지산업의 거대한 공룡 중국, 중국 태양에너지산업의 현황과 전망을 살펴보자.

중국 태양광발전산업 현황

태양광산업은 크게 세 부분으로 나눌 수 있다. 첫째, 태양전지의 원재료인 폴리실리콘을 생산하는 사업이다. 물론 폴리실리콘을 사용하지 않는 태양전지도 있다. 하지만 현재 폴리실리콘을 사용하는 태양전지가 전체 시장의 약 80%를 점유하고 있다. 둘째, 폴리실리콘을 이용하여 태양전지를 생산하는 사업이다. 마지막으로 태양전지를 이용하여 태양광발전시스템을 구축하는 사업이 있다.

실리콘Si은 우리가 반도체의 원료로 알고 있는 재료다. 자연계에서 이산화규소SiO_2, 즉 모래에서 실리콘을 추출한다. 실리콘 제품의 품질은 순도가 결정하는데, 태양전지를 생산하기 위해서는 순도 99.9999%의 실리콘이 필요하며, 따라서 폴리실리콘 제조는 매우 높은 수준의 기술을 요구한다.

중국정부는 그동안 폴리실리콘산업 육성을 위해 부단한 노력을 기울여 왔지만 결과는 좋지 않은 편이다. 폴리실리콘 생산에는 전기료가 원가의 약 1/3을 차지할 만큼 전력소비가 큰데, 중국기업들은 생산시스템이 체계적이지 않아 전력낭비가 심하다는 지적을 받아왔다. 또 폴리실리콘 생산으로 인한 환경오염 문제도 심각하다. 보다 못한 중국정부는 폴리실리콘 공장 허가에 대한 규제를 강화하게 되었다.

반면 태양전지산업에서는 중국의 기업들이 세계를 휩쓸고 있다. 세계 10위권 내 기업 중 JA Solar晶澳太陽能, 징아오타이양넝, SunTech尙德, 상더, Trina Solar天合光能, 텐허광넝, Yingli Green利綠色, 잉리뤼써 등 중국의 기업이 4개나 포함되어 있다. 2010년 한 해 동안 중국기업은 세계 태양전지의 약 53%를 공급했으며, 특히 독일, 이탈리아 등 주요 고객들의 태양전지 주문이 폭주하면서 중국 태양전지산업은 최고의 한 해를 보냈다.

• 태양광발전산업 Value Chain

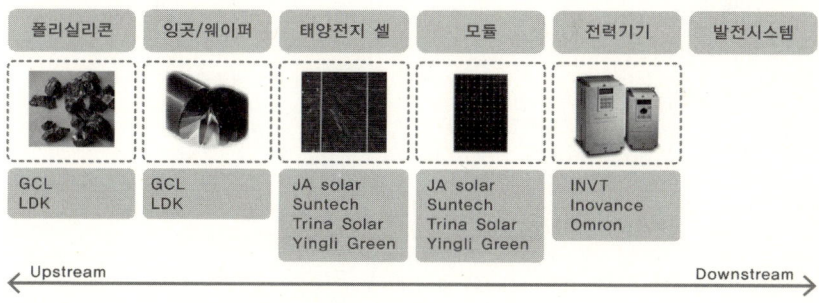

자료: CEFRI

• 중국 내 상장된 태양광산업 관련 기업

관련 프로세스	세부 업무	관련 기업
재료 제조	폴리실리콘 생산	텐웨이바오삐엔(天威保變) 난보A(南玻A) 러산전력(樂山電力) 항텐기전(航天機電) 민장수전(岷江水電) 터삐엔띠엔공(特變電工) 촨토우녕웬(川投能源) 통웨이구펀(通威 股份) 장쑤양광(江蘇陽光)
태양광 설비 제조	폴리(모노)실리콘 잉곳 및 웨이퍼	텐웨이바오삐엔(天威保變) 난보A(南玻A) 항텐기전(航天機電) 터삐엔띠엔공(特變電工) 쭝환구펀(中環股份) 촨토우녕웬(川投能源) 통웨이구펀(通威股份) 요우엔구이펀(有研硅股)
	태양전지 및 모듈	텐웨이바오삐엔(天威保變) 난보A(南玻A) 항텐기전(航天機電) 터삐엔띠엔공(特變電工) 퉈르신녕(拓日新能) 펑판구펀(風帆股份) 신화광(新華光)
	박막전지 모듈	텐웨이바오삐엔(天威保變) 퉈르신녕(拓日新能) 푸르구펀(孚日股份) 펑판구펀(風帆 股份)
	태양광시스템 설치	텐웨이바오삐엔(天威保變) 항텐기전(航天機電) 퉈르신녕(拓日新能) 터삐엔띠엔공(特變電工) 신화광(新華光) 타이하오커지(泰豪科技)
운영 및 서비스	발전소 운용	궈토우전력(國投電力)

자료: CEFRI

중국 태양전지기업은 중국 내 태양광시장의 기반이 빈약하기 때문에, 주로 수출을 통해 수익을 얻고 있다. 따라서 태양광산업의 메이저인 유럽의 수요가 주춤하면 중국 태양전지기업도 공급과잉에 빠져 이익률이 악화될 수 있다. 최근 중국정부가 자국의 태양광발전산업을 적극적으로 육성하고 있는 이유가 여기에 있다.

사실 중국은 태양광발전에 적합한 지역이 많다. 태양광발전을 위해서는 당연하게도 많은 시간 햇볕이 내리쬐어야 한다. 연간일조량이 길수록 태양광발전에 유리하다. 중국의 고비사막은 연간 일조시간이 2,600~3,300시간에 달하며, 중국의 서북부지역과 광둥성 지역도 세계 주요 도시에 비해 연간일조량이 길다. 중국정부는 2015년까지 태양광발전소 설비용량을 20GW까지 늘릴 계획을 가지고 있다.

중국 내에 대형 태양광발전소가 건설되면서 주변 전력기기산업도 잇따라 성장하고 있다. 주요 전력기기로는 변환기Inverter와 제어장치Control가 있다. 태양전지로부터 생산되는 전기는 직류형태이기 때문에 이를 교류형태로 바꾸어주는 역할을 하는 것이 인버터다. 또 태양광발전은 특성상 지속적인 발전을 하기가 어려우므로 생산된 전력을 보관하는 장소가 필요한데, 이 역할을 하는 것이 축전지Shortage Battery다. 이들 전력기기산업의 기술수준은 그다지 높지 않기 때문에, 앞으로 급속한 양적 팽창이 예상된다.

태양광산업의 열쇠는 정부정책

중국정부의 계획대로 발전소를 증설하는 것은 좋지만, 실제 소비자들이 태양광을 이용하여 생산된 전력을 사용할 수 있는지는 또 다른 문제다. 태양광산업이 일반가정으로 보급되기 위해서는 그리드 패리티Grid Parity가 달성되어야 한다. 화력생산을 통해 전기를 생산할 수 있는 금액으로 태양광발전을 할 수 있으면 그 지점이 그리드 패리티다. 따라서 유가가 오르거나 태양광시스템 가격이 하락하면 그리드 패리티는 일찍 달성된다. 유가는 점차 오르고 있기는 하지만, 아쉽게도 태양광산업은 아직 기술성숙도가 떨어져 관련 장비가 비싸다. 따라서 정부가 태양광산업을 육성하기 위해서 어떤 정책을 제시하고 있느냐가 태양광발전을 통한 전력 보급에 가장 중요한 열쇠가 되고 있다.

중국정부의 태양광 관련 정책은 FIT시스템과 금태양金太陽, Golden Solar 프로젝트다. FIT는 자금을 지원하여 태양광업체의 성장을 도모하는 것이고, 금태양 프로젝트는 시범단지를 육성하여 태양광산업의 대형화를 이끌어내는 전략이다.

중국은 지난 2년간 태양광시장을 확장하기 위해 부단한 노력을 기울였다. 12차 5개년 계획기간 동안 중국정부가 꾀하는 목표는 태양광발전의 대형화와 스마트그리드다. 풍력이나 태양광이나 기술에서 우위를 확보하면 정부의 지원 없이도 국제무대에 설 수 있다는 것이 중국정부의 판단이다. 그래서인지 요즘 중국정부는 태양광산업의 인재양성을 위한 프로젝트를 독려하고 있다.

• 태양광산업 지원 및 규제 정책

구분	프로그램	내용
지원	금태양(金太陽, Golden Solar)	· 가정용 태양광 설치에 대해 와트당 15~20위안 지원 · 초기 자본비용의 50~70% 지원 · 전기재 구매 · FIT(발전 차액 지원제도) 시행
	대형 태양광발전소 프로젝트 (Utility-Scale Project)	· 20MW 이상의 대형 태양광발전소 건설 · 2020년까지 설비용량 20GW 목표
규제	폴리실리콘공장 설립허가 규제	· 자본금 규제 · 전기요금이 높은 지역에 공장설립 금지 · 안전, 위생, 환경 등의 요구조건에 미달되는 프로젝트 허가 금지

자료: CEFRI

중국 태양에너지산업의 미래

2010년 중국 태양광산업의 매출액은 386억 위안으로 전년 대비 60% 성장했다. 순이익은 56억 위안으로 90% 가까이 늘어났다. 유럽태양광산업협회EPIA에 따르면, 세계 태양광시장은 앞으로 성장세가 약간 둔화될 것으로 보인다. 그럼에도 앞으로 10년 내에 반도체나 디스플레이 시장규모를 추월할 것으로 예상된다. 따라서 중국에 12차 5개년 계획기간은 매우 중요하다. 지금과 같은 노동집약형산업만 가지고는 거대하게 성장할 미래 태양광시장에서 충분한 성공을 거둘 수 없기 때문이다.

중국의 태양광산업 열기가 뜨거운 것은 사실이다. 사막 여기저기에 태양전지판을 설치하고 태양광발전을 시도하고 있다. 태양광산업의 최대 시장은 유럽인데, 다행히 유럽정부가 보조금을 확대하여 태양광산업을 육성할 계획이라 태양전지산업은 성장을 지속할 것으로 보인다. 게다가 미국이나 일본, 한국 등의 신흥시장도 급부상하고 있어 태양전지시장 전망은 비교적 밝은 편이다.

이미 언급했듯이 중국은 태양광산업 전반을 통합하여 고르게 성장시키기 위해 많은 노력을 기울여왔다. 하지만 유독 폴리실리콘산업에서는 별 재미를 보지 못했다. 물론 실리콘을 대체할 수 있는 태양전지가 있지만 상용화되려면 시간이 필요하다. 그래서 실리콘 수요와 공급이 매우 중요한데, 2011년 세계적으로는 실리콘 공급과잉을 우려하는 목소리가 높았지만 중국에서는 별다른 영향이 없을 것이다. 2010년에 실리콘이 부족했기 때문이다. 2011년 중국의 폴리실리콘 수요는 약 8만 톤이며, 공급량은 4만 8,000톤 정도로 세계적인 공급과잉 현상을 고려하면 폴리실리콘의 가격폭락 현상은 없을 것으로 예상된다.

단기적으로 중국 태양광산업은 쾌속성장을 거듭할 것으로 보인다. 광활한 영토를 이용하여 10여 개 이상의 20~30MW급 대형 프로젝트를 포함한 대형 태양광발전소 건설을 적극 추진할 것이다. 세계 태양광시장에서의 점유율도 점차 늘어날 것으로 예측된다. 장기적으로는 이들 대형 발전소로부터 생산되는 전력을 처리할 스마트그리드 구축이 관심거리다.

일본보다 더 무서운 중국의 원자력산업

중국 원자력산업이 최근 천당과 지옥을 오르락내리락 했다. 중국정부의 강력한 육성의지로 활짝 웃는가 싶더니, 2011년 일본 원전사태로 인해 나락으로 떨어졌다. 인류를 구원할 수 있는 에너지에서 인류를 파멸할 에너지로 추락한 듯하다. 일본 원전사태는 전 세계인들에게 큰 불안감을 안겨줬다. 인터넷에서는 온갖 유언비어가 난무했으며, 특히 일본과 가장 가까운 이웃인 한국은 방사능공포에 국내의 원자력발전에도 근본적인 의구심을 던졌다.

2011년 현재 일본에는 20여 기의 원전이 있다. 중국은 7군데의 발전소에서 14기의 원전을 가동 중이고, 추가로 35기를 건설하고 있다. 건설을 검토 중인 발전소도 25개소에 100여 기 이상이다. 현재 중국에서 가동 중인 대부분의 원전은 만일의 사태 발생 시 당장 한국에 피해를 줄 수 있는 동부연안지역에 위치해 있다.

중국정부는 일본 원전사태 때문에 신규 원자력발전소의 승인심사를 중단하겠다고 발표했지만, 심사 중단이 중국 원전계획의 전면백지화를 의미하는 것은 아니다. 중국언론은 현재 운행 중인 14기의 원전에 대해 안전성 검사에 착수했고, 원자력 안전성에 대한 검토가 완료되면 다시 원전 프로젝트를 가동할 것이라고 밝혔다.

일본의 원전사고 발생 전, 중국정부의 원전건설 목표는 2020년까지 4,000만kW의 설비용량을 추가하는 것이었다. 목표가 달성되면 누계 설비용량은 8,000만kW로 연간 2,600~2,800억kW에 달하는 전력을 생산할 수 있게 된다. 이를 위해 중국정부는 8,000억 위안, 우리 돈으로 130조 원을 육성자금으로 책정해놓았다. 이 자금은 원자력설비의 국산화를 도모하고, 연구개발 및 인재육성에 사용된다.

그렇다면 중국정부는 왜 이렇게 원자력발전을 강조할까? 원자력발전의 발전단가가 풍력이나 태양광보다 훨씬 낮고 화력과 비슷한 수준이기 때문이다. 같은 비용을 투자한다면 원자력발전의 효과가 가장 좋다. 중국정부는 2011년 일본 원전사태를 계기로 안전에 만반을 기하여 원자력 강국으로 거듭나겠다는 각오를 내보이고 있다.

중국 원자력산업 현황

원자력발전소 건설의 핵심은 원자력설비다. 원전설비는 1차 계통과 2차 계통, 그리고 보조설비로 나누어진다. 1차 계통은 안전설비에 해당하고, 2차 계통은 일반설비에 해당한다. 현재 중국 원전 1차 계통설비의 시장규모는 1,700억 위안 정도며, 둥팡뗸치東方電氣가 시장의 50%를 점유하고 있다. 2차 계통은 1,200억 위안 규모로 상하이뗸치上海電氣, 리엔허둥리聯合動力, 둥팡뗸치가 시장을 삼등분하고 있다.

• 원자력발전소의 현황

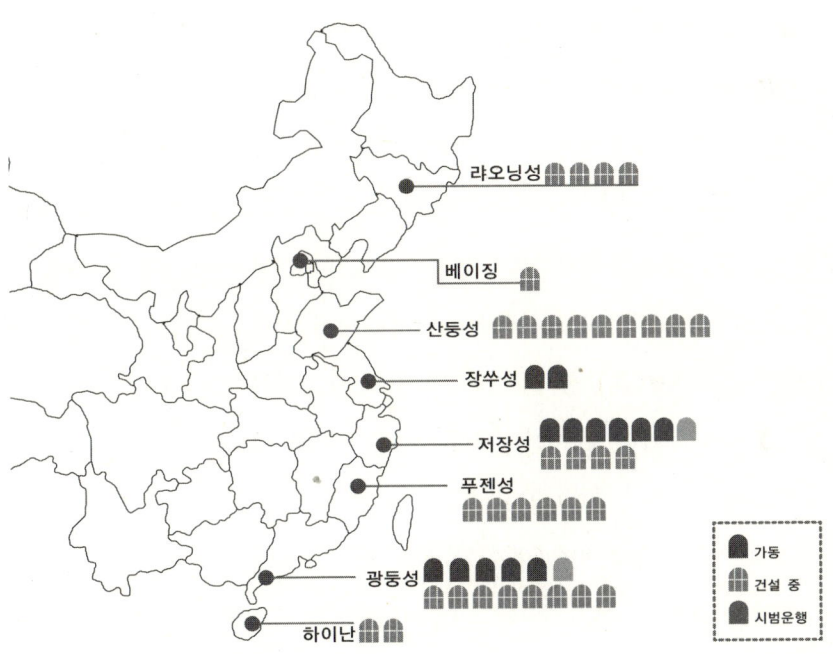

자료: CEFRI

중국정부는 산업 내 선도기업에 원자력기술의 국산화 달성을 촉구하고 있다. 원자력기술의 선진화는 미국 웨스팅하우스사가 개발한 3세대 원전기술인 AP1000을 확보하는 것이 핵심이다. 현재 중국정부는 2세대 기술이 어느 정도 수준에 도달했다고 평가하면서도, 안전성 측면에서 3세대 기술에 뒤진다고 평가한다. 따라서 중국정부는 12차 5개년 계획기간 동안 3세대 기술을 도입해 원전의 안전성을 확보하겠다는 계획이다.

중국 원자력발전산업의 전망

크게 보아 현재 중국 원자력산업의 리스크 요인은 세 가지다. 첫 번째는 위에 언급한 기술수준이다. 두 번째는 원전입지 문제다. 최근 수년간의 기록을 살펴보면 중국도 결코 지진으로부터 안전지대라고 할 수 없다. 최근 건설허가가 떨어진 원자력발전소는 얼마 전 강진이 일어난 칭하이靑海 지역 근처다. 마지막으로 원자력발전소의 운영시스템과 표준화 기술의 부재가 발목을 잡고 있다. 중국은 지금까지 프랑스, 일본, 러시아 등 해외에서 원전을 수입해왔다. 하지만 나라별로 원전기술 표준과 운영방식이 달라, 표준화된 운영시스템이 없다. 더군다나 아직은 운영시스템 표준화를 위한 교육이나 인재양성에도 투자가 많지 않다.

일본의 원전사고에도, 중국의 원자력산업은 꾸준히 성장할 것으로 예상된다. 최근 5개월간 진행된 원전 안전성 검토가 마무리되었으며, 중국정부는 조사결과를 바탕으로 한층 엄격한 원전건설 심사기준을 마련하여 원전 프로젝트를 재가동할 것으로 예상된다.

• 중국 내 상장된 원자력산업 관련 기업

프로세스	세부 업무	관련 기업
원자력 관련 재료	원자력용 소듐(Na)	란타이실업(蘭太實業)
	원자력용 지르코늄(Zr)	바오타이구펀(寶鈦股份)
	원자력용 흑연(C)	팡따탄소(方大碳素)
	원자력용 지르코늄관	지아바오그룹(嘉寶集團)
원자력발전 설비	1차 계통 설비	동팡뗀치(東方電氣) 상하이전기(上海電氣) 하동리(哈動力) 쭝궈이쭝(中國一重)
	2차 계통 설비	동팡뗀치(東方電氣) 상하이뗀치(上海電氣) 하동리(哈動力)
	밸브(Valve)	쭝허커지(中核科技)
	I&C	쯔이구펀(自儀股份) 웨이얼타이(威爾泰) 아오터쉰(奧特迅)
	변압기, 냉각기	하이뤼중공(海陸重工) 하콩티아오(哈空調) 텐웨이바오삐엔(天威保變) 터삐엔뗀공(特變電工)
운영 및 서비스	운영 및 서비스	션넝구펀(能股份) 민동전력(閩東電力)

자료: CEFRI

중국정부의 계획에 따르면 12차 5개년 계획기간 동안 가장 많은 원전이 건설되고, 신규 허가될 전망이다. 중국정부의 장기목표는 2050년까지 설비용량을 4억kW까지 늘려 원자력의 사용비중을 22~24%까지 높이는 것이다. 중국처럼 거대한 나라에서 24%의 에너지를 원자력으로 충당하려면 아마도 100기가 넘는 원전이 필요할 것이다. 한국은 세계 5위권의 원자력 강국이다. 중국 원자력산업의 성장이 기회가 될 수도 있고 위기가 될 수도 있다.

Section 5

미래 전력의 동맥,
스마트그리드

2010년 세계에너지기구IEA의 발표에 따르면, 중국은 이미 미국을 제치고 세계 최대의 에너지소비국이 되었다. 하지만 1인당 에너지소비량은 여전히 후진국 수준을 면치 못하고 있다. 최근 중국발개위, 중국전력기업연합회, 국가전력감독위원회 등 권위 있는 중국 전력 관련 기관들은 중국이 앞으로 7년 내에 사상 최악의 전황電荒사태를 맞이할 것이라고 입을 모은다. 에너지수급의 불균형으로 심각한 '전력경화電力硬化' 현상이 나타나리라는 전망이다.

풍력, 태양에너지, 원자력 등 지금까지 언급한 신에너지산업의 발전전망을 종합하면, 중국은 앞으로 10년 동안 신에너지를 이용해 엄청나게 많은 양의 전력을 생산할 것이다. 전력생산 증가와 함께, 생산된 전력을 효율적으로 전달하는 전력망 구축 또한 필수적이다. 에너지원이 가장 풍부한 지역에서 생산된 전기를 수요가 많은 곳으로 가장 효율적으로 전달할 수 있는 시스템 건설 또한 매우 중요하다. 중국 에너지업계 전문가들도 중국 신에너지산업의 핵심은 스마트그리드산업이라고 지적하고 있다.

스마트그리드Smart Grid란 글자 그대로 똑똑한 전력망을 말한다. 기존의 전력망에 IT기술을 접목하여 에너지효율을 최대화하는 전력망을 만드는 것이다. 스마트그리드가 구축되면 전력생산자는 전력소비현황을 한눈에 파악할 수 있기 때문에 탄력적인 전력생산이 가능하다. 마찬가지로 소비자도 전력생산현황을 확인하고 좀 더 값싼 전력을 구매해 사용할 수 있게 된다. 전력망의 고장이나 이상 여부를 사전에 확인하고 정전도 최소화할 수 있는 시스템이다.

• 중국 전력수요 예상 증가량

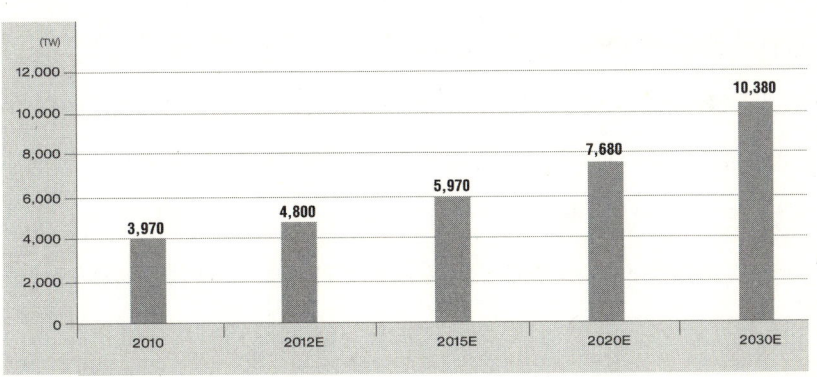

자료: CEFRI

스마트그리드 건설: 2015년까지가 핵심

2020년까지 중국은 3단계에 걸쳐 중국 전역에 스마트그리드를 건설할 계획이다. 1단계는 2009년에 시작되어 2010년에 완료되었다. 발전계획을 수립하고 관리표준 등 관련 문제해결을 위한 프로세스를 구축하였다. 2단계는 전면 건설단계로 12차 5개년 계획기간이 해당된다. 2015년까지 특고압 전력망을 구축하고 도시 배전망을 집중적으로 건설한다. 전력망 구축이 완료되면 실제 운영을 통해 서비스를 구현하게 되는데, 기술수준과 설비운용이 관건이다. 2020년까지의 3단계는 발전 주도단계다. 중국정부는 13차 5개년 계획기간 동안 스마트그리드 체계를 완성하여 선진국 수준의 전력시스템을 구축한다는 계획이 있다. 전체적인 투자금액도 엄청나다. 2015년까지 1조 5,000억 위안, 다시 2020년까지 1조 7,000억 위안을 추가로 투자할 계획이다.

중국정부가 스마트그리드에 목을 매는 이유는 신에너지산업의 특성과 관련이 있다. 풍력과 태양광발전은 규칙적인 전력발전이 근본적으로 어렵다. 기상조건의 영향을 많이 받기 때문이다. 게다가 중국의 육상풍력 및 태양광발전소는 네이멍구 지역이나 서부, 북부지역에 집중됐지만, 전력수요는 도시가 집중된 중국 동부연안지역이 훨씬 크다. 따라서 원거리 송전에 따른 전력손실과 전력망의 과부하를 막기 위해 생산된 전력을 최대한 효율적으로 이용할 수 있는 스마트그리드시스템이 반드시 필요하다.

싼화 지역과 삼종삼횡 전략

중국의 싼화三華 지역은 지리적으로 중국의 중심에 해당하며, 전력소비도 상대적으로 많은 곳이다. 이들 지역을 연결하는 전력망을 구축하는 것이 중국정부의 '삼종삼횡三縱三橫' 전략이다. 3×3의 격자형태로 전력망을 구축해 싼화 지역을 유기적으로 연결하겠다는 것이다.

지역적으로 매우 넓은 공간에 전력을 공급하기 위해 중국정부가 선택한 방법이 특고압 전력망이다. 특고압 변전망을 구축하면 송전 중에 발생하는 전력손실을 줄일 수 있다. 현재, 진동난晉東南~징먼荊門 구간의 1,000kV급 특고압 교류시범 프로젝트가 검수를 통과하여 시범운행을 준비 중이며, 샹지아바向家壩~상하이 구간의 ±800kV 특고압 직류 프로젝트는 이미 시범운행에 들어갔다. 중국국가전력망공사에 따르면, 중국은 2020년까지 특고압 교류변전소 60개소를 건설할 예정이다.

• 스마트그리드산업 발전단계

2009~2010년	2011~2015년	2016~2020년
계획단계	**전면 건설단계**	**발전 주도단계**
스마트그리드 발전계획을 수립하고 기술 및 관리 표준을 제정하는 단계	도시 배전망 건설 가속화, 스마트그리드 운영 및 통제 시스템 구축	선진국 수준의 스마트그리드 기술 보유, 35%의 청정에너지 설비율 목표

자료: CEFRI

중국정부는 자국의 스마트그리드 건설사업에 자신감을 가지고 있다. 2010년까지 한화로 약 7,000억 원을 투자해, 2만여km에 이르는 전력망을 구축하였고, 총 변전 용량 3,770만kVA에 이르는 변전소 25개소도 건설하였다. 12차 5개년 계획기간 동안에도 스마트그리드 건설계획을 차질 없이 시행할 수 있다고 확신하고 있다.

또 하나의 스마트, 스마트홈과 다가오는 표준전쟁

스마트홈은 정보기술을 이용하여 가정 내 각종 전기장치를 제어할 수 있도록 설계된 주택을 말한다. 중국에서도 대도시를 중심으로 스마트홈 개념이 들어간 주택이 소개되고 있다. 하지만 안정적인 시스템 가동에는 상당한 시일이 걸릴 것으로 보인다. 스마트홈을 구현하기 위해서는 스마트미터Smart Meter가 설치되어야 한다. 스마트미터시스템이 구현되면 전력사용자는 실시간으로 전력사용정보를 확인할 수 있으며, 효율적으로 전기를 사용하고 전기요금도 절약할 수 있게 된다. 중국정부는 청두成都시를 스마트미터 시범도시로 선정하여 스마트미터의 설비 및 보급 확대를 장려하고 있다.

스마트그리드산업이 발전하면서 표준전쟁도 치열할 것으로 보인다. 현재 전 세계적으로 통일된 스마트그리드 표준의 필요성이 대두되고 있다. 중국은 거대한 산업규모를 앞세워 표준경쟁에 참여하고 있으며, 실제 특고압산업 표준경쟁에서 두각을 나타내고 있다. 최근에는 한국정부도 중국정부와 MOU체결을 통해 스마트그리드 표준경쟁에 박차를 가하고 있다. 스마트그리드 표준은 산업 내 많은 기업에 또 다른 기회를 제공할 수 있어 앞으로 선진국과 중국 등을 중심으로 한 치열한 표준전쟁이 예상된다.

스마트그리드가 중국 신에너지산업의 미래를 좌우한다

최근 언론을 통해 중국 일부 지역의 전황電荒 소식을 심심치 않게 들을 수 있다. 전기가 부족한 지역의 상인들, 기업인들은 어려움을 호소하고 있다. 인터뷰에 응한 한 노래방 주인은 9시에 노래방 문을 닫아야 한다며 볼멘소리를 냈다. 경제가 급속도로 발전하면서 전력수요가 많이 증가했지만 송전 인프라가 따라가지 못한 것이다.

안정적인 송전은 경제성장을 위해서도 포용성 성장을 위해서도 매우 중요하다. 그래서 신에너지산업 중 할당된 지원금도 가장 많다. 막대한 자금을 쏟아붓는 중국정부의 스마트그리드 정책, 5년 후에 어떠한 변화를 가져올지 기대된다.

Chapter 5
전기자동차산업:
육참골단肉斬骨斷의 전략

Section 1

중국의 미래를 담아 달린다

'월가의 귀재' 워렌 버핏이 점찍은 '비야디比亞迪, BYD'

중국 로컬 자동차업체 비야디가 순수 100% 전기자동차 'e6'을 출시해, 2011년부터 미국과 한국시장에 진출할 것이라는 출사표를 던졌다. 비야디는 세계 니켈카드뮴 배터리 판매량 1위, 니켈수소 배터리 판매량 2위, 리튬 배터리 판매량 3위를 기록하는 중국 최대 배터리업체이자 중국 전기자동차산업의 선두주자다. 사실 이런 수식어구보다 '월가의 귀재' 워렌 버핏이 투자해서 더 유명해졌다. 현재 워렌 버핏은 비야디의 지분 10%(2억 3,000만 달러)를 보유하고 있으며, 앞으로 10억 달러 이상을 더 투자할 요량이다.

워렌 버핏이 비야디에 투자한 이유가 뭘까? 중국 전기자동차 제조업체 비야디의 영업실적을 보고 투자했을까? 아닐 것이다. 바로 중국 전기자동차시장의 잠재력을 보고 투자했을 것이다. 비야디의 브랜드명은 'Build

Your Dream'의 약자로 '당신의 꿈을 이루어드립니다'라는 의미다. 비야디는 세계 전기자동차산업의 리더로 부상하고자 하는 중국의 전기자동차의 '꿈'을 담아 달리고 있다.

살을 주고 적의 뼈를 취하는 육참골단 전략

미래 자동차시장이 친환경을 화두로 한 이른바 '전기 먹는 자동차' 시대가 되리라는 점에는 이견이 없다. 현재 전기자동차시장은 절대 강자도 약자도 없다. 누가 먼저 선두로 나설지가 관건일 뿐이다.

특히 2009년 미국을 제치고 세계 1위의 자동차시장으로 부상한 중국의 행보가 심상치 않다. 전기자동차산업 육성에 대한 중국정부의 의지는 확고하다. 2020년까지 10년간 전기자동차 2,000만 대하이브리드차 1,500만 대 포함 생산을 목표로 무려 1,150억 위안약 20조 원을 투자한다. 또한 2011년 전기차와 하이브리드차 등 신에너지차를 50만 대, 오는 2012년에는 150만 대 이상으로 전체 자동차판매 중 10%가량을 신에너지차로 채우겠다는 계획이다.

세계 최대 자동차대국으로 도약했음에도 중국정부의 속사정은 다르다. 중국정부는 원유수입 의존도를 줄이자는 취지에서 정책적으로 전기차를 밀고 있다. 중국은 전체 오일소비의 54%에 해당하는 2억 4,000만 톤을 수입하고 있으며 전 세계 이산화탄소의 28%를 배출하고 있다. 따라서 이로 인한 대기오염도 심각한 상태다. 지금의 10% 성장속도가 지속될 경우, 2020년에 연간 4,000만 대의 자동차 보유량은 3억 대에 달할 것이고, 연간 10억 톤의 석유가 소비될 것이다. 이러한 우려가 제기되면서, 중국 내 일부 도시에서는 신차등록을 제한하고 자동차 구매에 대한 인센티브를 폐지하려는 움직임이 일고 있다. 베이징시가 먼저 2011년 한 해 신차 등록 대수를 2010년의 1/3 수준인 24만 대로 제한한다고 규제에 시동을 걸었다.

또 하나는 2009년부터 중국이 세계 최대의 자동차시장으로 도약했지만, 정작 상하이 폭스바겐이나 광저우 도요타와 같은 합자기업을 포함한 외국자본이 전체 산업의 40%를 차지하고 있고 70%의 이익을 가져간다. 현재 기존의 중국 로컬 자동차업체의 기술과 품질 경쟁력을 선진업체 수준으로 단기간 끌어올리기란 쉽지 않다. 이 때문에 중국정부와 자동차업계는 전기자동차산업을 육성해 자동차산업의 구도를 근본적으로 바꾸려 한다. 전통적인 내연기관자동차는 선진국에 밀렸지만 잠재력이 큰 전기차시장만큼은 제대로 경쟁하려는 전략이다. 이는 절대 강자도 약자도 존재하지 않는 전기자동차산업에 선 투자하여 자동차대국에서 자동차강국으로 도약하고자 하는 포석이 깔렸다.

중국정부는 '친환경 자동차Green Car' 대신 '신에너지 자동차New Energy Vehicle'라는 용어를 사용한다. 유럽, 미국, 일본 등의 국가에서는 대체연료기술 등의 친환경 기술이 조합된 수많은 종류의 자동차를 '친환경 자동차'로 구분한다. 특히 친환경 자동차의 양대 축은 클린 디젤차와 하이브리드차로 나뉜다. 선진국에서는 가솔린 엔진 → 클린 가솔린 엔진 → 하이브리드차HEV → 플러그인 하이브리드차PHEV → 순수 전기자동차EV → 연료전지자동차FCV라는 차세대 에너지 전환으로의 기술진화 로드맵을 가지고 있다.

하지만 중국이 주목하는 '신에너지 자동차'는 바로 '전기자동차'다. 전기자동차는 전기를 동력원으로 움직이는 차량을 말한다. 전기자동차는 배터리로만 가는 전기자동차Battery Electric Vehicle, BEV, 전지에 저장한 전기만 동력원으로 사용하고 필요에 따라 충전시켜줄 수 있는 조그만 내연기관을 가진 플러그인 하이브리드Plug-in Hybrid EV, PHEV, 그리고 전기모터나 내연기관을 동시에 사용하는 엔진이 둘 이상인 하이브리드 전기자동차Hybrid EV, HEV 등 크게 세 종류로 나눌 수 있다. 이하에서의 전기자동차는 각각 BEV, PHEV, HEV으로 통칭한다.

이렇듯 전기자동차에는 여러 종류가 있지만 중국에서 실질적으로 내놓은 육성정책은 순수 전기자동차전기배터리 전용 전기자동차와 플러그인 하이브리드차플러그를 이용해 충전하는 하이브리드차에 집중돼 있다. 즉 중국은 선진국과는 달리 하이브리드차의 과도기단계를 거치지 않고, 바로 '순수 전기자동차' 시대로 돌입하겠다는 의지다. 중국은 유선전화가 전국에 보급되기 전 무선전화시대를 열었던 나라다. VCR 없이 DVD왕국이 된 나라다. 산업발전단계에서 몇 계단 뛰어넘을 수 있는 것은 중국정부가 시장을 좌지우지할 힘이 있고 13억 시장이란 잠재력이 있기 때문이다. 이러한 '립 프로그Leap Frog식' 도약으로 자동차산업의 차세대 리더로 부상하고자 한다.

- 신에너지차 분류 및 특징 비교

구분	클린 디젤차 (Clean Diesel)	하이브리드차 (HEV)	플러그인 하이브리드차 (PHEV)	전기차 (EV)	수소연료전지차 (FCEV)
개념도	엔진/변속기/디젤	엔진/모터/변속기/가솔린/배터리	엔진/모터/변속기/가솔린/배터리	모터/배터리	모터/발전기/수소탱크/배터리
사용 연료	디젤	가솔린/전기	가솔린/전기	전기	수소
배터리용량	–	소	소	대	소
주요 메이커	폭스바겐, 아우디	도요타, 혼다	도요타, GM	닛산, 미쓰비시, BYD	도요타, GM
주요 차종	제타, A3	프리우스, 인사이트	프리우스, 볼트	리프, e6 i-MiEV	시험운행 중

자료: CEFRI

- 신에너지차 기술진화 로드맵

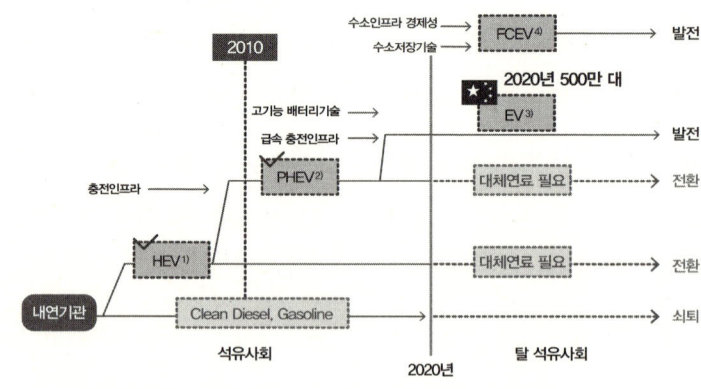

기술의 가용수준이 PHEV의 초기 시작단계며, 기술 및 인프라 발전에 따라 EV, FCEV로 발전

1) HEV Hybrid Electric Vehicle 2) PHEV Plug-in Hybrid Electric Vehicle 3) BEV battery-based Electric Vehicle 4) FCEV Fuel Cell Electric Vehicle

자료: CEFRI

전지를 지배하는 자가 세계시장을 지배한다

미래의 먹을거리로 전기자동차가 두드러지면서, 우리가 주목해야 할 또 하나는 바로 2차전지배터리다. 기존 가솔린 차량에서 고유가 부담을 줄인 친환경 컨셉트로 등장한 하이브리드카에 이어 전기차가 등장하면서 자동차 배터리용량도 많이 늘어나고 있는 게 현실이다. 자동차의 핵심인 엔진을 들어내고 차량가격의 55~70%를 차지하는 리튬 2차전지가 자동

• 한 · 일 · 중 · 미 전기자동차 현황 및 계획

국가	현황 및 계획
한국	전기차용 2차전지 개발 지원 -2009년부터 3년간 총 400억 원 투자 2차전지 경쟁력 강화 방안 발표(2010년 7월) -2020년까지 15조 원 투자 5대 미래산업 선도기술에 선정(2010년 10월) -차세대 전기차 및 전지 핵심기술
일본	전기차용 2차전지 개발지원 -총 400억 엔 투자 차세대 자동차 전략 발표(2010년 4월) -2030년까지 전지용량 및 가격 혁신 목표 설정 7대 신성장산업 전력 분야에 포함(2010년 6월) -환경 미래도시의 차세대 자동차 조합한 에너지 관리 시스템
중국	신에너지 자동차 부문: 국유기업 연합프로젝트(2010년 8월) -2020년까지 국유기업 연합, 1,000억 위안 투자 -리튬이온전지를 국가 전략사업으로 선정 7대 신성장산업에 선정(2010년 9월) -전기차 및 신에너지 자동차 부품
미국	친환경차 및 2차전지 개발 및 생산 지원: 24억 달러 4대 신성장 동력 산업에 선정(2010년 8월) -교통 현대화 2차전지 원가절감 및 생산시설 확충

자료: 언론자료 종합, CEFRI

차산업의 중심에 설 날이 멀지 않았다. 전기자동차 한 대당 리튬 배터리 용량은 핸드폰의 약 6,600배라 한다. 전기차 100만 대가 보급되는 2015년, 중국의 전기자동차용 2차전지 수요는 휴대폰 66억 개 분량에 달한다. 배터리를 지배하는 자가 중국 자동차시장 판도를 바꾸는 시대가 도래할 것이다.

• 중국의 전기자동차 산업발전 목표

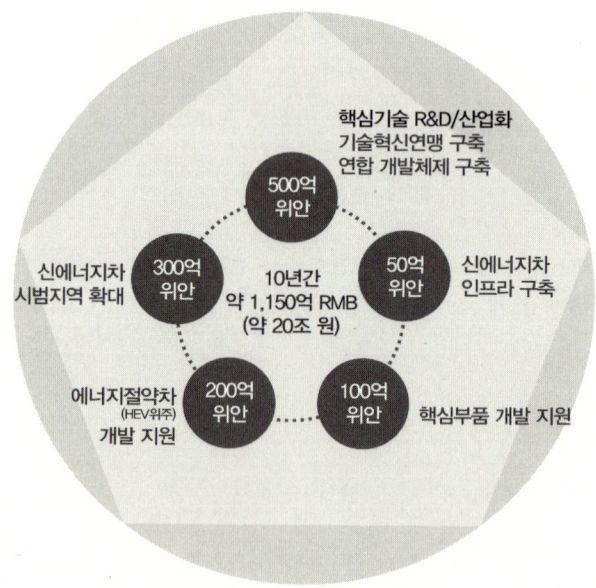

자료: 공업정보화부(工業和信息部), CEFRI

중국 전기자동차산업의 3대 강점

'중국식' 정부 주도형 정책 드라이브

정부의 적극적인 지지가 전기자동차산업의 도약에 가장 중요한 동인으로 작용하고 있다. 중국정부의 정책지원 의지는 확고하다. 중국정부는 '뉴에너지 비클'로 불리는 전기차를 앞으로 5년 동안 전체 중국경제를 이끌어갈 선도산업으로 육성할 계획이다. 전기차EV, HEV, FCEV 기술개발에 10년 동안 1,150억 위안약 20조 원을 투자, 2020년에 전기차 150만 대 생산과 500만 대누적 보급을 목표로 하고 있다.

• **자동차업계 출신이 산업정책을 이끌다**

2010년 12월 중국에 자동차회사 최고경영자 출신 공업정보화부 장관이 등장하자, 자동차업계에서는 흥분을 금치 못했다. 그가 바로 2004년 미국의 〈비즈니스위크〉로부터 '아시아의 별'이라는 평가를 받은 둥펑자동차 전 CEO 먀오웨이苗圩다. 공업정보화부는 한국의 지식경제부와 같은 중국의 산업정책 결정기관이다. 그가 공업정보화부 차관으로 역임하던 2008년부터 중국 자동차산업은 비약적으로 성장했다. 2009년 3월에는 농민이 삼륜차 및 경화물차나 배기량 1.3리터 이하의 승합차 구입 시 차량가격의 10% 내외의 보조금을 지급하고, 1.6리터 이하의 소형차 구매 시 차량구매 세율을 10%에서 5%로 인하하는 기차하향汽車下鄕정책을 마련했다. 6월에는 노후차량 폐차 후 신차구입 시 보조금을 지급하는 이구환신以舊煥新정책 등 수요부양정책으로 자동차판매가 46% 급증하면서 세계 최대의 자동차시장으로 우뚝 섰다. 또한 전기자동차 육성계획이 탄력을 받으면서 다양한 지원정책이 본격적으로 가동됐다. 2012년까지 3년간 10개 시범도시를 지정해 1,000대씩의 전기자동차를 보급하겠다는 '십성천량十城千輛' 프로젝트도 그의 작품이다.

먀오웨이 공업정보화부 장관은 중국경제의 청사진을 제시하는 12차 5개년 계획에서 "신에너지 자동차 발전과 낙후기업 퇴출 및 인수합병을 통한 자동차산업의 구조조정이 필요하다"면서 "조만간 구체적인 계획에너지 절감 및 신에너지차산업 발전계획 2011~2020을 발표할 예정"이라고 언급했다. 이는 미래 자동차산업에 대한 나침반이 어디로 향하는지 명확히 보여준다.

중국은 중앙정부와 지방정부가 공동으로 전기자동차 육성을 국가전략으로 삼고 적극적으로 추진하고 있다. 국무원 중심으로 4대 부처에서 구체적인 장려정책을 제정하고 각 지방정부가 중앙정부 정책을 구체적으로

• 신에너지 자동차 정책 관련 중국 정부조직

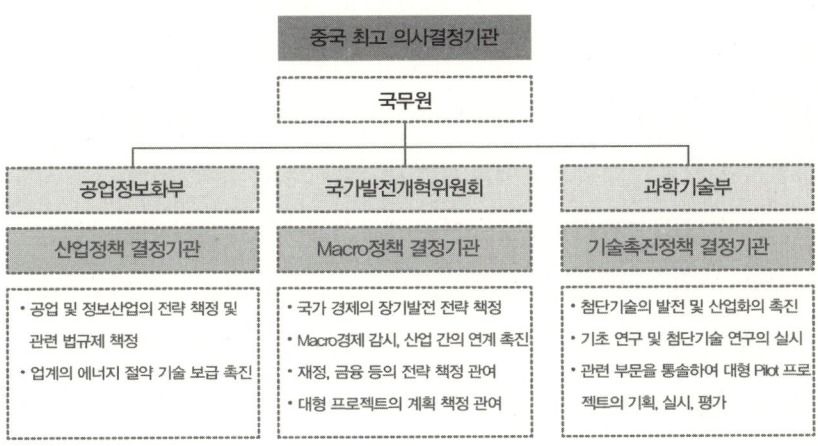

자료: 공업정보화부(工業和信息部), CEFRI

실시하는 구조를 구축하고 있다. 또한 기업, 대학, 연구기관 간의 연구개발 협력시스템을 적극 활용하고 있다.

• 보조금 지원정책, 전기자동차 활성화에 날개 달다

중국의 시장을 넓히려는 정책도 과감하다. 개인구매 보조금 지원은 전기자동차 보급을 위한 핵심정책이다. 현재 본격적으로 시판된 전기차는 정부의 보조금이나 구입 지원책 없이는 보급촉진이 쉽지 않은 상황이다. 중국정부는 상하이, 베이징, 항저우, 선전, 창춘, 허페이에서 2009년부터 2012년까지 전기차 구매자에게 보조금을 지급한다. 하이브리드차의 보조금이 3,000위안 수준인 데 비해 플러그인 하이브리드차PHEV는 최고 5만 위안, 순수 전기차EV는 최대 6만 위안약 1,000만 원으로 차이가 크다. 또한 소비장려를 위해 신에너지 자동차구매 시 세제와 금융에서 다양한 혜택을 제공하는 방안을 적극적으로 검토 중이다. 2011년부터 2020년까지 전기자동차를 사면 구매세를 면제하고 2015년까지 하이브리드카를 차면 구매세와 소비세를 50% 감면해주는 방안이 유력하다는 업계의 전언이다.

지방정부도 전기자동차 지원육성에 팔을 걷어붙였다. 중앙정부의 보조금과는 별도로 지방정부도 보조금 우대혜택을 추가로 제공하고 있다. 현재 선전에서 출시된 중국 전기차 대표주자인 비야디 'e6'의 가격은 30만 위안약 5,000만 원이지만 중국 중앙정부에서 6만 위안, 지방정부에서 6만 위안 보조금을 제공하면 가격은 18만 위안약 3,000만 원으로 내려간다. 비용의 약 50%를 정부가 지원해주는 셈이다.

베이징시는 더욱 적극적인 보급정책을 펼친다. 전기차 구매자에게 자동차세 면제는 물론, 차량 등록제한 및 승용차 운행제한 등의 규제에서 예외를 인정해주고 있다. 항저우시는 차량구입 후 충전에 대해서도 보조금을 지원한다. 신차의 경우 3년 또는 6만km 이내에 킬로미터당 0.09위안의 '전기요금 보조금'을 지원하며 '전기요금 보조금'은 차량구입 시 35% 지급, 차량 운행시간 3년 만기 또는 6만km 주행완료 시 잔액을 지급한다.

• **충전 인프라 구축, 전기차 보급화의 열쇠를 쥐다**

충전 인프라 구축이 전제되지 않고서는 전기차의 보급과 전기차산업의 발전을 기대할 수 없다. 이런 상황에서 전기자동차 충전시설 건설은 중국 정부의 우선과제로 대두되고 있다. CNS China News Service에 따르면 2011년 1월 기준으로 중국 전역에는 87개의 충전소가 있다. 상하이, 선전을 비롯한 26개 주요 도시에 걸쳐 충전기는 5,179개, 충전 포스트는 7,031개가 설치됐다.

중국정부는 전기차개발을 위해 3개의 자동차회사, 정유사, 항공기 제작사, 정보통신회사, 전력회사 등 16개 국영기업을 끌어모았다. 전기차에 필요한 인프라 구축을 위해서다. 지난해 8월 중국국유자산감독관리위원회가 주도해 결성된 '전기자동차산업연맹'이 대표적이다. 이 연맹에는 우리

• **지방정부의 전기자동차 지원 현황**

도시	국가 최고 보조금 (만 위안)		지방 최고 보조금 (만 위안)		합계 최고 보조금		2012년 보유량 (대)	변전소 (곳)	충전 스탠드 (대)
	플러그인	순수 전기 자동차	플러그인	순수 전기 자동차	플러그인	순수 전기 자동차			
베이징	5	6	5	6	10	12	30,000	100	36,000
상하이	5	6	2	4	7	10	20,000	50	25,000
선전	5	6	3	6	8	12	34,000	89	47,500
항저우	5	6	3	6	8	12	20,000	42	3,500
허페이	5	6		2		8	16,000	20	21,100
창춘	5	6		4		10	16,000	15	5,000

자료: 공업정보화부(工業和信息部), CEFRI

나라의 한국전력에 해당하는 중국 '국가전력망공사State Grid'를 비롯해 이치자동차第一汽車, FAW와 중국석유화학공사Sinopec 등 16개 자동차 및 배터리 제조사, 전력회사 등이 가입했다.

중국정부의 인프라 구축에 대한 적극적인 의지에 전기차에 필요한 충전소나 배터리 관련 업체도 덩달아 들썩이고 있다.

국가전력망공사는 140억 위안을 들여 앞으로 5년간 4,000개의 충전소를 건설할 예정이다. 그리고 2016년부터 2020년까지 180억 위안을 추가로 투자하여 충전소를 1만 개로 확충할 계획이다. 또한 3대 정유회사 중 하나인 중국해양석유총공사는 선전, 항저우, 상하이, 창춘, 허페이 등 지방정부와 함께 기존의 주유소를 충전소로 고치는 방안을 연구 중으로 전기차 대중화에 일조할 기세다. 이러한 정부 차원의 강력한 인프라 확대 노력을 기반으로 중국의 전기차시장은 더욱 역동적으로 성장할 수 있으리라 보고 있다.

중국 자동차업계 전기차에 '올인'
• 중국업체 기술력 급신장 '괄목상대'

정책변화에 한발 앞서 대비하지 못하는 기업은 위태로워지기 마련이다. 특히 '정부 주도형' 경제정책의 대명사인 중국시장을 겨냥하는 기업이라면 더욱 그렇다. 그래서일까? 중국은 한국보다 2년 앞선 2008년 처음으로 전기차를 선보였다. 2010년 10월까지 비야디, 치루이, 지리자동차 등 총 39개 기업에서 110종의 차량을 개발했다. 한국에서 현대차의 '블루온'

을 비롯해 한국 GM의 '라세티 프리미어 전기차' 등 총 9종이 모습을 드러낸 것에 비하면 중국업체의 성장은 괄목상대할 만하다.

중국업체들이 주력하는 제품은 플러그인 하이브리드자동차PHEV와 전기자동차EV다.

휴대폰 배터리에서 출발해 자동차시장까지 진출한 비야디는 이미 2008년에 PHEV인 'F3DM'을 만들어, 소비자에게 판매를 시작했다. 최근 EV모델 'e6'를 생산해 선전시에 택시용으로 50대를 공급했으며, 앞으로 미국, 한국 시장에 진출할 것으로 보여 업계의 이목을 집중시키고 있다. 이 회사는 적외선 LED를 이용해 전기차용 졸음경보시스템도 독자적으로 개발했다.

1999년부터 자동차생산을 시작한 지리자동차吉利汽車는 앞으로 소형 EV 모델 '글로벌호크EK'를 출시할 예정이다. 이 회사는 스웨덴의 볼보를 인수한 데 이어 볼보의 전기차개발을 앞당겨 내수시장은 물론 미국 등 해외 선진국 시장공략에도 속도를 낸다는 방침이다.

창안자동차長安汽車는 'G-리빙'이라는 전기차전략을 세웠다. 독일 보쉬 및 칭화대학교와 협력해 2015년까지 PHEV와 EV를 15만 대 수준으로 만든다는 청사진이다. 이 밖에 이치자동차는 1.6리터 가솔린모델을 바탕으로 만든 전기차 '펜티엄 B50EV'의 생산을 시작했다. 중국은 이미 신에너지차 분야에서 자동차 종주국인 미국도 앞질렀다는 평가도 받고 있다.

전기차의 글로벌 테스트베드Test Bed로 도약

중국은 정부의 적극적인 투자지원 활동에 바탕을 둔 새로운 글로벌 전기차의 테스트베드로서의 성장도 모색 중이다. 세계 최대의 자동차시장이지만, 자동차산업 경쟁력이 취약한 중국은 일본처럼 자국 중심의 전기차 기술개발이 불가능한 상황이다. 이에 자국의 거대 시장기반을 이용해 해외 자동차 제조기업과의 제휴 및 참여 확대를 유도하고 있다. 이러한 과정을 통해 기술개발 및 인프라 확충이 가속될 것이라는 판단이다.

기존 도요타, 혼다는 HEV개발에 주력하였으나 현재 글로벌기업 중 닛산이 중국 전기차시장 선점을 위해 가장 적극적이다. 닛산은 지방정부와의 인프라 구축 협력 등을 통한 EV시장의 보급, 확대와 전기자동차 'Leaf'에 대한 현지 생산기지 준비를 활발하게 진행하고 있다. 중국 우한시에서는 2011년부터 3년간 전기차 300대를 시범운행하기로 했으며, 전기차 보급 촉진 및 충전네트워크 구축에 여러모로 협력할 계획이다. 또한 전기자동차 'Leaf'의 현지생산 추진을 위해 르노닛산, 동풍닛산, 광저우시 정부의 3방연맹 협력체계를 체결하였다. 하지만 전기차의 보급, 확대를 위한 보조금 및 지원혜택을 위해서는 암묵적으로 외국기업의 기술이전이 의무화되어 있는 것으로 알려지고 있다. 그만큼 중국의 전기차시장에 대한 산업주도권의 확보 의지가 크다고 할 수 있다.

• 기업 간 협력 Co-petition 및 전략적 제휴 구축

중국은 전기자동차의 연구개발을 일찍부터 시작하여 일정한 기술경험이 축적되었기 때문에 부품기업과 완성차기업 간의 협력이 긴밀하다. 현재 중국의 주요 로컬 완성차 메이커 중에서 자체적으로 전기차용 전지

를 생산하는 곳은 비야디가 유일하다. 중국에 진출한 최초의 외국계 전지 생산 메이커는 상하이 어드밴스드 트랙션 배터리 시스템Shanghai Advanced Traction Battery Systems으로 SAIC上汽가 미국회사인 A123사와 조인트벤처하여 설립한 회사다. 앞으로 장기적이고 원활한 공급망을 구축하기 위해 배터리업체와 합작사 설립에 적극 나설 것으로 전망된다.

• 기업 간 협력 및 전략적 제휴 구축 관계

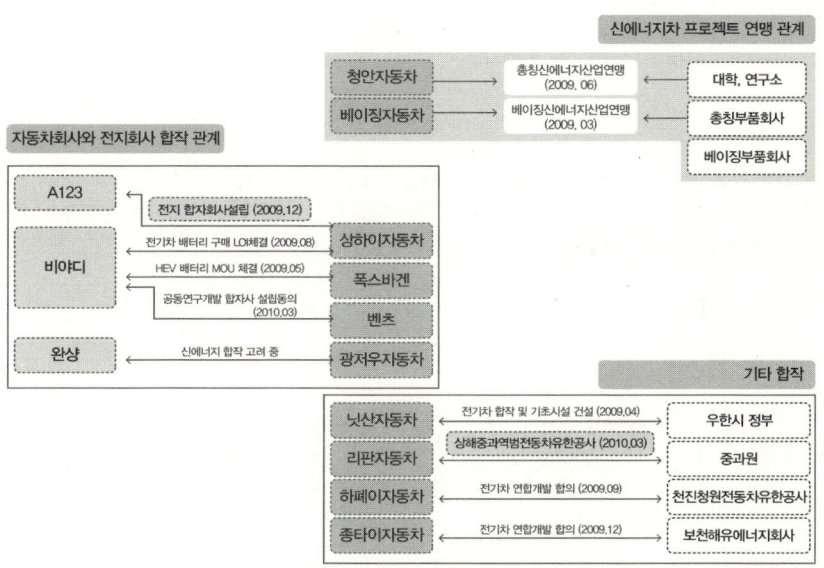

자료: 공업정보화부(工業和信息部), CEFRI

전기차 밸류체인의 연관 산업 육성

• '다크호스' 리튬인산철LiFePO₄ 배터리의 부상

이미 전기차는 자동차산업의 대세임이 분명하다. 자동차의 동력이 가솔린엔진에서 2차전지로 바뀌면서 산업의 핵심 부가가치를 창출하는 주체 또한 바뀌는 큰 변화를 수용해야 할 시기다. 자동차의 핵심인 엔진을 들어내고 차량가격의 55~70%를 차지하는 리튬이온전지가 자동차산업의 중심에 서게 될 것이다. 전기자동차 보급이 얼마나 빠르게 진행될지는 전지의 비용과 성능이 최대 관건이다. 에너지밀도, 출력밀도, 안정성, 신뢰성, 사이클 수명 등을 저비용으로 실현하기 위해서 배터리 기술이 좌우한다 해도 과언이 아니다.

• 자동차용 중대형전지 점유율 비교: 니켈수소 vs 리튬이온

자동차용 중대형 전지 점유율 (%)	2008	2009	2010	2011	2012E	2013E	2014E	2015E	2016E	2017E
니켈수소(NiMH)	100	90	73	56	42	30	21	19	16	14
리튬이온(Li-ion)	0	10	27	44	58	70	79	81	84	86
특성	에너지밀도 (Wh/kg)		수명	급속 충전시간		전압	제조단가 (USD/Cell)		안전성	Cost
니켈수소(NiMH)	60~120		5년	2~4		1.2	0.5		O	O
리튬이온(Li-ion)	150~190		10년	1.5~3		3.7	1.67		△	△

자료: IIT(점유율 전망), 비교는 LG경제연구원, 신한금융투자

2차전지시장은 크게 니켈수소전지와 리튬이온전지로 나뉜다. 현재 리튬이온전지가 모바일기기용 2차전지의 대부분을 차지한 데 이어 기술향상으로 전기차 및 ESS용 중대형 배터리시장에 대세로 굳어지고 있다.

니켈수소전지는 기존의 니켈카드뮴전지의 수산화니켈을 그대로 사용하고 음극을 카드뮴 대신에 수소저장합금(Metal Hydride, MH)을 사용하는 전지로 1980년대 미국의 에너지 컨버전 디바이스(Energy Conversion Devices(Ovonic))에서 개발되었다. 자동차의 경우 일본 도요타의 프리우스, 혼다 등 일본 하이브리드차의 주요 전원으로 사용되고 있으며, 관련 기술특허의 대부분을 이들 일본업체가 보유하고 있다.

리튬이온전지는 금속 중에서 가장 가벼운 리튬을 이용하여 에너지밀도 160Wh/kg와 기전력 3.6V이 큰 2차전지다. 이것은 방전과정(사용) 시에서 음극에서 양극으로 이동하고 충전 시에는 양극에서 음극으로 다시 이동하여 제자리를 찾는 전지로 1991년 소니에 의해 상업적으로 처음 출시되었다. 자동차의 경우 중국 비야디의 F3DM, 도요타의 프리우스, 닛산의 Leaf에 리튬이온전지가 탑재되어 있다.

한편 리튬이온산업의 경쟁력을 살펴보면 2010년에 삼성SDI가 단일기업으로 세계 1위로 부상한데 이어 2011년에는 국가적으로도 일본을 추월했다. 앞으로 우리나라는 리튬이온전지 생산 1위 국가로 부상할 것으로 전망된다. 하지만 중국의 성장세가 무섭다. 중국은 신에너지 자동차를 7대 신성장동력산업으로 선정하면서, 리튬이온전지를 국가 전략사업으로 선정, 배터리와 모터 등의 핵심부품 개발에 1조 7,000억을 지원하고 있다.

이러한 정부의 적극적인 지원과 비야디를 필두로 지속적인 배터리 기술력 확보 등을 통해 배터리 부분에서 괄목할 만한 성장을 거뒀다. 비야디는 세계 니켈카드뮴전지 판매량 1위, 니켈수소전지 판매량 2위, 리튬전지 판매량 3위를 기록하면서 전기자동차 생산에 박차를 가하고 있다. 2010년 자체 제작한 니켈메탈 배터리와 리튬이온 배터리의 기술력은 이미 세계적인 수준에 도달했다는 평가다. 연료전지의 평균 무고장거리는 3,000km이고 예측수명은 2,000시간이며 영하 10℃에서도 정상운행이 가능한 수준이다.

특히 리튬인산철 배터리가 저렴하고 안정성이 높아 다크호스로 주목받는다. 중국 전기차의 90%가 배터리로 리튬인산철을 사용한다. 현재 리튬인산철 배터리는 썬더스카이, 비야디, BAK 등의 중국업체들이 세계시장을 석권하고 있다.

리튬인산철 배터리는 매장량이 풍부한 철을 주원료로 하기 때문에 니켈, 코발트, 망간 등을 쓰는 리튬이온 배터리에 비해 가격이 30~40% 저렴하다. 화학적으로 극히 안정된 구조여서 과열, 과충전 상황에도 폭발할 우려가 전혀 없다. 다만 기존 리튬이온 배터리에 비해 무겁고 에너지밀도가 다소 떨어진다는 단점을 가졌다. 크라이슬러를 비롯한 미국 자동차업계는 하이브리드, 전기차 분야에서 뛰어난 가격 경쟁력과 안전성에 주목하고 리튬인산철 배터리의 주문량을 크게 늘리고 있다. 그동안 리튬이온계 배터리에 주력해온 한국과 일본 배터리업계는 앞으로 전기차 배터리시장에서 강력한 경쟁자 리튬인산철와 맞부딪히게 됐다.

• 희귀금속 90% 보유, 전기차 원가 좌지우지하는 중국

전기자동차에서 배터리리튬2차전지, 파워컨트롤인버터/컨버터 등, 전기모터는 기존 내연기관차의 파워트레인 역할을 대체하는 핵심부품으로 전기차가격의 60% 이상을 차지한다. 특히 리튬2차전지는 전기차가격의 약 56%를 차지한다. 또한 리튬2차전지는 크게 양극, 음극, 전해질, 분리막의 4가지 구성요소로 이뤄진다. IIT자료에 따르면 리튬2차전지의 원재료비는 전지 총원가의 50% 수준을 차지하고 있으며, 그 가운데 전지의 성능을 가장 크게 좌우하는 양극소재가 차지하는 비중은 44% 수준으로 가장 높다.

양극소재에서 전극Electrode은 소재가 지닌 고유물성을 이용해 전기에너지를 저장하거나 저장하기 위한 전기화학반응 자리를 제공하는 것으로 직접 전기를 저장하는 소재는 활물질Active Materials이라고 칭한다. 리튬이온전지의 양극활물질은 전구체라는 금속성 원재료에 리튬을 섞어서 만드는 것으로 구성요소에 따라 통상 다음 5가지 형태로 나뉜다. 대표적인 양극활물질은 1991년 개발된 리튬코발트산화물이지만, 충방전 시 열이 많이 발생하는 등 화재위험과 함께 코발트가 고가의 희소금속인 관계로 최근 들어 사용비중이 크게 축소되고 있는 반면 리튬코발트산화물, 니켈망간코발트, 니켈산리튬, 망간산리튬, 인산철리튬 등 다양한 양극재가 개발 중이거나 상용화되고 있다.

중국은 2차전지의 세계시장 점유율이 높아지고 있지만, 원천기술 경쟁력은 일본업체의 30% 수준에 머무는 등, 부품, 소재의 실질적인 국산화율은 일본에 초라할 만큼 뒤처져 있는 것이 현실이다. 하지만 중국은 희귀금

• 리튬이온 배터리 양극소재별 장·단점과 주요업체

계열	주요 소재	장·단점	비중(09)	비중(08)	주요업체	비고
LCO	코발트 (LiCoO$_2$)	안정성/고가원료	51%	67%	코스모신소재, Umicore, Nichia, Nippon Chem, AGC Seimi	코발트산리튬 (LiCoO$_2$)
NMC	3원계 (Li(NiMnCo)O$_2$)	고용량/효율문제	34%	16%	LG화학, L&F, Umicore, Nichia, Tanaka, Toda Kogyo, GS Yuasa	니켈망간코발트 (LiNiCoMnO$_2$)
LMO	망간 (LiMnO$_2$)	저가원료/저용량	7%	9%	휘닉스피디아, 일진머티리얼즈, JGC, Nippon Denka, BYD, Nichia	망간산리튬 (LiMnO$_2$)
LNO	니켈 (LiNiO$_2$)	고용량/안정성	7%	4%	Toda Kogyo, Sumitomo Metal, JFE Mineral, Nichia, AGC Seimi	니켈산리튬 (LiNiO$_2$)
LFP	철 (LiFePO$_4$)	안정성/제조문제	2%	4%	한화석화, A123, BYD, Sony, Phostech, Valence, Nippon Chem	인산철리튬 (LiFePO$_4$)

자료: 업계자료, IIT Report, 신한금융투자

• 리튬이온 배터리용 금속원료 현황

(톤)	리튬 (Li, 탄산리튬)	코발트 (Co)	니켈 (Ni)	망간 (Mn)
매장량	11,000,000	13,000,000	150,000,000	5,200,000
채광량	27,400	72,000	1,610,000	14,000
2차전지소비	3,500	25,000	30,000	1,000(1차전지)
가격($/톤, 현재가/최고가)	5,454/9,000	43,321/112,989	27,191/54,050	3,550/6,075
리튬 단위사용량	휴대전화	노트북PC	하이브리드카	전기차
	0.3g	5.5g	3.1kg	5.7kg
리튬 국가별 매장비율	볼리비아	칠레	중국	기타
(%)	47	26	10	17

자료: 각종 데이터, 업계자료, 신한금융투자

주: 리튬 매장량은 육지보다 바다가 크나 추출에 상당기간이 소요될 전망이며 국내에서 포스코가 해양리튬 추출 R&D를 진행중임

속의 글로벌 생산량 및 매장량에 있어서 높은 수준에 있으며, 리튬이온전지의 주요 원재료인 탄산리튬을 보존하고 있어, 2차전지의 주요 핵심 원재료를 확보하고 있다.

리튬이온전지의 주요 원재료인 탄산리튬 확보에 따라 제조단가를 낮출 수 있어 전지업체 및 자동차업체 역시 탄산리튬 확보 경쟁이 치열해지고 있다. 중국은 세계 리튬의 약 10%를 보존하고 있다. 이중 칭하이성의 시타이지나얼 염호의 개발권을 보유한 쭝신궈안中信國安은 2009년 9월 일본의 도요타 통상과 탄산리튬 및 리튬전지 제품의 생산 및 판매에 관한 협력 MOU를 체결했다.

전기자동차산업에서 또 하나 주목할 것은 희귀금속이다. 배터리나 전기모터 할 것 없이 전기자동차 핵심부품으로 희귀금속이 들어간다. 하이브리드차의 경우 약 30kg의 희귀금속이 사용된다. 희귀금속의 일종인 희토류는 다른 금속과의 합금으로 특수한 기능을 부가하는 촉매 역할을 한다. 특히 자력과 내열성을 보강하여 모터의 크기, 무게, 성능을 개선한다.

중국이 희귀금속 매장량의 36%, 생산량의 97%를 차지하면서 세계 희귀금속 공급을 독점하고 있다. 자원량과 공급지역이 한정적이기 때문에 희토류의 가격상승은 구동용 모터의 가격에 직접적으로 영향을 미칠 것이고, 이는 전기차가격에 직격타를 준다. 2009년 7월 중국은 전기자동차 모터용 자석에 사용되는 테르븀, 디스프로슘 등의 주요 희귀금속 수출을 제한할 방침을 밝혔다. 희귀금속을 엄격하게 관리하겠다는 의지다. 세계 최대 희귀금속 생산국인 중국이 적극적인 희토류 수출제한에 나섬에 따라 앞으로 희토류의 가격급등과 수급차질에 따른 타격이 우려된다. 중국의 입김에 따라 세계 전기자동차시장에 언제든 토네이도가 불 수 있다.

중국 전기자동차시장, 그들만의 리그일까?

중국, 전기차시장 주도할 수 있을까?

'친환경'이 정치적인 이슈가 되면서 결국 공급 측면에서 전기자동차의 확산은 거스를 수 없는 대세로 보인다. 중국정부의 정책환경이 자동차기업으로 하여금 전기자동차 개발과 출시에 압력을 넣고 있으며, 자동차기업도 이를 따를 수밖에 없는 처지다. 그런 중국의 현실을 2011 중국 상하이모터쇼가 적나라하게 보여주고 있다.

2011년 중국 상하이모터쇼는 '미래를 위한 혁신'이라는 주제로 친환경이 주요 모토였고, 86종 신에너지차가 대거 전시됐다. 일각에서는 엔진 모터쇼가 아니라 전기 모터쇼가 아닌가 하는 착각을 일으키게 할 정도라는 평이다. 마치 모든 자동차기업이 전기자동차에 올인하는 모습이라는 것이다. 그동안 중국 자동차업체 중 비야디가 전기차에 가장 적극적인 것으로 알려져왔으나 중국 현지업체는 물론이고 혼다, 닛산, GM 등 해외업체들도 모두 전기차를 전시해 이제는 앞으로의 시장 성장 가능성을 예고했다. 혼다의 이토 다카노부 사장이 2012년부터 중국에서 배터리 전기차를 생산하겠다고 상하이모터쇼장에서 밝혔다. 뷰익은 쉐보레 볼트의 파생작인 '플러그인 하이브리드 크로스오버 인비전'을 공개했다.

전 세계 자동차 관련 기업이 상하이모터쇼에 매달리는 가장 큰 이유는 거대한 시장이기 때문일 것이다. 중국은 세계 제1의 자동차 생산국이자 최대 소비시장이다. 중국경제 급성장과 구매력 확대로 당분간 중국의 나홀로 독주가 이어질 것이란 전망에도 큰 이견이 없다. 2020년 기준 중국의 PHEV와 EV시장규모는 주요 조사기관별 차이는 보이지만, 전망은 밝

• PHEV/EV 시장규모

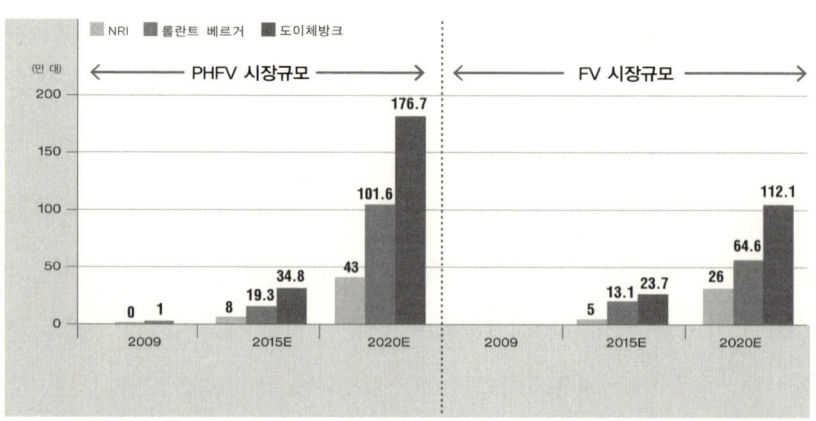

자료: NRI Global AUTOMOTIVE Practice 2009 내부 연구자료, 도이체방크 'Electric Cars: Plugged in 2', 롤란트 베르거 'Powertrain 2020'

은 편이다. 도이체방크Deutsche Bank는 2015년 대비 493%가 증가한 최대 약 288만 대 규모의 시장2020년이 형성될 것이라고 전망하고 있다. 노무라종합연구소Nomura Research Institute, NRI는 총 약 69만 2,000대, 롤란트 베르거Roland Berger는 총 약 166만 2,000대 규모의 시장이 형성될 것으로 전망했다.

중국소비자는 과연 전기자동차를 구입할까? 현지 조사에 따르면, 중국인은 대형, 고마력 자동차를 선호하기 때문에 전기차는 일종의 장난감 정도로 인식하고 있는 것이 현실이다. HEV 자동차 중 수입품인 혼다의 '시빅'과 합자사인 이치도요타의 '프리우스', 상하이 GM의 '라크로스', 광치도요타의 '캠리'가 4Sshop 유통 위주로 소비자에게 판매되고 있으나, 수입차로 정부보조금 혜택을 못 받기 때문에 실제 구매로 이어지지 않는 실정이다. PHEV 자동차 중 유일하게 비야디가 F3DW 차종을 2010년 6월부터 개인을 대상으로 선전 지역에서만 판매하기 시작하였으나, 판매량은 매우 소량인 것으로 알려지고 있다. EV 자동차는 관공용, 공공서비스 차량 등에 투입되어 시범운행하고 있는 수준이다.

이렇듯 현재 여러 브랜드의 신에너지 차량이 아직 소비자의 인정과 신뢰를 받지 못하고 있는 상황으로 볼 때 정부 측의 대폭적인 지원책이 실행되더라도 신에너지 차량보급 및 대중화 측면에서 큰 성장을 기대하기는 어렵다. 수입자동차는 브랜드신뢰도의 강점이 있긴 하지만 중국 로컬브랜드와 같이 중앙정부와 지방정부의 보조금3대 핵심기술 모두 수입 혜택을 받을 가능성이 없어 가격이 높은바 구매자는 더욱 적을 것이다. 그와 동시에 현재 신에너지 차량을 출시한 자동차는 모두 중국 로컬브랜드이며 해당 브랜드의 소비자 타깃은 자동차 소비자군의 중하층 소비자들이다.

하지만 현재로서 중하층 차량 소비자들은 이런 신에너지차량을 받아들일 가능성이 낮기 때문에 구매나 렌트 모두 가격에 대한 민감도가 아주 높을 것이다. 현지 전문가의 전언에 따르면, 일반소비자는 신에너지 차량 품질에 대한 신뢰 및 사용 편의성과 안전성에 대한 우려로 인해 기존 차량가격에 비해 초과 부담되는 비용은 사용 2년 내 회수할 수 있길 바란다. 예를 들어보자. 상하이에서 루이치瑞麒M1-EV 순수 전기자동차를 구입할 경우 차량 구입가는 14만 98위안에서 22만 98위안으로 국가와 지방정부 보조금을 공제하고 나면 실제 판매가격은 7만 48위안에서 12만 98위안이다. 기존 모델 차량의 6만 8위안에 비해 1만 4위안에서 6만 98위안 비싸 약 23~113%의 가격 차이를 보인다.

사용 코스트를 계산해보면, 14만 98위안에 판매되고 있는 M1-EV의 배터리용량은 15kWh로 100km 주행 시 야간 충전비용은 4.5위안15×0.3이며 일간 충전비용은 9위안15×0.6이다. 매년 1만 5,000km를 주행할 경우 충전비용은 675위안150×4.5 또는 1,350위안이 된다. M1가솔린 차량의 100km당 연비는 5L로 32.5₅L×6.5위안/L위안이며 1년 연비는 1만 5,000km 주행 시 4,875위안이다. 양자 간 연비 차이는 약 4,200위안또는 3,525위안으로 직접적으로 절감된 유지비용으로는 3.3년또는 4년이 되어야 추가비용을 회수할 수 있다. 물론 연간 주행거리가 길면 길수록 추가비용 회수주기는 짧아질 것이다. 그러나 배터리 안정성 및 충전 편의성 등 기타 불확실한 요소가 불식되지 않는 한 소비자들의 실질 구매 가능성은 비교적 낮을 것으로 판단

된다. 당이 결정하면 수익이 없어도 가는 것이 중국이다. 이에 중국은 우선 관공용, 공공용 차량으로 전기차를 투입하고, 시범운행을 점차 확대하면서, 개인구매가 가능하도록 분위기를 조성할 것으로 보인다.

충전 인프라 문제를 교체식 배터리로 해결하다

중국이 세계적으로 논의 중인 배터리 충전방식에 따른 전기차 교체형 또는 일체형 보급과 관련하여, 충전 대신 탈부착이 가능한 배터리 교체형 전기차의 우선 보급에 무게중심을 두고 있다. 이에 베이징, 텐진 등의 도시에서 전기차 배터리 교체를 위한 교환소를 적극적으로 구축한다는 방침이다. 배터리 교체형 전기차는 탈부착할 수 있는 배터리를 통일적으로 회수, 충전시키는 방식으로 전기 사용량이 상대적으로 낮은 야간에 배터리를 충전함으로써 경제성 및 편의성을 갖춘 방식으로 평가되고 있다.

중국국가전망은 배터리 교환을 전기자동차 충전소의 주요업무로 결정하고, 충전 업무를 보조 운영방식으로 결정했다. 국가전망은 곧 베이징, 텐진 등 도시의 전기자동차 충전소에 배터리 교환 및 충전소 서비스 네트워크를 구축할 것이라고 밝혔다. 또한 국가전망은 배터리 장착위치, 남은 전기의 양, 주행 가능거리, 심지어 다음 배터리 교환소의 위치까지 알려주는 칩을 배터리에 장착할 계획이다.

표준화 등 풀어야 할 숙제 산적

중국정부는 충전기둥과 충전소 표준화 작업을 급선무로 꼽는다. 전기차업체가 각기 다른 충전기둥이나 충전소를 세우면 다른 회사 전기차와 호환이 되지 않기 때문이다. 자동차업체의 전기차 충전방식이 제각각인 점도 골칫거리다. 예컨대 중국 체리나 일본 도요타의 플러그인 하이브리드 차량은 중국 비야디의 충전방식과 달라 호환이 안 된다. 전기차나 플러그인 하이브리드마다 배터리 규격이 제각각이어서 배터리 교환도 쉽지 않은 것으로 나타났다.

최근에는 중국과 미국이 리튬이온 배터리 개발 및 보급에 '밀월관계'를 맺으면서, 전기자동차 배터리의 글로벌 표준화 추진에 대한 향방에도 귀추가 주목된다. 지난해 9월에는 미국과 손잡고 바이오연료 공동연구에 착수하는 등 모든 산업분야에서 행보가 빨라졌다. 전문가들은 머지않아 '메이드 인 차이나'가 미래기술의 표준이 될 수 있다는 전망도 하고 있다.

높은 진입장벽, '그들만의 리그'인가?

이는 많은 것을 시사한다. 중국은 전기자동차시장의 진입장벽이 높다. 외국계 기업이 중국에서 전기자동차나 전기자동차 부품을 생산하려면 반드시 중국 로컬업체와 합작해야 하며 중국 측이 51% 이상의 지분을 보유해야 한다. 또한 외국계 기업은 배터리나 모터, 제어시스템 중 반드시 한 가지 이상 지적재산권이 있어야 한다. 이 조건에 부합하지 않으면, 중국정부의 어떠한 혜택도 받을 수 없다.

결국 관련 기술을 중국의 업체로 넘겨야 시장을 공략할 수 있다는 논리다. 이는 독자기술 확보와 차세대 자동차시장 주도라는 중국정부의 목표와 맥을 같이 한다. 더욱이 중국은 정부 차원에서 전기자동차 기술의 국제 표준을 주도하려 한다. 그렇기 때문에 한국은 더욱 효과적이고 전략적인 카드를 마련해야 한다.

'전략적' 기술이전으로 '효과적' 시장진출 노려야

자동차산업 및 관련 부품산업은 한국경제에서 중요한 달러박스이자 지주산업이다. 중국이 이미 세계 최대 자동차시장으로 떠올랐다. 전기자동차시장에서도 선두를 달릴 가능성이 크다. 따라서 한국 자동차산업에서 중국 전기자동차시장 진출은 이젠 전략이 아닌 생존을 위한 과제나 마찬가지다.

중국 전기자동차시장이 갖고 있는 진입의 특수성을 고려하면 국내 완성차업체나 부품업체가 독자적으로 중국진출을 시도하기에는 많은 어려움이 있다. 중국진출에 있어서 고려할 점은 우선 과거 지적재산권 침해로 인한 보수적인 시각에서 개방적인 사고로 전환해야 한다는 것이다. 기술과 시장을 바꾸는 과감한 결단이 필요하다는 얘기다. 줄 것은 줘야 원하는 것을 요구할 수 있다. 핵심은 기술유출이 아닌 효과적인 기술이전 방법이다. 이에 대한 연구가 시급하다.

또 하나, 한국기업의 중국 전기자동차시장 진출은 이제 막 걸음마 단계다. 이 때문에 산·학·연이 공동으로 전기자동차 기술개발과 시장진입 전략 등 관련 연구를 진행해야 한다. 이 과정에서 한국정부의 적극적인 지원과 조율이 필요한 것은 말할 것도 없다.

Chapter 6
신소재산업:
신소재로 황하문명의 재건을 꿈꾸다

인류의 변화가 신소재로 다시 시작되고 있다

　인류 발전에 있어 소재의 발견은 시대의 흥망성쇠를 결정해왔다. 청동기를 발견한 문명은 석기문명을 몰락시켰으며, 철기문명의 도래는 다시금 청동기문명을 역사의 뒤안길로 사라지게 했다. 석기에서 청동기 그리고 철기시대까지를 고대문명으로 구분하면 19세기 근현대사의 혁명적 발견은 석유다. 석유화학의 발견은 인류에 또 다른 전환의 기회를 주었다. 전 세계 석유매장량의 60%를 차지하는 중동 걸프만 지역은 세계의 큰손으로 부상했고, 이를 통제하는 미국은 세계의 중심으로 세계경제질서를 재편했다.

　21세기, 기술진화에 대한 인류의 욕망과 자원의 희소성에 대한 인류의 도전은 신소재시대로 진입하게 된다. 그린에너지시대의 서막을 연 태양열, 풍력 등의 신재생에너지, 최근 중·일 관계 등으로 이슈가 되고 있는 희토류소재, 기름 대신 태양을 먹고 달리는 전기자동차, 인류 생명연장을 꿈꾸는 바이오산업의 인공장기 모두가 신소재의 개발로 시작되었고, 미래 상용화 여부도 신소재 추가 개발 여부에 판가름 날 것이다.

중국도 일찍부터 신소재개발에 뛰어들었다. 중국정부는 1986년 신소재산업에 대한 육성정책을 수립해 2010년에 들어서 미래 중국의 100년을 그리는 7대 신성장산업 중에 신소재 영역이 핵심분야로 지정되었다. 중국정부는 2015년까지 7대 신성장산업 분야의 생산규모를 전체 GDP의 8%까지 확대하고, 2020년에는 15%까지 확대할 계획이다.

2001년 100억 위안에도 미치지 못하던 중국 신소재산업의 규모가 2010년 823억 위안으로 확대되었고, 정부의 계획대로라면 2012년에는 1,300억 위안22조 원을 돌파할 것으로 전망된다. 중국공신부의 발표에 의하면 12차 5개년 계획기간 동안 중국의 신소재산업 규모는 2조 위안334조 원에 달할 것으로 예측되며 연평균 성장률은 25%를 넘어설 것이라 한다.

중국의 신소재산업의 현주소와 미래의 중국정부가 그려나갈 신소재산업의 발전방향은 한국업계에 시사하는 바가 크다. 한국정부가 지정한 미래 선도산업은 중국정부의 7대 신성장산업과 매우 흡사하다. 적과 자신을 알고 임하는 전투는 패하지 않는다고 한다. 중국이 우리에게 기회가 될지 적이 될지는 지켜봐야 할 일이지만, 우리 스스로 전투에 나설 준비가 되어 있는지 냉정히 물어야 할 때인 것은 확실해보인다.

중국의 신소재산업은 미래 100년을 그리는 청사진

원자재와 신소재의 구분은 무엇일까? 신소재의 정확한 의미에 대해 학계의 의견도 분분하거니와 산업적 분류의 특징으로도 다양한 정의가 가능하다. 하지만 가장 이해하기 쉽고 정확한 정의는 '새로운 소재의 발견과 기존소재의 변형과 합성을 통한 기술적 진일보'라 할 수 있을 것이다. 예를 들어, 철의 발견은 청동의 희소성과 강도를 극복했다. 기술의 진보는 철의 단점인 무게를 극복하기 위해 알루미늄을 개발했고, 녹슬지 않는 스테인리스로 발전했다. 최근에는 이 두 가지 장점을 하나로 묶어 티타늄이라는 신소재가 탄생해 공업제품 전반에 사용되고 있다.

이처럼 21세기에 접어들어 신소재의 활용영역은 헤아릴 수 없을 만큼 다양해졌다. 재생에너지 발굴의 필요성에 대한 범세계적 인식변화와 첨단장비 등의 기술진화에 대한 인간의 끝없는 욕망이 신소재산업을 다시 한번 부흥시키고 있다. 이렇게 신소재산업은 또 한 번 르네상스의 시대로 접어들고 있다.

신소재산업은 이미 우리의 생활에서도 깊숙이 자리 잡고 있다. 최근 들어 하드웨어의 혁명은 서서히 막을 내리고 있는 것 같다. 앞다투어 출시되는 스마트폰과 태블릿PC 외관의 최근 변화를 관찰해본 적이 있는가? 한 손으로 들기도 어렵던 크기와 무게의 휴대폰은 끊임없는 하드웨어의 혁명으로 현재의 스마트폰 외형이 완성되었고, 외관의 혁명적 변화는 이미 임계치에 다다랐다. 최근 들어서는 '더 얇고 가볍게, 그리고 특별하게'가 현재 제품성패의 최종요인이다. 이는 신소재의 발견과 개발에서만 가능하다. 맥북과 아이폰의 디자인 혁신으로 세계적으로 추앙받는 조나단 아이브 애플 수석디자이너는 몇 해 전부터 광물에 의한 신소재연구에 박사급 대우를 받는 사람이다. 그는 2001년 맥PC의 티타늄을 시작으로 아이폰4의 알루미노규산염, 폴리머까지 신소재의 끊임없는 관심과 연구로 애플의 디자인을 이끌고 있다. 신소재는 우리의 눈이 닿지 않는 부분부터 손끝이 맞닿는 곳까지 우리네 일상 깊숙이 이미 자리 잡았다.

신소재는 산업 전반에 폭넓게 사용되고 있어 산업분류에 있어 모호함이 있지만 업계 내에서는 크게 소재의 종류와 구조적인 특징, 그리고 사용영역의 카테고리로 분류된다.

소재 종류의 구분으로는 형상합금기억장치 등의 금속소재가 있고, 인공치아와 전열제 등의 분야에 사용되는 파인세라믹스소재, 두 가지 이상의 재료가 조합되어 유효한 기능을 발휘하는 복합소재가 있다. 그 밖에 나노미터소재, 고분자소재 등으로도 나누어진다.

일반인들이 알기 쉬운 신소재 분류는 소재 사용영역에 의한 분류다. 신소재가 사용되는 영역은 크게 하이테크놀리지 및 IT제품, 신에너지, 건축자재, 의학재료 및 바이오, 우주항공, 첨단장비, 환경 관련 등이 대표적인 영역이고 대부분이 중국 7대산업 영역의 핵심분야다.

중국의 고속성장 뒤에 정책 당국의 남모를 고민과 시름이 깊어져간다. 바로 지속성장에 관한 고민인데 중국은 더는 염가의 노동력과 생산자본으로 무장한 수출에 치우친 성장을 지속할 수 없다는 한계를 인지하고 있다. 주요 수출시장인 미국, 유럽 등의 수출시장도 회복될 기미가 보이지 않고, 위안화 절상 압력, 급격한 노동임금 상승의 외부적 요인까지 더해져 '제조대국', '세계의 공장'이라는 중국에 대한 수식어가 차이나 리스크 China Risk라는 이름으로 새롭게 재조명되고 있다.

중국은 지속 가능한 성장모델을 만들기 위해 저부가가치산업에서 고부가가치산업으로의 산업재편과 구조조정이 시급하며 이는 중국의 미래가 달린 사활이다. 중국정부는 7대 신성장산업으로 미래의 100년을 준비하고 있으며, 이 7대 신성장산업의 근간이 되는 산업이 신소재산업이 될 것이다. 신소재산업은 첨단산업의 비타민으로 불리며 중국의 미래를 그리고 있다.

신소재산업은 7대 신성장산업의 핵심 후방산업이다. 중국정부가 신성장산업으로 지정한 7대산업은 차세대 기술영역이며 이는 새로운 영역에 대한 도전이다. 이전 소재의 상태나 제조조건 전반의 극한화가 반드시 필요하다. 신소재 영역의 개발이 없는 신기술 원천은 현실화될 가능성이 없다. 또한 최근 전 세계 자원전쟁으로 번진 희토류 일례에서 확인되듯 신소재의 원활한 공급은 관련 산업의 국제 경쟁력과 최종 가격에 결정적인 역할을 할 것이다.

신소재 부문의 연구와 개발은 미국, 유럽, 일본 등의 선진국에서 시작됐고 기술력과 생산규모도 이들 국가에서 주도하고 있다. 하지만 중국은 이미 기초 원재료의 최대 생산국인 동시에 최대 소비국으로 자원의 블랙홀로 불리고 있다. 신소재 분야에서 중국과 선진국 간의 기술격차가 크지만 중국의 추격속도가 놀랍다. 최근 수년간 중국 신소재 제품의 시장성장률은 10% 이상의 수준을 유지했고, 그중 정부가 지정한 핵심 신소재시장의 연평균 성장률은 20% 이상이다. 중간재를 포함한 소재 분야의 중국 내 GDP 비중은 28%에 달한다.

중국 신소재산업 발전에 관한 세 가지 필요충분 조건

중국발개위의 보고에 따르면 2010년 중국 신소재산업 규모는 800억 위안(13조 원)을 돌파했고 2015년에는 2,000억 위안까지 시장을 확대할 것이라고 한다. 중국 신소재산업은 연간 20%의 성장을 지속하고 있다. 중국이 신소재산업에서 이와 같은 고성장을 지속할 수 있는 요인은 무엇일까?

신소재와 같은 첨단소재산업이 발전하기 위해서는 세 가지 필요충분 조건이 충족되어야 하는데 중국은 전 세계 그 어느 국가보다 이러한 성장조건과 산업발전에 필요한 구조적 인프라를 잘 구축하고 있다.

첫째, 지하자원이 풍족하다. 중국의 희귀금속 매장량은 전 세계 40%에 육박한다. 그중 희토류, 텅스텐, 몰리브덴 등의 전략광물 매장량도 세계 1위를 점하고 있고 희토류, 텅스텐, 안티몬의 생산량은 전 세계 90% 이상이다.

둘째, 13억의 내수시장과 도시화 등의 큰 시장이다. 신소재산업의 가장 큰 난점은 초기 생산비용이 비싸 기존소재에서 신소재로의 변화과정에 가격부담이 크다는 것인데, 중국의 13억 계산법으로 푼 나눗셈은 생산비용 축소에 중국만이 갖는 가장 큰 장점이 될 수 있다.

마지막으로 정부정책과 중국의 구조적 특징이다. 미국과 유럽지역은 1980년대 초반부터 21세기 핵심전략산업 육성이라는 목표로 신소재산업을 육성해왔다. 하지만 2008년 금융위기 이후 정부의 지원금이 대폭 축소되었다. 중국은 2020년까지 7대 신성장산업 규모를 17조 위안(2,800조 원)까지 확대할 계획이다. 이를 위한 정부의 신소재산업 지원방안으로 막대한 보조금정책이 하나둘 시행되고 있다.

중국의 독특한 사회주의 시장경제 체제는 관련 산업 육성에 큰 강점이다. 신소재산업의 기술에 대한 특허권 공유 및 특화된 기업의 연구개발 비용, 기술 표준화 문제 등은 선진국에서 풀지 못한 난제다. 하지만 중국의 신소재기업은 대부분이 중앙정부와 지방정부의 국유기업이 중심이며, 정부가 기업의 특허권 공유와 공동기술개발을 주도하여 제품의 생산원가 하락과 기술개발 속도와 방향에서 그간 선진국에서 찾아볼 수 없었던 시너지효과가 나타날 것으로 기대된다.

중국정부의 신소재산업 육성정책

미국, 유럽, 일본을 포함한 주요 선진국은 하이테크기술과 선진소재를 미래국가 전략산업으로 지정해 장기간 육성해왔다. 예를 들어 미국 같은 경우 '미래 공업소재 계획', '나노미터기술 연구방안', '미래 자동차소재 육성계획', '차세대 조명 계획' 등이 있고, 일본과 EU도 '나노미터소재 육성 계획', '신철강소재 개발 계획', '유레카 계획' 등이 있다. 한국도 2010년 들어 신소재와 관련한 미래산업 육성에 관한 갖가지 정책을 쏟아내고 있다.

중국정부의 산업 육성정책은 선진국가와 다른 몇 가지 특징이 있다. 중국은 사회주의 국가체제를 지속하고 있기 때문에 정권의 교체와 정치노선의 변화가 없다. 3~5년짜리 임기의 정책이 아니라 30~50년의 미래를 생각한 정책이다. 중국의 신소재산업 육성정책 역시 20여 년을 거슬러 올라간다. 1986년 덩샤오핑 주석은 중국 원로과학자 4명이 완성한 중국 첨단과학산업 육성의 필요성에 관한 책 한 권을 받아들고 중국 미래산업에 대한 100년의 계획을 준비했고 이를 '863계획'으로 이름 지었다. 1986년 3월에 제정되어 '863계획'으로 불린 이 계획은 미래 중국의 100년을 그리는 첫 번째 하이테크산업 육성정책으로 그 상징적 의미가 크다. 또한 '863계획' 전체 항목 중 13.9%를 신소재 관련 산업으로 지정하여, 농업14.3% 다음으로 가장 많은 비중을 차지했으며 투입 경비 면에서는 가장 높은 비중을 차지했다.

1997년 3월 '973계획'에서는 핵심 기초과학기술 연구발전에 치중하였고, 그중 횃불계획에서 신소재산업 육성에 대한 구체적인 방향이 제시되었다. '863계획'과 '973계획'은 현재까지도 예산이 집행됨은 물론 지속적으로 보완되고 있으며 현재 신소재산업 육성정책의 뿌리도 이 정책에 있다.

2007년 국무원은 정보, 바이오, 항공기술우주, 신소재, 선진에너지, 현대농업, 선진제조, 선진환경보호 등의 10대산업을 우선 발전산업으로 정했으며, 그중 신소재와 관련된 항목이 24개나 되었다. 같은 해 발표한 11차 5개년 계획에도 신소재산업이 중점 육성산업으로 선정되었다.

2010년 10월 국무원은 '전략성 신흥산업의 빠른 육성과 발전에 관한 국무원의 결정'을 발표해 12차 5개년 계획기간 동안 '7대 신성장산업'을 국가 중점 발전산업으로 최종 확정하였다. 그중 신소재산업 육성정책은 다섯 가지 산업의 초석을 다지는 산업으로 강조되었다. 12차 5개년 계획의 신소재산업의 세부적 육성정책의 방향은 발표되지 않았지만 관련 부서의 초고와 고위급 인사들의 설명을 통해 신소재산업 육성정책의 큰 그림은 분명해졌다.

중국정부는 12차 5개년 계획기간 동안 신소재의 다양한 부분을 육성시키기보다는 7대 신성장산업과 연관관계가 높은 6대 영역의 산업을 집중적으로 육성할 계획이다. 6대산업은 크게 교통설비, 그린에너지, 환경자원, 민생산업, 국방 분야, 스마트 그린 기술로 나누어지고 세부적으로는 12가지 분야가 있다.

중국의 신소재 클러스트와 기술연맹 확대는 중국정부의 신소재 육성방향의 핵심노선이다. 지방정부는 부지건설과 세금 등의 각종 혜택을 바탕으로 산업기지를 유치하고 기업들은 기술공유와 시너지 창출 등의 이익을 도모한다.

- 12차 5개년 계획의 신소재 육성분야

분야	신소재 중점 사용범위
교통설비	경량화 자동차, 고속철도, 원양 화물선 등
그린에너지	LED, 풍력전기, 태양에너지 및 그 에너지량 비축시스템 등
환경자원	마그네슘, 희토 등 축척량이 풍부한 자원소재를 이용해 청정석탄 화학공업 등에 사용
민생산업	녹색건설소재, 문화 콘텐츠 등 새로운 디스플레이소재에 사용, 바이오 의학재료와 의료기기설비 등에 사용
국방분야	스마트소재 건설과 선진 제조기술, 고온초전도와 고효율에너지 소재기술, 나노미터소재와 부품, 광전자 정보와 특수성능소재와 고성능구조소재 등 5개 분야에 중점 사용
스마트 그린	마이크로 전자와 광전자소재의 부품, 나노미터소재와 부품 등에서 세계 선진기술을 지닌 신소재와 스마트 그린 제조시스템을 형성

자료: 중국국무원, 발개위 발표 종합, CEFRI

중국은 이미 광저우, 길림, 강소와 랴오닝성 등 동부성에 일정 정도의 신소재산업단지를 형성하였고, 각급 지방정부의 신소재산업 발전정책에 의거해서 산업구성이 서로 다른 양상을 보인다.

네이멍구 바오터우시는 대대적인 희토산업단지를 조성하고, 광저우시는 신소재산업국가 첨단기술 산업기지, 지린시는 국가 탄소섬유 하이테크기술 산업화기지 형성, 랴오닝성은 파인세라믹 하이테크기술화기지를 세웠다. 이렇게 신소재산업은 동부지역에 서로 다른 산업기지를 집중적으로 발전시키는 양상을 보이고 있다.

• 신소재산업 주요 거점

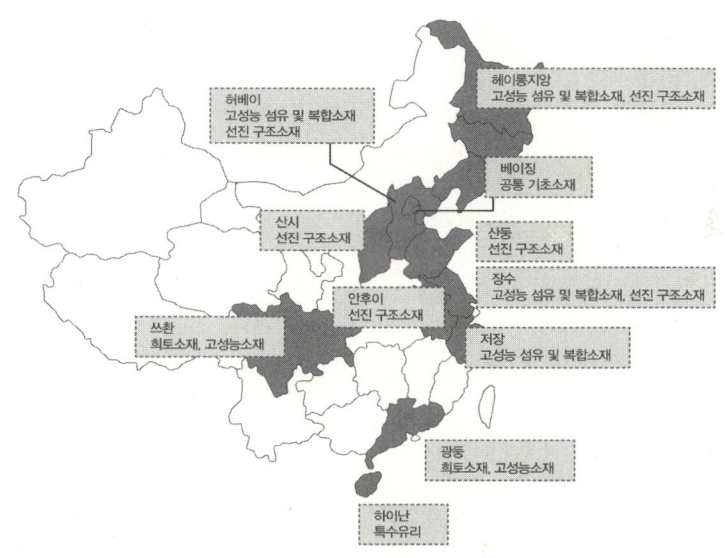

자료: 평안증권연구소, CEFRI

2010년 이후 12차 5개년 계획에 대한 실질적 조치가 시행되면서 중국 중앙정부는 각 성시급 지방정부와 산업단지 유치를 확대하고 있다. 2011년 상반기에만 7개의 신재료 산업단지 기지가 설립되었고, 70여 개의 신소재산업 특구 및 기술연맹이 맺어졌다.

기술연맹지역으로는 장강삼각주 자동차재료 화공신재료연맹과 환보하이 반도체 신소재연맹, 주강삼각주 신소재기술연맹이 정부의 주도 아래 특화된 기술연맹으로 공동의 번영을 꾀하고 있다.

중동에는 석유가, 중국에는 희토가 있다

산업의 비타민 희토류 금속

1992년 중국 지도부의 남순강화 과정 중에 중국의 100년을 그린 지도자 덩샤오핑은 "중동에 석유가 있다면, 중국에는 희토가 있다"라는 역사적 명언을 남겼다. 20년을 내다본 그의 혜안에 탄복하지 않을 수 없다. 중국과 덩샤오핑에 대한 우리의 이해가 부족했다. 20년을 되짚어보니 덩샤오핑의 선견지명보다 중국정부의 철저한 계획 속에 진행됐던 희토류 육성정책에 섬뜩함이 앞선다.

1992년 당시 덩샤오핑이 인식한 희토류의 비중은 점진적 탐사가 있기 전이므로 어림잡아 현재의 20% 남짓이었을 것으로 추측된다.

중국의 정책계획은 백년지대계다. 아무런 기술력 없이 13억이라는 숫자의 힘을 빌려 경제발전을 시작한 중국이 가지고 있던 건 자원이었다.

중국이 장기적 계획으로 희토류생산을 시작했고, 미국을 비롯한 전 세계의 채광활동은 중국과의 가격 경쟁력에 뒤처지면서 하나둘 문을 닫았다.

20년 후 현재 중국이 희토를 무기로 전 세계에 으름장을 놓지만 미국도 일본도 뾰족한 방법이 없다. 당장 미국과 호주가 희토류채굴을 계획하고 있지만 선진국에서 경쟁력 있는 희토류채굴은 사실상 불가능하다. 만약 가능하다 하더라도 희토류채굴과정은 10년 이상의 기술과 노하우가 축적되어야만 하는 채굴공정의 특성이 있다.

희토류稀土類, Rare Earth Elements의 영어 이름을 풀이하면 땅속에 거의 없는 물질이라는 뜻이다. 그만큼 희소가치가 있는 금속의 총칭이다. 희토류는 희소금속의 일종으로 원소기호 57에서 71까지의 란탄계 원소 15개와 21번 스칸듐, 39번 이트륨으로 구성된 총 17개의 원소를 지칭한다.

희토류는 1787년 스웨덴 육군 소위가 스웨덴 근처의 장석광산에서 흑색광물 가돌리나이트Gadolinite를 채광하면서 발견됐다. 이후, 1974년 핀란드 화학자 요한 가돌린Johann Gadolin이 이트륨 산화물을 분리하는 데 성공했으며, 1880년대에 들어 스웨덴과 노르웨이가 모나자이트에서 희토류원소를 추출하는 데 성공했다.

최근 중국과 일본과의 영토분쟁으로 유명세를 탄 희토류는 그 유명세만큼이나 전기자동차, 풍력에너지, 레이저 등의 첨단장비의 핵심원료로 사용되며, 국방무기 분야에서도 전투기, 미사일, 야간투시경에까지 희토류의 사용범위는 방대하다. 21세기 고부가가치 신성장산업의 핵심비타민이라 불리는 희토류는 미국, 일본, 한국 등에서 이미 전략물자로 지정되어 있다.

희토류금속은 다른 금속에 비해 활성도가 높고 합금이 쉬워 산화물로서 안정적인 특징을 가진다. 또한 희토류는 화학적으로 안정적인 기초 아래 열이나 전류를 잘 전달하는 장점이 있어 첨단산업 전반에 산업의 비타민에 해당하는 역할을 하고 있다.

희토류는 LCD, LED, 스마트폰, 군사무기, 전기 및 하이브리드자동차, 풍력에너지, 태양력에너지 등의 첨단산업의 핵심부품으로도 사용된다. 이뿐 아니라 항공기, 형광물질, 화학정제, 촉매물질, 세라믹 유리, 산화제, 연마제, 세라믹 안료, 레이저, 카본램프, 용접 첨가제, 핵연료, 핵제어봉, CD, 광통신, 의료기기, 적외선 기기 등 희토류의 사용처는 이루 말할 수 없을 만큼 광범위하다.

관련조사에 의하면 현재 희토류소비의 30%가량이 영구자석을 만드는데 사용된다. 도요타의 전기자동차 프리우스 한 대에 들어가는 영구자석은 네오디뮴, 프라세오디뮴, 디스프로슘 등의 희토류가 0.9kg에서 1kg까지 필요하고, 2차전지 부분에서는 한 대당 10~15kg의 란탄을 비롯한 희토류가 필요하다. 풍력발전기에는 대용량 영구자석 설치가 필수적인데 이 영구자석의 30%는 희토류로 구성된다.

희토류는 IT 한국의 핵심부문인 LCD, LED, 스마트폰을 비롯해 각종 IT 산업 전반에 두루 사용되고 있다. 각종 신소재의 집합체로 불리는 애플의 아이폰에도 5가지의 희토류가 사용되고 있으며, LED, OLED 등의 핵심 발광물질은 희토산화물의 변형 없이는 현재의 선명도를 유지할 수 없다.

희토류가 미국 등의 선진국에서 전략물자로 분류된 데에는 희토류가 군사무기의 핵심연료로 사용되기 때문이다. 보잉사의 제트기용 정밀 유도폭탄 방향조절장치에 필요한 미세자석이 희토류의 네오디뮴이고, 각종 미사일의 유도시스템과 전자시스템, 레이저 등에도 희토류가 반드시 필요하다. 이뿐 아니라 야간투시경 등에 필요한 형광 희토류소재까지 포함해 희토류는 군사무기 전반에 핵심소재로 널리 사용되고 있다.

· 희토금속 원소주기표 및 주요 사용처

분류	원소번호	원소기호	원소명	중문명	사용용도
경희토	57	La	란타넘	镧	촉매, 발광체, 초전도체, 광학렌즈, 충전지
	58	Ce	세륨	铈	촉매, 발광체, 유리연마재, 전지
	59	Pr	프라세오디뮴	镨	영구자석, 촉매, 유리연마재, 경공업 재료
	60	Nd	네오디뮴	钕	영구자석, 유리연마재, 레이저
	61	Pm	프로메튬	钷	영구자석
	62	Sm	사마륨	钐	경공업 재료
	63	Eu	유로퓸	铕	발광체, 경공업 재료,
	64	Gd	가돌리늄	钆	경공업 재료
중희토	65	TB	테르븀	铽	광자기, 영구자석
	66	Dy	디스프로슘	镝	영구자석, 콘덴서
	67	Ho	홀미움	钬	레이저
	68	Er	에르비움	铒	유리연마재
	69	Tm	툴륨	铥	레이저
	70	Yb	이테르븀	镱	레이저
	71	Lu	루테튬	镥	기타
	21	Sc	스칸듐	钪	기타
	39	Y	이트륨	钇	발광체, 경공업 재료, 레이저, 초전도체

자료: 중국국자위 자료 등을 종합

희토류채굴공정의 비밀

희토류는 결합되어 있는 원소의 물리 화학적 성질이 비슷하고, 정련과정에서 방사선 물질이 혼합되어 채굴 및 정련과정이 위험할 뿐 아니라 고도의 기술력과 노하우를 요구한다. 희토류채굴과정의 이러한 특징으로 중국이 전 세계를 상대로 희토 무역전쟁을 할 수 있는 것이다.

중국이 희토류 수출쿼터를 줄이는 정책 때문에 전 세계적으로 희토류 기근현상이 일어나자 미국, 호주를 비롯한 선진국이 2011년부터 자국 내 희토류생산계획을 실행했다. 한국과 일본도 주요 자원개발업체의 지분투자에 참여해 공급루트를 찾고 있지만 10년 내에는 중국이 그리는 정책방향에 맞추어 세계시장이 움직일 수밖에 없다.

희토의 채굴 및 정련과정은 '채굴 → 분리 → 정련 → 합금화 → 최종수요'의 다섯 가지 단계로 나눌 수 있다. 하지만 이 과정에는 심각한 환경

• 희토류채굴 및 정련과정

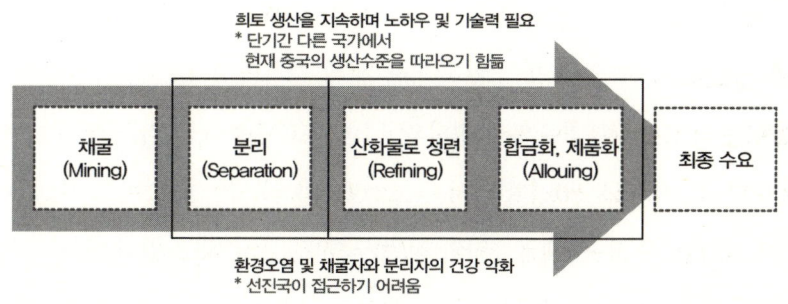

자료: CEFRI

파괴와 노동자의 건강문제가 유발되며, 고도의 기술력과 장기간 축적된 노하우도 겸비해야 경제적 가치를 가진 채굴 및 정련을 할 수 있다.

우선 채굴된 희토류를 분리하는 과정에서 방사능과 오염물질이 발생한다. 중국 희토류 부존량의 83% 비중을 차지하는 네이멍구 지역 보건기관 조사에 의하면 중국이 본격적인 희토류채굴을 시작한 1997년부터 2008년까지 확인된 진폐증폐에 분진이 침착하여 조직 반응이 일어난 증상 환자는 3,412명이고, 접수된 1만 5,541건의 직업병 중 95.17%인 1만 4,709명이 진폐증 의심 환자다. 이 밖에 확인되지 않은 방사능에 대한 오염도 심각한 수준일 것이라 짐작된다.

희토류채굴은 복싱과도 비슷하다. 그만큼 체력소모가 심하다. 1인당 소득이 1만 5,000달러를 넘어 삶의 질을 중요시하는 단계로 접어들면 건강을 담보로 희토류를 채굴할 노동자가 없어진다. 미국과 호주가 2000년대 중단한 희토류채굴을 다시 시작하기에 겉으로 드러나지 않는 이러한 문제에 봉착하게 될 가능성이 크다.

희토류생산과정 중 정련 부분과 합금화 단계는 고도의 기술력과 장기간 축적된 노하우가 필요하다. 중국도 1990년부터 본격적인 채굴에 들어가 산화물로 정련하고 합금화 과정에 대해 정부의 전폭적인 육성정책이 있었고 수많은 시행착오와 환경파괴, 각종 사고 등을 겪었다. 중국은 현재 이러한 희토류채굴 20년의 역사가 고스란히 축적되어 있으며 그 어느 나라도 범접할 수 없는 채굴능력과 정련기술력을 보유하고 있다. 미국의 모 컨설팅회사는 미국이 중국 수준의 희토 정련기술을 갖기 위해서는 10년의 시간이 소요될 것이라고 전망하였다. 앞으로 10년은 지금 같은 중국의 희토류생산 독주현상에 큰 변화가 일어나기는 어려울 것 같다.

중국, 희토류 부문에서 네 가지 세계 1위

중국은 희토류 부문에서 네 가지가 세계 1위 자리에 올라 있다. 매장량, 생산량, 수출총액 그리고 자국 내 희토류소비량이다. 중국이 차지하는 이 네 가지 세계 1위를 종합해 생각해보면 중국과 세계가 얽혀져 있는 희토류 문제의 매듭을 풀어나갈 수 있다.

중국의 국태군안国泰君安, Guotai Junan증권의 보고서에 따르면 현재 중국의 희토류 보존량은 3,600만 톤에 이르며, 이는 전 세계의 56.7%의 비중을 차지한다고 한다. 하지만 중국의 희토류 연간생산량은 12만 톤으로 전 세계 생산량의 95%를 차지한다. 만약 중국이 현재의 매장량을 기준으로 생산수준을 지속하면 15~20년가량이면 중국 희토류 매장량은 바닥이 난다. 세계적으로 희토류 수요가 급증하는 추세라는 점을 감안한다면 앞으로 10년 언저리에 중국의 희토류 매장량은 중국 내 수요도 소화하기 힘들 것이다. 중국이 희토류채굴을 줄이는 이유를 엄살로만 받아들일 수는 없다.

중국이 희토류 부분에서 차지하고 있는 또 다른 세계 1등은 해외 희토류 수출과 자국 내 희토류소비량이다. 학회의 보고에 따르면 2005년부터 중국의 희토류 수요는 전 세계 수요의 50%를 초과했다. 2010년 중국 정부가 지정한 희토류채굴 범위는 경희토와 중희토를 포함해 8만 9,200톤가량이다. 정부의 쿼터를 넘어선 부분까지 감안한 실제 채굴량은 12만

• 세계 희토류 매장량 비중   • 세계 희토류 생산량 비중

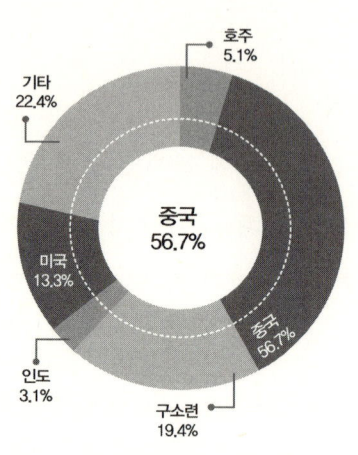
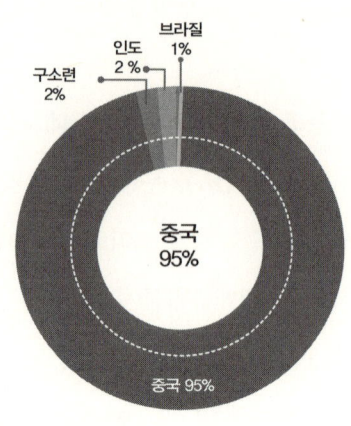

자료: 중국국태군안(国泰君安, Guotai Junan), CEFRI

4,800톤가량이고, 이 중 중국 내 소비량이 60%인 7만 톤 이상으로 추정된다. 중국 희토류소비는 1990년부터 지속적으로 증가하다가 2007년을 기점으로 큰 폭으로 상승하였다. 이는 희토류의 주요 사용처가 TV, 휴대폰 등의 IT제품이며, 중국정부가 지정한 7대 신성장산업의 핵심분야인 태양광, 풍력, 전기자동차에 희토류가 핵심원료가 되면서 그 수요가 급증한 것이다.

2011년 중국은 불과 6년이라는 시간에 휴대폰 가입자 수가 9억 5,000만 명을 돌파했고, 2010년 한 해 1,865만 대의 자동차와 1억 792만 대의 TV가 중국에서 생산되고 소비됐다. 중국의 1인당 GDP는 2011년에 4,000

• 희토류 소비추이와 전망

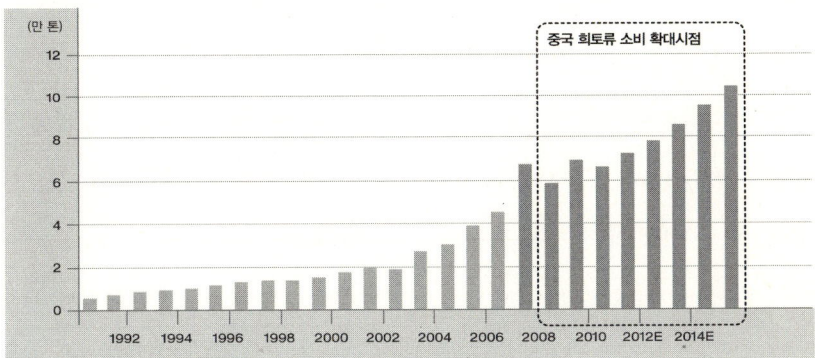

자료: GWEC

달러에 들어섰다. 내수시장의 본격적인 성장은 지금부터가 시작이다. 내수확대와 더불어 도시화, 7대 신성장산업에서 오는 중국 내 희토류소비는 2015년까지 11만 톤까지 확대될 것이라 전망한다.

2007년부터 시작된 중국정부의 희토류 관련 정책에 미국, 일본 등의 강대국의 압력이 높아지고 있지만 중국은 단 한 차례도 양보한 적이 없다. 희토류는 중국정부가 기필코 사수해야 할 핵심영역이다. 앞으로도 희토류와 관련해 중국정부가 한발짝 물러서 상대국과 체면치레를 주고받는 타협안이 나올 가능성은 낮아 보인다.

지나간 옛이야기지만 1980년대까지만 해도 전 세계 희토류채굴은 미국이 독점하고 있었다. 우라늄광산 개발 중 마운틴 패스Mountain Pass라는 광산에서 대량의 희토류를 발굴한 미국은 당시 컬러TV 등에 사용되는 전 세계 희토류 수요 50% 이상을 소화했다. 이후 2000년대 초반까지 미국을 비롯한 구소련, 호주 등의 광물자원이 풍부한 국가에서 채굴의 경제적 특징을 가진 희토류채굴산업이 발전되어갔다.

중국은 중국정부의 강력한 지원 아래 1990년대 초반부터 희토류채굴이 시작되었다. 당시 중국정부는 선진국과 중국의 기술력 차이를 인지하고, 국가 백년지대계의 장기적 선진기술 육성정책덩샤오핑의 지시로 '첨단기술 연구발전 계획', '핵심분야에 역점을 둔다'는 방침에 따라 7개 영역에서 15년 내에 국제수준을 따라잡아, 다른 나라와의 기술격차를 줄이고 21세기 초의 경제발전과 국방안전을 도모한다는 계획을 펼쳐왔는데 그중 희토류채굴확대 계획은 신소재개발과 전략자원 육성 등의 목적으로 핵심 정책사항 중 하나였다.

중국이 희토류생산을 단기간에 확대할 수 있었던 이유는 크게 4가지 장점이 십분 작용했다. 첫 번째는 중국 내 희토류 분포도에 있다. 중국은 네이멍구 지역에 중국 희토류의 80%가량이 집중되어 있어 산업단지를 육성하고 개발하는 데 미국보다 효율성이 높았다. 둘째로 중국의 희토류는 지표면에서 깊지 않은 곳에 매장되어 있다는 특징이 있다. 이는 희토류 매장지역 탐사에 상당한 속도와 채굴비용 절감의 효율성이 있었다. 실제로 네이멍구 지역에는 간단한 장비로 희토류채굴이 가능해 불법채굴이 정부의 큰 골칫거리기도 하다. 셋째로 정부의 육성정책이다. 초기 중국의 희토류채굴에 나선 기업의 대부분은 국유기업이었으며, 정부는 공동의 연구센터와 일괄된 계획으로 경쟁에서 오는 낭비를 최소화하고 관련 기업 간의 시너지를 높였다. 마지막으로 저임금노동자의 강점이었다. 개혁개방의 선부론덩샤오핑이 주창한 개혁개방의 기본원칙 중 하나로 동부연안이나 주요 개발지역을 먼저 발전시켜 부를 전이시키겠다는 중국 경제정책의 핵심논리에 입각한 정책으로 개발정책에서 제외되었던 네이멍구 지역은 고용비용 및 생산단가가 낮았으며 미국 등의 선진국과 대비해 가격적 우위를 점할 수 있게 되었다.

이러한 중국의 희토류생산 확대는 가격과 물량면에서 미국 등의 경쟁국을 압도했다. 미국은 1990년대 초반부터 주요 희토류채굴업체가 문을 닫기 시작했고, 1992년 희토류채굴을 전면 중단했다. 중국은 희토류생산의 시작에서 생산량으로 세계시장의 90%에 육박하는 점유율을 기록하는 데까지 고작 10년이라는 시간밖에 걸리지 않았다.

중국의 희토류산업 육성과 보호정책

2010년 9월 일본이 중국에 무릎을 꿇었다. 중국과 일본 간의 센카쿠열도를 둘러싼 영유권분쟁 과정에서 일본이 중국선원들을 구속하자 중국이 대일본 희토류 전면 수출금지라는 카운터 펀치로 일본의 자존심을 한방에 KO시켜버린 것이다. 그 어떤 외교적 압박에도 굴하지 않았던 일본의 영토확장 야심이 어찌하여 저렇게 쉽게 무너질 수 있었을까?

일본은 2차전지, LED, 풍력 등에서 세계 1위의 기술력을 보유하며 전 세계에 관련 상품을 수출하고 있다. 하지만 중국이 일본에 희토류공급을 중단한다면 일본 희토류 수입의 90%가량을 차지하기 때문에 관련 업체들은 생산 자체가 불가능해진다. 중국정부의 희토류 정책이 세계경제의 판도를 바꿀 만큼 중요해졌다는 것을 증명해주는 사건이었다.

중국의 희토류에 관한 정책은 국무원에서 전체적인 그림을 그리고 수출 분야는 상무부, 관리는 공신부에서 담당한다. 그리고 수출쿼터에 대한 심사 및 연구는 우광그룹의 산하에 있는 수출쿼터심사위원회에서 진행한다. 한 가지 독특한 점이 있다면 중국의 희토류에 대한 대외적인 발언이나 정책발표를 후진타오 주석이나 원자바오 국무총리가 아닌 리커창 국무원 부총리와 상무부의 천더밍 부장이 도맡고 있다는 것이다. 희토류가 전 세계적으로 예민한 문제로 다루어지고 있는 만큼 중국도 국가 원수급 인사를 내세우지 않고 밑 선의 정치인사를 내세워 신중을 기하고 있는 모습이다.

중국정부의 희토류 관련 정책은 크게 세 가지 국면으로 나눌 수 있다. 첫째가 1980년도 초반부터 생산, 수출 등에서 전면적인 확장시기를 거쳤

• 세 단계로 본 중국 희토류 수출추이

자료: 중국국토자원부, CEFRI

고, 1999년부터 무분별한 희토류수출을 제한하는 수출쿼터가 시행되었다. 현재와 같이 정부가 나서서 희토산업의 전반을 관리하는 방향은 공신부의 '희토공업발전계획'에서 구체적으로 드러났다. 이 계획에서는 희토류 관련 생산과 수출 등의 쿼터를 정부가 주도하고, 희토류 관련 기업의 통합과 산업전방의 고도화 계획을 구체적으로 명시했다.

2011년 1월 중국 상무부의 천더밍 부장은 후진타오 주석의 미국 방문을 수행하는 과정에서 미국언론을 통해 "중국정부가 희토류 수출쿼터를 축소하는 것에 대해 세계적인 비난이 지속되지만 이는 중국을 비난하기 전에 각국 스스로 희토류를 생산하는 루트를 찾는 등의 노력을 기울여야 한다"고 발표했다. 틀린 말은 아니다. 전 세계 56%의 매장량을 가진 중국이 전 세계 95%의 수요를 지속해서 감당하기란 한계가 있고, 중국이 자국

• 중국 희토류 수출축소 관련 정부정책

2002년	광산개발, 제련분리사업과 외국기업의 독자설립 금지, 희토금속 응용과 변형에 관해서는 정부가 외자유치 독려
2005년	수출환급세 17% 폐지, 희토류 광석을 이용한 제품의 가공무역 금지
2007년	희토금속 제품에 10% 수출세 부과, 희토금속 원료에는 10~15% 수출세 부과
2008년	부분적으로 이트륨(Y) 함유 희토금속 제품에 대해 최대 25%의 수출세를 부과하고, 기타 희튜제품에 대해서는 15%의 수출세 부과
2008년	희토류 원광석의 수출세를 10%에서 15%로 상향조정
2010년	희토류 수출쿼터를 전년 대비 40% 감소
2011년	상무부 2011년 1차 희토류 수출쿼터 총량을 1만 4,400톤으로 하향조정

자료: 각종 언론자료 종합, CEFRI

• 희토류생산, 수출쿼터 및 세계 희토류 수요추이

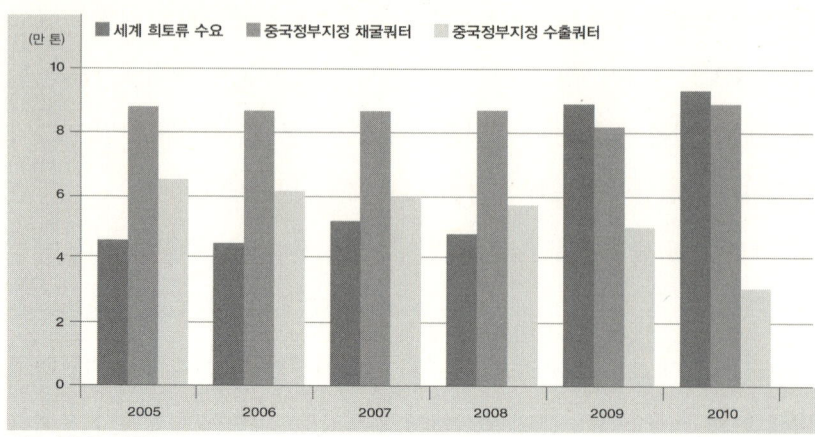

자료: 중국국토자원부, CEFRI

의 희토류 수요를 생각한다면 중국으로서도 어쩔 수 없는 선택이다.

중국정부의 발표에 의하면 2010년 중국의 희토류채굴 허가 총량은 8만 9,200톤(경희토 7만 7,000톤, 중희토 1만 2,200톤)가량이고, 정부는 관련 기업의 쿼터제 염수와 불법채굴 등을 감독하여 2015년까지 실질 채굴수준을 현재와 같은 수준으로 유지하려 한다. 하지만 희토류의 수출쿼터는 2005년 6만 5,609톤에서 지속적으로 감소해 현재 2011년 1차 희토류 수출쿼터액은 1만 4,400톤가량이다. 세계의 수요는 2010년 9만 톤 이상으로 확대되었으니 문제가 갈수록 심각해진다.

중국은 2009년부터 네이멍구 바오터우광산지역에 대규모 희토비축기지를 건설했던 것으로 알려져 있다. 현재 11만 톤 규모의 비축수준을 보

• 희토류생산, 수출쿼터 대비 희토류 가격추이

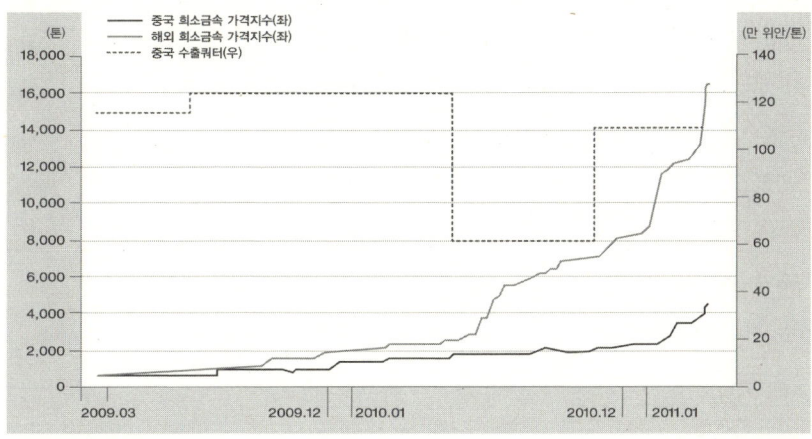

자료: 중국국토자원부, CEFRI

유한 것으로 알려져 있는데 중국정부는 비축기지의 확대를 이미 선포하였으며 비축기지가 확대될수록 희토류 수출쿼터 감소와 미국, 일본 등의 항의수준이 높아질 것으로 전망된다.

사실 중국은 희토류생산과 수출쿼터를 조정할 수 있지만 영구자석의 주원료로 쓰이는 네오디움 등의 희토류광물에 대한 가격결정권은 가지고 있지 않다. 그동안 희토류가격이 오른 이유가 중국의 수출쿼터 축소에 기인하지만 중국의 입장에서는 싼값에 희토류를 수입해 고부가가치 제품으로 완성하여 역수출하는 국가들의 돈벌이에 배가 아픈 것이다. 현재 중국의 희토류채굴과 가공 등의 분야에는 외자기업의 진입이 불가하지만 희토류광물의 변형과 응용분야는 정부의 핵심 외자유치 분야다. 앞으로 관

• 중국 희토류 주요정책

시간	정책 내용
2008.12	상무부, '2009년 희토류 수출기업 명단' 발표: 부합된 조건은 20개 기업
2008.12	상무부, '2009년 1차 희토류 수출쿼터 총량'을 1만 5,000톤으로 정함
2009.04	국토자원부, '희토류광석 채굴총량통제지표'를 발표 -희토류광석 채굴가능 쿼터는 8만 2,320톤
2009.06	상무부, '2009년 2차 희토류 수출쿼터 총량을 1만 6,267톤'으로 정함
2009.10	공업정보화부, '희토공업발전정책', '2009~2015년 희토공업발전계획' 발표 -대규모 구조조정, 수출량 통제, 외자진입기준 강화, 희토류 쿼터지정
2009.11	상무부와 해관총서는 2010년 수출허가증 관리상품목록을 발표 -희토류 금속광석, 희토류금속, 희토소금돌 등 46종 희토류제품이 포함
2009.12	상무부, '희토류 수출기업명단' 신규 희토류 수출쿼터 발표 - 희토류 수출조건에 부합 기업 22개사, 1차 희토류 수출쿼터는 1만 6,304톤
2010.03	2010년 1차 공산품 수출쿼터 총량 5,978톤이라고 발표함
2010.03	국토자원부, 희토류 연간생산량 쿼터는 8만 9,200톤
2010.03	공업정보화부, '2010년 희소금속광산과 제련분리상품 지시성 생산 계획> 발표. 그중 희토류생산쿼터는 8만 9,200톤, 희토제련분리 생산쿼터는 8만 6,000톤
2010.05	공신부는 '희토산업 진입조건 의견통지' 발표, 경희토류광석기업의 생산건설 규모는 연간 광석량 30만 톤 이하(1,000톤/1일)
2010.05	국토자원부, '희토류자원행동규정통지' 발표. 2010년 6월부터 희토류광산 등과 관련된 질서를 위해 법규위반 등의 행위 엄중 단속
2010.07	국토자원부, 무허가 탐사, 채굴행위 등 불법행위 집중 단속
2010.09	국무원과 기업 간 인수합병 촉진에 관한 의견발표. 기업 간 인수합병과 관련된 국가급 문서를 발표했으며, 그중 희토류업체 간 합병 추진 포함
2010.10	국토부, 희토류광산 자원개발 중점감독명단 발표 78개 희토류 등 광산자원개발은 각 지역의 희토류 등 광산자원개발 정합광구 상장 업무
2010.10	환경보호부, '희토공업 오염물배출기준' 발표
2010.12	재정부, 2011년 희토류금속광석 수출 잠정세율 15%로 지정
2010.12	상무부, 2011년 희토류 수출쿼터 신청조건에 부합되는 기업 22개사 발표
2010.12	상무부, 2011년 1차 희토류 수출쿼터 총량: 1만 4,400톤
2011.02	국토자원부, 희토류 및 철강광산 중 일부를 국가계획광구로 지정함. 전국에서 총 11개의 광산이 지정되었으며, 총면적 2,500㎢, 매장량 76만 톤에 달함
2011.02	국무원 총리 원자바오는 국무원상무회의에서 12차 5개년 계획기간 내, 희토류산업의 안정적 발전과 중국을 위한 희토류산업의 중요성을 강조함
2011.02	공업정보화부, 희토류산업협회 2011년 발족

자료: FUVIC DAILY, CEFRI

련 분야에서 핵심기술력을 보유한 미국, 일본, 한국 등의 기업이 희토류의 안정적인 확보를 위해 중국에 들어와 핵심기술력을 공유할지 지켜보아야 할 일이다.

중국 희토류산업 업계지도와 희토류업계의 숙제

중국 희토산업의 업계구도는 국무원의 적극적인 구조조정 정책 아래 5년 안에 1,000여 개의 희토류 관련 업체를 100개 이내로 통폐합시키는 과정을 진행하고 있고, 희토류 정제기업은 특성에 맞추어 20개 내로 축소할 계획이다. 중국 희토류산업 내 기업구조를 이해하려면 먼저 사회주의 시장경제 체제의 중국 국유기업에 대한 이해가 필요하다. 중국은 에너지, 원자재 등의 국가기반산업은 국자위 산하의 국유기업이다. 이들은 세계적 규모의 기업이지만 국유기업의 목적은 돈이 아닌 국가의 안정이다.

중국의 희토류산업지도는 크게 북방 네이멍구 지역의 바오강包鋼희토와 남방의 광둥 지역의 광성r晟, 장시 지역의 우광五礦으로 나뉘고, 국가급 희토 연구원은 바오강기업의 산하에 두고 수출쿼터 심사는 우광기업의 산하에 두었다. 한국이라면 삼성전자 산하에 정부 IT연구소가 있고, 포스코가 철강 수출쿼터를 심사하는 것인데 중국에서는 전혀 이상할 것이 없다.

중국희토류연구센터의 보고에 의하면 현재 중국 내 22개 성에 희토류 광산이 확인되었으며, 그중 97%는 네이멍구83%, 쓰촨3%, 산둥8%, 장시, 광저우 등의 남방지역3%에 집중되어 있다. 중국 내 희토류 매장량은 6,780만 톤가량으로 추정되며, 이는 전 세계의 50%에최근 지속적으로 확인된 전 세계 희토류

광산을 감안하면 전체의 35% 전망 이른다.

중국 내 희토류의 기지는 크게 네 가지 지역으로 분류된다. 첫째, 네이멍구의 바오터우광산은 중국 내 희토류생산의 54%를 차지하는 핵심기지며 대규모 희토류 매장량과 연간 분리능력이 8만 톤에 이른다. 현재 바오강을 비롯한 3개의 기업이 채굴하고 있으며 주로 경희토류가 매장되어 있다. 둘째, 웨이산광산을 포함하고 있는 산둥 지역이다. 1982년부터 채굴

• 중국 내 희토류 주요 생산기지

자료: 중국희토류학회 등 자체조사 종합, CEFRI

을 시작하였으나 그 규모가 극소량이었고, 1991년도에 들어서 본격적인 채굴활동을 시작해 2001년까지 연평균 45~50%까지 생산을 확대해왔다. 현재 웨이산광산은 네이멍구 다음으로 높은 1,270만 톤의 매장량이 확인되었다. 셋째가 장시, 광저우, 광서, 푸젠 지역의 남방지역인데 중희토류가 집중되어 있으며 300만 톤의 매장량과 연간 3만 톤의 분리 능력을 갖추고 있다. 마지막으로 쓰촨 지역의 량산, 광산 등의 중부지역인데 240만 톤의 비교적 낮은 부존량을 가지고 있지만 지속적인 광산개발이 진행되고 있어 현재 연간생산량이 가장 빠르게 증가하고 있다.

중국 내 희토류생산 및 정련기업은 100여 개로 보고되어 있고, 대부분의 기업이 대형 희토류광산지역에 분포되어 있다. 이들 기업의 연간 희토류 정련규모는 관련 기관의 보수적인 접근으로 17만 톤, 업계 내의 실질적 추정치는 20만 톤을 초과할 것이라는 예상이다.

중국정부는 희토류 관련 정책을 시행함에 풀어야 할 숙제도 산재해 있다. 현재 가장 문제가 되고 있는 부분은 불법채굴에 대한 감독이다.

중국은 2009년부터 희토류 연간채굴량을 8만 9,000톤가량으로 정했지만, 실제 채굴액은 12만 5,000톤 이상으로 추정된다. 이는 중국정부가 지정한 희토류 생산쿼터를 준수하지 않는 기업들과 불법채굴이 난무하기 때문인데 감독이 쉽지 않다. 실제로 네이멍구 지역의 희토류매장의 특징은 앞서 이야기했듯 깊지 않은 곳에 매장되어 있어 간단한 건설장비로도 채굴이 가능하다.

최근 희토류가격이 급등하자 당국의 감독에도 희토류의 불법채굴이 성행하고 있다. 또한 불법으로 채굴된 희토류는 중국을 거쳐 해외까지 수출되고 있으며, 일본기업의 희토류 확보 루트에도 상당한 비중을 차지하고 있는 것으로 조사된 바 있다.

희토류채굴에 의한 환경오염도 심각한 수준에 이르렀다. 희토류의 탐사와 채굴과정에서 오는 산림훼손은 사막화로 이어지고 있으며, 네이멍구 지역의 사막화는 황사라는 이름으로 한국에까지 직접적인 피해로 번져왔다. 또한 희토류를 산화물로 정련하는 과정에서 부상법浮上法, Flotation이라는 공법이 사용되는데, 물리적 폐수처리방법인 부상법은 폐수 속의 부유물질을 수면 위로 떠오르게 하여 제거하는 방법이다.

희토류의 정련과정에서 사용되는 부상법은 화학약품의 상당수가 이탄산암모늄 내지는 옥살산과 같은 독성물질이기 때문에 환경에 미치는 영향은 심각한 수준이다. 앞서 언급한 네이멍구 지역의 진폐증도 이와 무관하지 않다.

중국, 희토류전쟁을 통해 무엇을 얻고자 하는가?

무역전쟁으로 확대된 중국과 선진국의 희토류 논쟁은 '지키느냐 빼앗느냐'의 분쟁으로 끝날 것 같지 않다. 현재 WTO에 중국정부의 희토류 보호무역 정책이 제소되어 있긴 하지만 판결이 어떻게 나오든지 중국정부의 정책노선은 변하지 않을 것이다. 이를 아는 미국, 일본, 한국 등도 사실상 큰 기대를 하지 않은 채 관官과 민民이 합심해 독자적인 공급루트를 찾고 있다.

중국의 희토류채굴 및 수출쿼터 축소에 가장 큰 영향을 받는 나라는 일본이며, 일본의 해결책이 국제적 관심을 끌고 있다. 일본의 해법은 크게 두 가지다. 첫째, 세계 주요 광산업체에 지분투자 형식으로 희토류 공급루트를 다변화하는 것이고, 다른 하나는 희토류의 사용을 줄이거나 희토류의 사용이 없는 신기술을 개발하는 것이다. 하지만 광산의 지분투자는 단기적인 공급루트 다변화에 한계가 있고, 신기술의 개발은 기술개발에 걸리는 시간과 투하된 돈의 경제적 가치를 따져 수지타산이 맞지 않는다.

중국이 희토류로 얻을 수 있는 경제적 가치는 무한하다. 첫째로 희토류 가격상승에 이은 희토류채굴의 경제적 가치고, 둘째는 중국 내 신성장산업 관련 기업에 경쟁국보다 원활한 희토류공급과 디스카운트된 원자재 가격에서 오는 원가절감의 효과다. 사실상 기술력에서 선진국보다 낙후된 중국이 희토를 무기로 세계와의 기술격차를 좁힐 기회를 가지게 된 것이다.

중국의 희토류 관련 외자투자정책은 간단하다. 채굴과 정련과정의 외자투자는 금지하고, 희토류 응용분야는 외자투자를 적극적으로 유치하고 있다. 선진기술을 가진 외국기업이 자국기업과 합자해 기술적 격차를 좁히려는 생각이다. 현재 중국정부의 바람처럼 외국기업과 중국기업의 합자 움직임이 보이지는 않지만 두고 볼 일이다. 희토류 비축량이 바닥을 보이고 생산할 수 없는 수준까지 도달하면, 이전의 차선이 현재의 최선이 되는 순간이 올 수 있다. 외교적인 측면에서도 희토류는 전 세계에 차이나 패러다임 구축에 결정적 힘을 실어줄 것이다. 이미 일본은 무릎을 꿇었고 미국도 희토류채굴을 다시 계획하고 있지만 당분간은 중국의 수출에 기댈 수밖에 없다. 국제무역의 질서는 엄연히 존재하고 중국도 희토류 수출쿼터를 가지고 차등적 정책을 펴는 데 한계가 있겠으나, 또다시 수가 틀어지면 희토류 수출은 언제든지 중단할 수 있다.

한국도 희토류전쟁에서 예외일 리가 없다. 한국정부가 지정한 미래 핵심전략산업에 희토류와 연관되지 않은 분야를 찾기 어렵다. 한국희토류 가공기술협회는 2011년 4월 중국 희토류 1위 회사인 바오터우기업의 산하에 있는 바오터우희토연구센터와 공동으로 기술연구를 추진하는가 하면, 정부의 주도 아래 해외주요광물공사의 지분투자에 적극적이다. 한국은 희토류를 전략광물로 지정하고 2011년 내 100일분의 국내수요를 감당할 수 있는 1,500톤의 희토류를 비축할 계획이라고 한다.

희토류의 발굴, 생산과 수요 확보는 전 세계적 자원전쟁으로 확대되었다. 지난 과거를 돌아보면 한국은 부존자원에서 오는 한계를 슬기롭게 극복해왔다. 하지만 현재의 희토전쟁은 이전과 확연히 다르다. 녹록하지 않은 난관들이 산재해 있다. 한국정부와 기업은 실과 득의 사칙연산의 정확한 계산과 발 빠른 대응이 필요하다. 정부의 주도 아래 단기간에는 중국정부와의 마찰을 줄이는 등의 관계 개선이 필요하고, 장기적으로는 다양화된 희토류 공급루트를 모색해야 한다.

Section 3
13억, 에디슨을 끄고 LED를 켜다

중국 LED조명산업 업계지도

중국이 12차 5개년 계획의 신소재 분야에서 산업발전 6대 방향에서 제시하고 있는 신소재산업은 고효율 청정에너지, 환경자원, 민생산업용 재료, 국방분야 재료, 전자 재료, 교통운수 분야의 경량화 재료 등이다. 이 중 중국정부가 전략적으로 육성하려는 분야가 반도체 조명, 신형 디스플레이, 희토소재, 폴리실리콘, 에너지 저장소재, 군민 양용 소재의 6대 분야다. 6대 분야 중에서 중국정부가 특히 관심 있어 하고 중시하고 있는 것이 고효율 청정에너지 분야의 신소재개발과 관련 산업의 육성이다. 그중 대표적인 신소재 사용분야가 LED다.

2011년 3월, 골드만삭스는 한국 LED 백라이트유닛 선두업체에 매도의견을 제시했다. 관련 기업 주가는 속락했고, 시장의 주목을 받고 있던 LED

테마주 전체에 악영향으로 번져갔다. 제아무리 골드만삭스라고는 하나, 기업 투자의견에 매도부문Sell Side에 서기란 쉽지 않았을 텐데 그들의 근거는 명료했다. 바로 중국이다.

2010년 한 해 1억 2,000만 대의 TV가 생산됐고, 1억 3,000만 대의 휴대폰과 1억 7,000만 대의 PC를 소비하는 세계의 공장이자 시장인 중국에서의 한국기업의 자리가 좁아지고 있다. 대만과 중국 본토기업은 시장점유율 확대에 박차를 가하고 있고, 대만기업의 성공적인 중국진출에 의한 양안협력이 한국업체에 커다란 위협이 되고 있는 것이다. 더욱 불편한 진실은 관련 보고서에 매수추천으로 명시된 대부분의 기업은 중화권 업체였으며, 한국기업은 한곳만이 중립을 지켰을 뿐이라는 것이다. 세계 최고의 기술력을 자랑한다던 한국의 LED백라이트유닛업계가 짝퉁, 샨짜이의 대명사로 불리던 중국을 너무 얕보았던 건 아닐까?

일반인들에게 LED반도체 조명기술은 아직 낯선 반도체 관련 조명기술이지만 이미 우리 일상에서는 깊숙하게 자리 잡아가고 있다. 베이징올림픽 개막식에서 전 세계를 비추던 화려한 조명, 휴대폰, PC의 액정, 실내외 조명 그리고 LED 평면TV까지 다소 고가의 제품이지만 이 모두가 구매를 자극하는 제품군이다. 그동안 우리에게 너무나 익숙한 에디슨의 불빛은 희미해지고 이제 LED조명이 서서히 세상을 밝히기 시작했다.

중국의 LED조명도 전 세계의 이목을 사로잡고 있다. 2008년 베이징올림픽에서 개막식을 수놓은 불빛의 비밀은 LED조명기술이었고, 수백만 개의 LED조명이 각종 경기장을 비추었다. 2010년 상하이엑스포에서는 10

억 개 이상의 LED조명이 매혹적인 야경을 수놓아 7,000만 관람객의 마음을 사로잡았다.

LED조명은 1962년, GE의 닉홀로냑에 의해 처음 발명되었고, 일본 나치아사의 카무라 슈즈가 최종적으로 청색 LED개발에 성공하여 백색 LED광이 만들어졌다. LED조명의 실용화는 최근 들어 급격한 변화양상을 보이며 발전해가고 있다.

LED조명의 가장 큰 장점은 전력소모량에 있다. LED조명은 같은 밝기에 같은 단위 백열등의 18%, 할로겐의 37%, CFL의 60% 수준으로 전력소비량에서 절대적으로 우위에 서 있다. 전 세계 전력소비량은 21조kWh이며 이 중 조명부분의 비중은 전체의 15%를 차지하는 2조 1,000억kWh이다. 만약 전통조명이 LED조명으로 100% 전환될 수 있다면, 전 세계는 한 해 동안 대한민국 1년치 전력소비량의 3배에 달하는 6,000억kWh를 절약할 수 있다. LED의 밝기가 일반조명보다 5배가량 높다는 점을 더한다면 LED조명에 의한 전력 절감효과는 더욱 높아진다.

환경문제와 관련해서도 LED조명은 큰 장점이 있다. 비소화칼륨$_{GaAs}$, 인화갈륨$_{Gap}$, 갈륨비소인$_{GaAsp}$ 등을 조합하여 생산되는 LED조명은 백열등, 형광등과 같은 제품과 비교하여 사용되는 수은 등의 환경유해요소가 전혀 없을 뿐 아니라 전력소비 감소효과로 17억 톤가량의 이산화탄소배출까지 줄일 수 있다. LED조명은 수명도 길다. LED의 평균수명은 조명시간으로 따져볼 때 5만 시간 정도에 이르며, 백열등의 50배, 형광등의 2.5배에 달한다.

IT제품에서도 LED조명기술은 혁명의 선봉에 선다. LED백스크린은 LCD보다 선명할 뿐 아니라 두께가 얇고, 전력소모량이 적다. LED조명기술은 더 가볍고, 더 작은 제품을 목표로 하는 IT업계의 변화를 선도하는 핵심기술 분야다.

LED인사이드의 통계에 의하면 2009년 전 세계 LED조명의 생산량은 24억 달러로, 전체 조명시장 내 LED조명의 비중은 3.3%로 추정하고 있다. 또한 필립스는 LED조명의 비중은 빛의 속도로 성장하여 2015년에는 전체 시장의 50%, 2020년에는 80%에 달할 것으로 전망했다. 관련조사에 의하면 2004년 이후부터 전 세계 조명시장은 연간 10.2%의 성장세를 보여 왔고, 이중 LED조명 분야의 성장세는 16%로 전체 조명시장의 성장세를 크게 앞서고 있다. 이렇듯 전 세계가 LED조명산업의 성장에 집중하고 있고, 중국도 세계 최대의 시장과 생산지로서 중요한 역할을 하고 있다.

2010년 중국의 LED 관련 총생산액은 1,200억 위안, 관련 기업은 3,000여 개가 있다. 이 중 2010년 LED조명 생산량 총액은 180억 위안으로, 2009년 75억 위안에서 한 해 동안 140% 성장했다. LED조명의 시장점유율은 6%며 2015년까지 전체 조명시장점유율의 20% 이상을 차지할 수 있으리라 전망된다.

LED조명 응용분야는 21%의 점유율로 2009년 14%에서 가장 빠르게 증가하고 있다. LED가로등의 증가속도가 매년 100% 이상 증가하고 있다. 현재 중국의 LED가로등은 160만 개 남짓이지만 현재의 비중은 전체시장의 1%에도 미치지 못하는 수준이므로 2015년 정부의 목표치 30%에 들어

서게 된다면, LED가로등은 중국에서 단기간에 가장 성장이 기대되는 분야다. 기술적인 분야에서도 정부와 기업의 협력으로 연구개발 투자를 급격하게 확대하고 있으며, 현재까지 LED조명과 관련한 특허신청 건수는 2만 8,000여 건이며, 이 중 LED칩과 포장 분야의 특허신청 비중이 70%에 달한다.

전 세계 LED조명시장은 국가적으로 미국, 유럽, 일본이 전통적 강호며 한국, 대만 중국 등은 추격자의 위치에 있다고 볼 수 있다. 추격자의 입장인 중국은 미국, 유럽의 발전모델보다 일본 LED조명산업 발전방향을 벤치마킹할 가능성이 높아 보인다. 이는 일본이 정부의 대규모 보조금정책과

• LED조명 시장비중 현황 및 예측

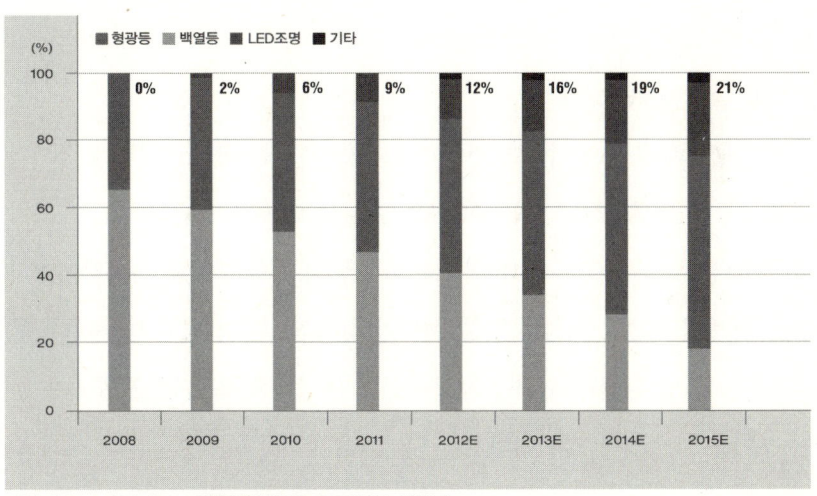

자료: Strategy Unlimited, 고화증권(高华证券), 골드만삭스 차이나)

산업기지 육성 등의 성공적 정책으로 현재 세계시장의 선두에 자리 잡고 있을 뿐 아니라, 자국 내에서도 2015년 LED조명 비중을 전체시장의 50%, 2020년에는 100%의 목표로 단기간 성장을 계속해가고 있기 때문이다.

LED조명산업의 생산체인으로 구분해보면 중국의 LED조명업체의 특징과 기술적 수준을 구체적으로 알 수 있다. LED조명의 생산체인은 크게 여섯 가지로 구분할 수 있으며, 기술집약성이 높은 부문은 전방산업이 아니라 후방산업이라는 특징이 있다.

LED조명산업의 후방산업은 LED기판으로 시작된다. 현재 세계적으로 기판제작이 가능한 국가는 한국, 러시아 등이 있으며, 이 중 한국의 사파이어 테크놀로지는 세계 1위의 기술력과 시장을 점유하고 있다. 중국도 기판 분야에 10~20개 기업이 있으나, 원천기술을 가지고 있지 않고 외국기업의 OEM 생산기지 역할만을 수행하고 있다. 중국의 동징전자東晶电子는 그룹의 LED생산라인을 수직계열화하기 위하여 기판 부문의 진출계획을 발표하고 준비 중에 있다.

에피웨이퍼 부분은 기판에 반도체 성질을 가하는 과정인데 중국정부가 보조금정책을 시행하고 있는 MOCVD유기금속화학증착가 사용되는 공정 분야다. 중국정부가 MOCVD에 대한 보조정책을 펴고 있는 것은 에피웨이퍼의 다음 단계인 LED칩과 패키징 분야에 기업이 집중되어 있기 때문이다. 중국정부는 산업 전반에 수직적 생산체인의 완성을 목표로 하고 있으며, 관련 분야는 기술집약도가 기판보다 낮기 때문에 비교적 단시간에 세계 수준에 접근할 수 있는 특징도 있다. 하지만 MOCVD 생산 역시 독일과 미국이 기술력을 바탕으로 세계시장을 독식하고 있어 중국기업이 단기간 내에 부상하기에는 기술적 한계가 있다.

LED칩과 패키징 공정 관련 중국기업은 2,000여 개가 넘는 것으로 집계되고 있으며, 대만과의 양안협력으로 세계시장의 점유율을 빠르게 확대하고 있다. LED칩 공정은 LED 산업사슬의 중간에 위치하고 있는데 중국 LED조명 관련업계는 LED칩을 중심으로 후방, 전방산업으로 뻗어나가며

• 중국 주요 LED공업단지

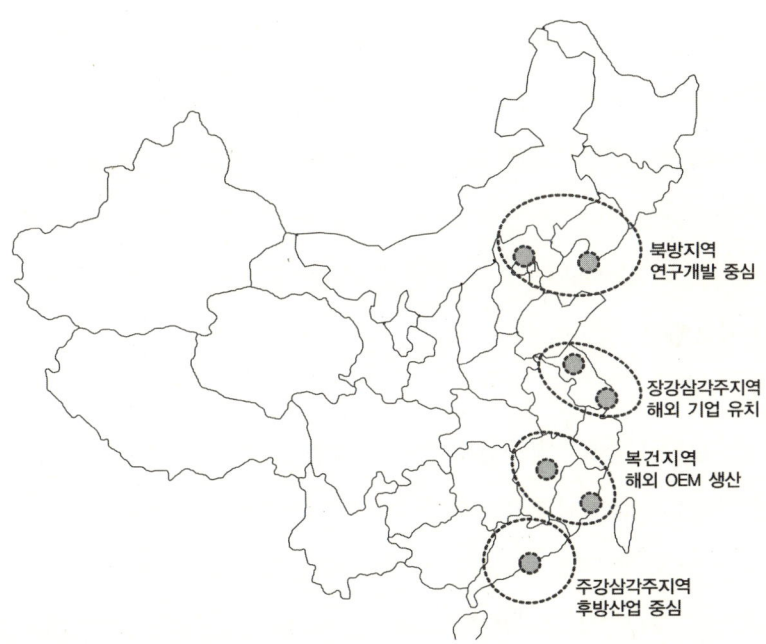

자료: 중국희토연구원, CEFRI

수직계열화를 이루고 있다.

중국 내 LED산업단지는 지역구를 중심으로 7개 지역으로 나뉘고, 각 산업단지의 특성과 생산 분야를 기준으로는 크게 4개 지역으로 구분된다. 중국국무원의 보고에 의하면 현재 중국의 LED조명 관련 업체 대부분이 상기 지역군에 속해 있으며, 북방지역은 기술개발을 위한 연구단지 중심이며, 주강지역과 복건지역은 전·중방 산업의 초기 산업체인에 속하는 업체가 속해 있다. 마지막으로 장강삼각주지역인 상하이, 양주 등지는 합자기업 등 외국업체들의 진출이 가장 활발한 지역이다.

현재 중국의 대표적 LED조명 관련 기업으로는 삼안광명三安光明, 사란광명士兰光明, 건조광명乾照光明, 국성광전国星光电, 진명려真明丽 등이 있으며, 전·후방 산업에 고르게 분포되어 있다. 중국정부와 업계는 미들스트림에 지나치게 치중된 산업구조를 고르게 발전시키려는 계획을 가지고 있다. 단기적인 기술적 진입장벽이 높으나, 중국의 자국 내에서 소비 가능한 수준이 높은 만큼 전방산업으로 선 확대 후 후방산업으로 수직계열화를 이루어갈 가능성이 높아 보인다.

기술 후진국 중국? 중국만의 방법은 따로 있다

중국에서 2003년 과학기술부 등 6개 부처의 협력을 통해 LED조명 관련 최초의 정부육성 계획이 시작됐다. 이 계획 중에는 동부연안지역을 중심으로 산업클러스터를 설립하는 육성방안도 포함되었으며, 곧 시행에 옮겨졌다. 2006년에는 중국국무원과 발개위가 세부적인 LED조명 육성정책을 발표했고, 2007년에는 재정부가 LED조명기업에 대해 면세정책을 내놓았다.

2000년대 초반 LED조명산업의 태동기를 거친 중국은 본격적인 성장기인 2009년부터 LED산업의 양적 성장과 더불어 질적인 변화가 시작되었다. 또한 같은 시기부터 중국에서도 지방정부가 특색화된 산업기지를 육성하는 방향으로 중앙정부와 지방정부가 상호조화를 이루어가며 산업발전의 기틀을 마련하였다.

정부의 보조금과 육성정책이 구체적이고 대규모로 집행된 것은 2009년 '십성만잔+城万盞'이라는 정책을 통해서다. 이 정책은 상하이, 베이징, 무한 등 발달된 도시를 중심으로 가로등, 건축 경관 등에 LED를 적극 이용하고, 계획 2단계에 이르면 50개 중국의 남방도시를 중심으로 200만 개의 LED 가로등을 설치하는 계획이다.

지방정부는 2009년부터 LED 산업체인 중에서 기술집약도가 낮은 부분을 중심으로 양적 성장에 집중했다. 중국 지방정부의 구체적인 재정정책 지원은 크게 두 가지로 나눌 수 있는데, LED설비 관련 장비보조정책과 LED조명 제품구매의 정부보조금이다. 현재 중앙정부의 든든한 지지 아래 14개 지방정부 단위에서 산업클러스터 육성정책 및 보조금정책 시행에 들어갔다.

중국의 양주시를 비롯한 14개의 주요 지방정부는 MOCVD, LED칩과 관련한 설비제품 구매에 대한 보조금을 지급해 산업기지를 육성했다. 한동안 LED칩과 포장용기에 대한 공급과잉 문제가 전 세계로 퍼져 나가

• 세계 및 중국 LED 주요업체 산업 체인별 분류

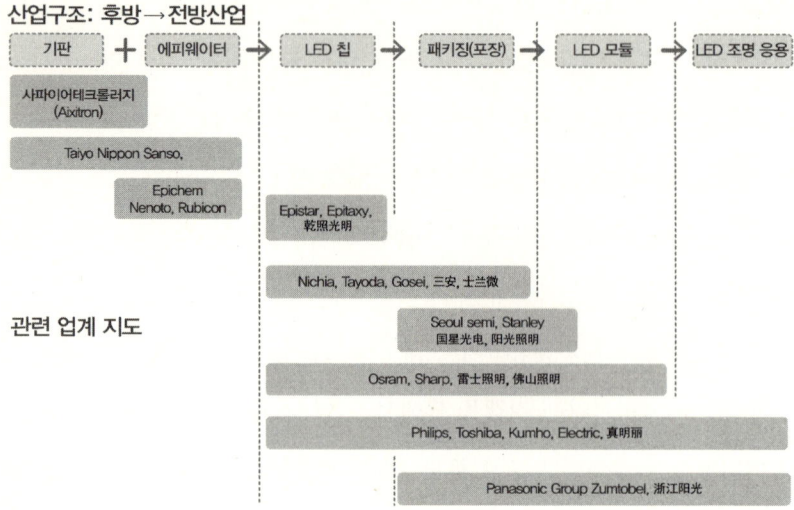

자료: CEFRI

자 중국 지방정부는 MOCVD의 보조금을 중단시켰다. 하지만 2011년 재차 시행되는 보조금의 규모는 이전보다 50~80%로 확대되어 중국업체의 MOCVD 장비의 대량구매와 생산확대로 전 세계의 관련업계 판도가 바뀌고 있다.

도시화와 관련한 정부정책도 LED조명산업이 중요하다. 도시화와 관련해서 2011년 전인대와 정협에서 네이멍구, 시장 지역을 중심으로 한 중서부지역에 고속도로, 간선도로, 지방도로 추가건설 계획을 발표한 데 이어 해안항구, 내륙항구 및 교통운송과 관련된 부속시설의 건설을 포함할 것이라 발표했다. 이 중 교통운송부의 도시화 기초설비 투자로 인하여 LED 가로등 등의 경관조명산업이 큰 수혜를 입을 것으로 전망된다.

중국LED조명공정연구소CSA에 따르면 2010년 중국의 LED조명시장은 1,500억 위안26조 3,000억 원을 초과했으며, 이는 3조 원대의 한국시장보다 8배 이상 큰 규모다. 또한 5년간 120%의 성장세를 보였으며 앞으로 시장규모는 더 높은 증가속도를 보일 전망이다. 중국 내 LED산업비중을 살펴보면 LED경관조명 부분이 44%로 가장 높은 비중을 차지하고, 다음으로 LED백라이트 31%, LED자동차조명 6%, LED일반조명이 1%의 시장점유율을 차지하고 있다. 산업비중으로 볼 때 현재의 중국은 일반조명보다 경관조명 등의 정부와 산업적인 수요가 집중된 초기 성장단계에 있다고 볼 수 있다.

현재 중국의 LED조명산업은 미국, 유럽, 일본 등의 선진국에 비해 기술적인 측면에서 열세에 있으며, 핵심공정에서 선진국들과 특허권을 공유하지 못해 특허비용이 생산원가에서 차지하는 비중이 높다. 또한 뒤늦은 시작으로 인해 전문기술 관리가 미숙하고 인재양성 부분에서도 선진국과 비교적 큰 격차를 보이고 있다.

중국이 이러한 기술격차를 해결할 방안은 크게 두 가지 방향이 될 것이라 예상된다. 그 첫째가 선진기술과 중국 내수시장의 교환이다. 그간 세계 유수의 자동차, 가전, PC, 비행기 제조업체 등은 중국의 내수시장이 기업의 생존을 결정하는 최후의 수단이 되자 울며 겨자 먹기로 기술을 내줄 수밖에 없었다. 이들은 합자형태나 기술공개 등의 조건으로 중국에 진출해 내수시장 도전에 나섰다. 스펀지에 잉크가 스며들듯 중국은 선진기술과의 격차를 좁혀나갔다. 현재 중국이라는 이름으로 소화된 이러한 하이퀄리티 산업군은 세계시장에서 놀라운 속도로 점유율을 높여가고 있다.

현재 외자 LED조명업체와 중국 로컬기업 간의 합자 또는 이와 비슷한 형태로 중국시장을 선점하는 모습은 관찰되지 않는다. 하지만 규모의 경제가 LED 가격경쟁에 최대 변수임을 생각해볼 때 머지않아 외자기업과

• 중국정부 LED산업 주요 육성정책

시기	기관	정책내용
2003.06	과기부	'국가반도체조명(LED조명)공사 조정지도'라는 작은 단체를 만들고, 국가반도체조명공사에 대해서 연구를 시작
2007.11	재정부	중앙정부는 245억 위안을 에너지절약을 위해 지원
2008.12	과기부	'십성천양(十城千輛)'과 '십성만잔(十城萬盞)'의 계획을 실행, 신에너지 자동차와 LED조명이 대표적으로 사용
2008.12	공신부	LED조명 표준화 조직위는 LED 항목에 관해서 7개의 표준을 제정
2010.08	발개위	'반도체조명 에너지절감산업(半導體照明節能産業發展意見)'을 발표, 중국산 설비 및 관련 산업에 대해 적극적인 지원
2010.09	국무원	LED조명이 포함된 '신성장산업 육성 및 발전에 관한 국무원의 결정(国务院关于加快培育和发展战略性新兴産業的决定)' 통과
2010.09	발개위, 교통부 등	'반도체조명제품 응용 프로젝트 신고에 관한 통지(关于组织申报半导体照明产品应用示范工程项目的通知)'에 따르면, LED조명 시범 범위 항목을 가로등, 터널등, 반사등과 관등으로 정함

자료: FUVIC DAILY, CEFRI

· 중국 지방 정부 LED산업 육성정책

구분	도시	정 책 내 용	정 책 규 모
생산설비	양저우 (揚州)	· MOCVD설비 구입(시, 구 정부에서 각각 50%씩 부담)	청록광 MOCVD 1,000만 위안/1대 홍황광 MOCVD 800만 위안/1대
	장먼 (江門)	· MOCVD설비 구입 (청록광 MOCVD31편급 이상, 홍황광 MOCVD38편급 이상)	청록광 MOCVD 1,000만 위안/1대 홍황광 MOCVD 800만 위안/1대
	우후 (芜湖)	· MOCVD설비 구입 (청록광 MOCVD, 홍황광 MOCVD)	청록광 MOCVD 1,000만 위안/1대 홍황광 MOCVD 800만 위안/1대
LED조명 구매 보조 정책	광저우 (廣州)	· 학교, 정부기구, 및 사회단지 건설에 지원	LED 관련 상품 20%~30% 자금 지원
	선전 (深圳)	· 정부 투자 항목 LED시범공사 기업에 재정지원 및 금리 할인혜택 · 기업 투자 항목 LED시범운용 공사 기업에 재정지원	· LED조명용구 10%를 보조 및 3년간 금리 할인 혜택(정부) · LED조명등 가격의 30% 보조 정책 (기업)
	우한 (武汉)	· LED 확대 보급응용 전문 자금 설립 보조금과 대출금리 할인에 사용	매년 2,000만 위안씩, 총 6,000만 위안 설정
	청두 (成都)	· LED조명상품을 구매하는 정부기관과 기업에 대해 가격보조	낙찰가격의 10%를 지원하고, 가정용 상품에 25%를 지원
	둥관 (东莞)	· 시범공사 중점지역 선정 후 가격 보조 정책 · 비정부기구와 기업이 시범공사에 참여하고 표준제품 구매할 경우 보조 정책	LED조명 가격의 10~30%를 보조
	샤먼 (厦門)	· 간선조명, 터널조명 등의 LED 시범 공사에 재정지원	8,000만 위안 자금으로 1만여 개의 LED조명 등을 구입
	난창 (南昌)	· 연구개발 및 산업화, 공공 플랫폼 건설항목 등에 투자	2009년부터 매년 2,000만 위안보다 높은 자금을 투입
	스자좡 (石家庄)	· 반도체조명 연구단지 설립	1,000만 위안 비용 보조
	닝보 (宁波)	· LED 및 반도체조명산업을 5대 산업 과학기술 항목으로 설정	2,000만 위안의 자금을 지원
	하얼빈 (哈尔滨)	· LED조명 신상품 연구개발	연구개발 투입금액의 30%를 지원
	충칭 (重庆)	· LED 지원금을 설립	1,000만 위안을 설립

자료: FUVIC DAILY, CEFRI

중국기업 간의 기술특허 공유, 합자 등의 방향으로 업계구도가 변할 것이다. 12차 5개년 계획의 핵심 육성산업인 LED시장에서 중국정부가 시장을 쉽게 양보하지는 않을 것이다.

둘째로 13억 함수와 도시화의 나눗셈이다. 현재 LED산업의 핵심은 가격이다. 누가 더 빨리 가격을 내릴 수 있느냐가 성패의 관건이다. 초기 발전단계에서는 대량생산, 규모의 경제에 의한 생산원가의 하락이 효과가 기술보다 중요할 수 있다.

1978년 개혁개방 시점의 중국 도시화 비중은 17.9%에서 2010년 49.7%까지 늘어났다. 중국통계국이 발표한 자료를 종합해보면 중국은 현재까지도 매년 1~2%의 도시화가 진행되고 있다. 중국 전체의 면적이 959만 6,961km²이고, 도시화율 2%면 대략 19만 1,940km²인데 이는 한국남한의 면적인 9만 9,300km²보다 훨씬 크다. 1년에 대한민국 면적을 뛰어넘는 도시화가 진행되고 있는 것이다. 중국의 LED가로등과 같은 경관조명의 수요가 얼마나 높은지 이해되는 대목이다.

또한 고속도로, 교량 등의 SOC산업이 중심이 된 중서부지역 개발까지 더해진다면 중국은 LED조명 수요에서 단연 1등이다. 2011년 하반기부터 이러한 추세는 가속화될 것으로 보인다. 정부수요로 가격 하락에 성공하면 그다음은 13억 인구다. LED산업의 최종 목적지는 정부의 가로등, 광고 전광판이 아니라 가정용 수요다. 13억으로 나누어 해결되지 않는 문제는 없다.

• 중국 도시화율 추이

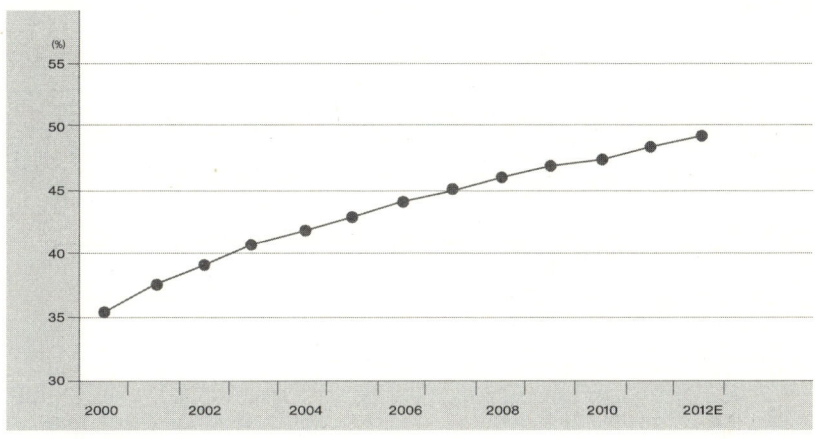

자료: 중국국가통계국

중국 LED조명의 그리드 패리티

태양열 등 신재생에너지의 원가와 효율이 기존의 화석에너지보다 높아지는 시점을 그리드 패리티Grid Parity라고 일컫는데 조명시장에서도 기존의 전통조명에서 LED로 전환되는 시점이 있다. 필자는 이를 'LED조명 그리드 패리티'라 가칭하고, 이 시점을 유추해보려 한다.

기본적으로 LED의 수명은 2만 5,000시간으로 추정되고 있다. 일반조명의 수명이 6,000시간임을 고려할 때, LED조명의 수명시간은 일반조명보다 4배 이상 높다. 전력소모량도 절반에 가까워 전력효율이 높아 2만 5,000시간대략 3년 미만을 사용주기로 본다면 사용시간이 1만 5,000~1만 6,000시간 구간을 돌파하면 LED조명의 사용이 경제적인 선택이 된다. 이러한 이유로 전광판, 공장설비, 가로등 등의 상업용도에 LED조명이 사용되고 있는 것이다.

LED인사이드는 하이츠법칙에 근거해 미래 LED조명 가격을 산출하였다. 1965년부터 매 10년 동안 사용전력 대비 광원효율은 20배씩 상승되고, 단위 생산비용은 90% 내려간다. 이러한 이론이라면 현재의 LED 가격은 10년 후 1/10 수준이 된다는 것인데 업계 예상과도 상통한다. 종합적으로 LED조명 가격은 2009년 25$/klm에서 2015년 2$/klm로 매년 30% 이상의 가격하락에 성공할 수 있을 거라 기대된다.

결국 중국의 'LED조명 그리드 패리티' 시점은 2013년으로 전망된다. 2013년은 LED조명 생산에 대한 제조원가가 백열등의 두 배가 되는 시점이 되는데, LED조명 수명이 백열등의 2.5배임을 고려하면 시간대비 합리적 구매결정 사정권으로 볼 수 있다. 또한 LED조명의 최대 장점인 전력소모량과 환경 관련 정부 보조정책에 의한 원가 하락효과 등을 종합적으로 생각해볼 때 2013년은 'LED조명 그리드 패리티' 시점으로 간주하여도 무리가 없을 듯하다.

하지만 일반조명 부분에서는 조금 더 긴 시간이 소요될 듯하다. 상업용 LED조명 수요는 전력소모와 수명 등을 고려한 합리적 의사결정인 반면에 개인소비자는 구매 당시의 가격이 의사결정에 제일 큰 요소기 때문이다. 이로 인해 2012년을 기점으로 상업용 위주의 시장침투에 성공한 LED조명은 2015년이 되어서야 추가로 가정용 조명까지 확대될 수 있으리라 전망된다.

• LED조명 가격 및 전력사용량으로 유추한 일반조명과의 사용비용 비교

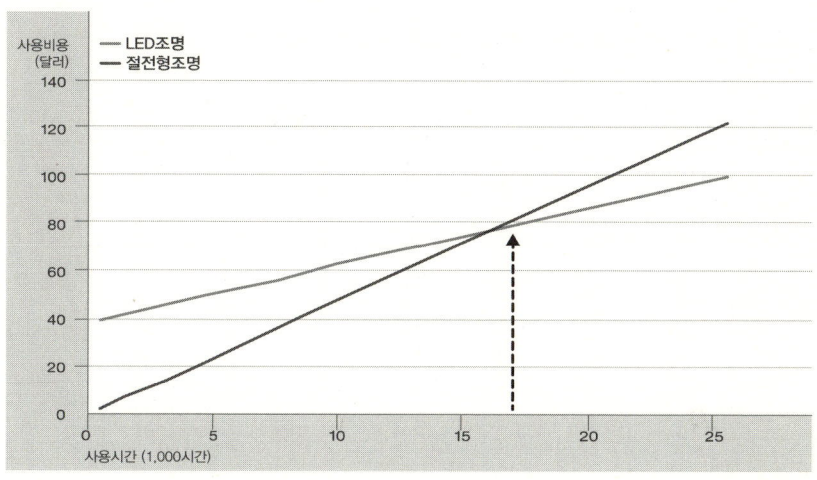

중국 LED산업의 미래

중국의 LED조명산업에 대해 장밋빛 미래만 있는 건 아니다. 중국은 LED조명산업에서 이제 첫걸음을 내디뎠다. 앞으로 넘어야 할 산이 첩첩이 쌓여 있다. 중국 LED산업의 첫 번째 고비는 기술관련 문제다. 현재 LED조명의 원천기술은 일본과 유럽, 미국에 집중되어 있다. 생산이 늘어날수록 특허 관련 비용은 고스란히 기존업체로 넘어가고, 원천기술을 일정수준까지 따라잡지 못한다면 추가적인 기술발전에도 한계가 있다. 현재 중국은 LED반도체조명칩과 포장에서 독자적인 기술력을 보유하고 있으며, 특허 부분에서도 국내특허 전체 비중의 70%를 차지하고 있다. 앞으

• 하이츠법칙 적용 시 LED조명 효율과 가격 예상치

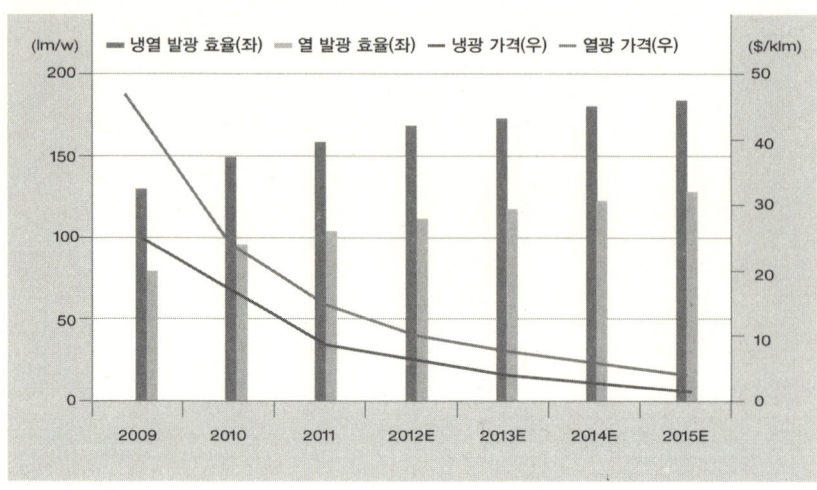

자료: CEFRI

로 중국정부와 기업이 이 분야에 집중하여 육성할 가능성이 높아 보인다. 전 세계 LED조명업계도 전체적으로는 자신의 특허권을 공유하고 공동기술체재로 연구개발 비용을 줄이고 있다. 중국이 단기간 내 이러한 대열에 참여할 정도의 수준까지 기술발전을 이루어야 한다.

정부의 정책도 좀 더 체계적일 필요가 있다. 중국정부는 LED산업 전체에서도 장비구매에 보조금정책을 집중하고 있다. 하지만 전후방에 걸친 지원정책이 아니라면 단기간에 과잉을 가져올 우려가 크다. 이미 MOCVD 분야는 중국업체의 생산확대로 과잉양상이 나타나 수급의 불균형이 이루어지고 있다. 특정 분야로의 집중현상은 전후방산업의 균형적 성장을 대

전제로 하는 국가 전략에도 모순된다.

정부의 백열등 양산 금지정책도 사회적 문제로 대두되고 있다. 호주는 2010년으로 백열등 양산을 금지하고 있고 미국, 유럽, 일본도 2012년을 계획하고 있는 데 반해 중국은 2018년이 백열등 양산 금지 시행시점이다. LED조명에서 일반조명이 차지하는 비중은 70%이며 가장 큰 시장이다. 중국은 일반조명까지 LED조명의 사용이 확대되려면 선진국과 비교하여 다소 긴 시간의 공백이 생길 것으로 예상된다. 중국의 백열등 양산 금지정책이 다른 나라들보다 늦은 이유는 전통조명업체의 도산과 실업으로 이어지기 때문이다. 전통조명업체를 LED조명이나 기타의 산업으로 전향시키는 정부의 정책에도 한계가 있으므로 LED조명 부분이 전통조명을 어떻게 흡수하느냐가 장기적 발전모델에 중요한 숙제가 될 것이다.

중국의 LED산업은 정부의 집중적인 육성정책을 통해 2020년까지 연간 20% 이상의 양적인 고성장을 지속하는 동시에 개별기업의 기술발전을 통한 질적 성장에도 성공할 수 있으리라 예상된다.

현재 중국 LED조명산업은 저렴한 노동력과 정부의 보조금 지원혜택으로 기술적 의존도가 높지 않은 미들스트림 산업체인에 집중해 외형이 확대되고 있지만 이는 단기간 내에 과잉양상으로 전이될 가능성이 크다. 중국정부도 2,000여 개가 넘는 기업의 난립을 우려해 산업 내 인수합병 등의 구조조정을 유도하고 있다.

중장기적으로는 도시화 관련 수요와 상업용 LED의 발전이 기대된다. 각 지방정부에 의해 가로등 및 도시환경 분야에 막대한 수요가 예상되고

• 주요국 백열등 양산 금지 관련 각 정부계획

시기	국가	구체적 계획
2009	인도	2009년부터 모든 전등을 에너지절약형 형광등으로 바꾸기 시작했고, LED전등에 대해서는 현재 평가 중에 있음
2010	호주	2009년부터 양산 중단, 2010년부터 백열등 사용 금지
2012	대만	2010년부터 소매점 및 병원에서 백열등 사용 금지, 2012년 전면적으로 수입 및 양산 금지
	일본	2012년부터 백열등 양산과 판매 금지
	미국	2012년부터 2014년까지 백열등 양산 금지
	유럽	2009년 9월부터 100W 이상의 백열등 판매 금지 2010년 9월부터 75W 이상의 백열등 판매 금지 2011년 9월에는 60W 이상의 백열등 판매 금지 2012년에는 모든 백열등 판매 금지
	캐나다	2012년부터 백열등 사용 금지
	프랑스	2009년 9월부터 100W 이상의 백열등 판매 금지, 2012년부터 전면적으로 판매 금지
2013	한국	2013년부터 백열등 사용 금지
2018	중국	발개위(发改委)는 10년 안으로 백열등 사용 금지

자료: 중국희토협회, CEFRI

있으며, 상업용 LED 분야도 규모의 경제에서 오는 생산단가 하락 등의 요인이 더해지면서 발전 가능성이 높은 분야다. 또한 외국기업이 중국시장의 경관조명 및 도심 야외조명 분야에 큰 관심이 있기 때문에 이 부분에서 중외합자를 통해 중국업체로 빠른 기술이전이 나타날 가능성이 높아 보인다.

앞으로 중국 LED조명산업 성장국면의 가장 관심을 끄는 관전포인트는 LED 응용분야고, 특히 LED TV, 핸드폰, PC 모니터 등의 첨단기술 분야다.

• 중국 LED조명 미래 예상성장 국면

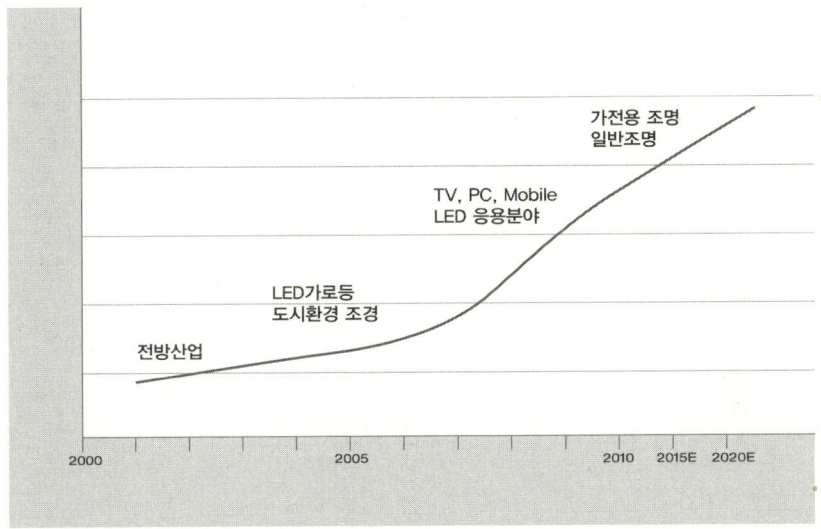

자료: CEFRI

현재 한국과 일본, 대만이 시장점유율의 70% 이상을 차지하고 있지만 대만과 중국 본토기업이 양안협력의 형태로 서로가 시장과 기술을 공유하여 세계시장점유율을 빠르게 확대하고 있다. 한국과 일본도 정부의 지지 아래 기술개발과 시장확대의 움직임을 보이고 있지만, 대만기업의 중국 시장점유율 확대 움직임은 한국에 큰 위협으로 다가온다. 중국 LED조명 시장에 대한 국내업체의 진출은 선택이 아니라 미래 생존이 달린 문제가 될 것 같다.

2011년 11월 중국정부는 LED조명 관련 업체에 대규모 지원정책을 발표했다. 관련 시장의 지각변동이 빠르게 진행되고 있는 것이다. 13억 시장에 대한 우리의 준비가 어떠한지 되짚어볼 때다.

Chapter 7
차세대 IT산업:
핵심은 융합에 기회는 선점에

차세대 IT,
추격자에서 선도자로

중국이 7대 신성장산업으로 키우겠다는 차세대 IT정보기술산업 전략이다. 선진국에 시장을 내주는 대신 기술을 습득해서 한 걸음씩 따라가는 전략이 아니라, 새로운 산업과 시장을 선점해서 선도자로 나서겠다는 것이다.

인간의 삶과 작업환경에 또 한차례의 거대한 변혁을 몰고 올 차세대 IT산업 육성에 차세대 초강대국 중국이 팔을 걷어붙였다. 아무도 가지 않은 땅이 있다면, 그 땅의 임자는 그곳을 선점하는 자일 것이다. 중국은 아직 많은 영역이 전인미답의 상태에 있는 차세대 IT산업을 선점해서 최고의 경쟁력을 확보한다는 전략을 갖고 있다. 클라우드컴퓨팅, 사물 간 인터넷, 3망융합, 고성능 집적회로, 신형 디스플레이, 첨단 소프트웨어 등이 그것이다.

중국이 추진하는 차세대 IT산업의 핵심전략은 융합이다. 인터넷 네트워크와 컴퓨팅을 융합시킨다. 클라우드컴퓨팅이다. 네트워크와 물질세계를 융합시킨다. 사물 간 인터넷이다. 또 중국은 통신망, 인터넷망 그리고 방송망을 융합시킬 계획을 가지고 있다. 이른바 '3망융합'이다. 네트워크와 물질세계를, 네트워크와 컴퓨팅을, 그리고 개체와 개체를 잇는 매개체의 통합과 융합은 시대의 대세다. 융합은 시너지효과를 낳고, 새로운 사업기회를 만들어낸다. 이러한 융합을 뒷받침할 수 있는 물적 자원이 반도체, 디스플레이, 첨단 소프트웨어 등이다.

2011년부터 시작되는 12차 5개년 계획기간 동안 중국이 차세대 IT산업을 '7대 신성장산업'에 포함해 적극적으로 육성하고자 하는 이유는 미국이나 일본, 한국으로부터 물려받은 저부가가치의 제조업만 가지고는 21세기 경제전쟁에서 주도권을 잡기 어렵다는 판단 때문이다. 국가적으로 대규모의 자원을 투입해서라도 새로운 기술, 새로운 표준, 새로운 시장을 선점하지 않으면, 영원히 선진국의 고부가가치 제품의 하청생산기지에서 벗어날 수 없다는 점을 중국정부도 잘 알고 있다.

1990년대 이후, 중국에서도 산업단지가 형성되고 선진국의 기술이 일부 이전되는 등 IT하드웨어, 소프트웨어산업이 크게 성장했다. 하지만 아직 미국과 일본 등의 선진국은 물론 타이완이나 한국 등의 주변국에 비교해서 중국의 IT산업은 취약한 경쟁력을 가진 것으로 평가되고 있다. 다음 표를 보면, 중국의 IT산업 경쟁력 순위는 기업환경이나 인프라, 관련 인력자원, R&D를 막론하고 아직은 선진국과 큰 격차를 보이고 있으며, 전체적으로는 옛 사회주의 국가였던 러시아와 비슷한 수준으로 나타난다.

• 국가별 IT산업 경쟁력 순위(2009년)

순위	국가	총점	기업환경	IT인프라	인력자원	법률환경	R&D	정책지원
1	미국	78.9	97.3	81.3	75.6	61.3	92.0	88.6
2	캐나다	71.3	88.3	71.3	53.3	64.2	82.0	88.6
4	일본	65.1	82.9	70.2	51.6	60.3	79.0	63.4
15	타이완	63.3	86.5	61.5	55.0	59.1	73.5	61.8
16	한국	62.6	79.7	63.2	58.9	57.0	67.0	62.0
25	스페인	47.4	87.4	45.6	47.9	10.6	71.0	68.0
38	러시아	36.8	46.4	27.1	53.1	26.4	42.0	35.3
39	중국	36.7	48.8	13.8	57.9	23.2	59.5	38.2

자료: 이코노미스트

    중국이 차세대 IT산업을 강력하게 추진할 수 있는 여건은 충분한 편이다. 2010년 말 현재 중국의 인터넷 사용인구는 4억 5,000만 명이며 대한민국 전체인구의 10배이 최근 3~4년간 매년 7,000~8,000만 명씩 늘어나고 있다. 핸드폰사용자는 9억 명에 육박하고 있다. 베이징에는 중국의 실리콘밸리라고 불리는 중관춘中關村을 중심으로 IT산업클러스터가 형성되어 있으며, 상하이, 쑤저우, 쿤산, 우시 등을 중심으로 한 양쯔강 삼각주 지역에는 반도체, 노트북 등 하이테크 IT제조업이 모여 있다. 또 광둥성의 주강삼각주지역에는 저렴한 노동력을 기반으로 한 광범위한 IT부품, 조립산업이 발전해 있다.

    중국정부는 이러한 산업기반을 바탕으로 차세대 IT산업을 육성하기 위해 10년을 내다보며 'IT산업 11차 5개년 계획 및 2020년 중장기 계획'과

'IT산업 구조조정 및 진흥계획'을 연달아 수립·시행하고 있다. 이제 중국 정부가 적극적으로 지원하고 있는 차세대 주요 IT산업을 간략하게 살펴보자.

네트워크와
물질세계의 융합

    2009년 8월 7일 원자바오 국무원 총리가 우시無錫를 찾았다. 사물 간 인터넷 감응신호장치 연구센터를 시찰하기 위해서다. 중국에서 사물 간 인터넷이 연구되기 시작한 때는 1999년이고, 2005년에는 '국가 중장기 과학기술발전계획2006~2020'에도 포함됐지만, 2009년을 기점으로 중앙정부와 지방정부가 사물 간 인터넷을 발전시키기 위해 다양한 지원책을 내놓기 시작했다.

    예를 들어 상하이시 정부가 내놓은 '사물 간 인터넷산업을 발전시키기 위한 상하이의 액션플랜2010~2012'을 보면, 센서, 컨트롤칩, 단거리 전용통신, 시스템 통합SI 등의 핵심기술을 개발해서 환경검사 및 측정, 물류관리, 교통 등 10개의 시범 프로젝트를 추진한다고 밝혔다. 이처럼 사물 간 인터넷에 관한 기술혁신이 이루어지면 자연히 비즈니스모델 혁신도 이루어질 것이다. 이에 뒤질세라 베이징, 장쑤성, 광둥성, 청두시 등도 관련 정책을 쏟아냈다.

사물 간 인터넷이란 네트워크를 이용해 물질세계와 물질세계를 연결하

• 각 지역 사물 간 인터넷 관련 정책 세부 내용

지역	세부 내용	응용 범위
장수	· 2012년까지 사물 간 인터넷산업기지 건설, 전체 매출 1,500억 위안 달성, 관련 기업 1,000개 육성(연매출 10억 위안, 기업 10개 포함), 상장 기업 10개 육성 · 2015년까지 전체 매출 4,000억 위안 달성	공업, 교통, 방재, 환경검사 및 측정, 농업, 의료, 물류, 전력망, 공공안전, 가구
상하이	· 2020년까지 센서, 단거리 전용 통신, 통신 및 네트워크 설비, 사물 간 인터넷 서비스 등의 분야를 중점 육성 · 경쟁력 있는 SI기업, SP기업 육성 · 독자적인 기술개발 능력이 있는 전문 기업을 육성해 사물 간 인터넷산업 발전의 기초 마련	환경검사 및 측정, 경호, 교통, 물류, 빌딩, 전력망, 의료, 농업
베이징	· 2012년까지 중관춘 하이테크산업의 부가가치를 연평균 15% 이상으로 증가시켜, 베이징시 GDP의 20%까지 제고 · 혁신적이고 경쟁력 있는 산업클러스터 형성	전기자동차, 도시 CCTV, 도농 간 원격의료 등 20개 이상의 프로젝트
광둥	· 2012년까지 '5개 1,000' 달성 1. 네트워크 설비 제조업 생산액 1,000억 위안 2. 사물 간 인터넷 서비스업 생산액 1,000억 위안 3. 사물 간 인터넷 관련 기업 1,000개 4. 발명 특허 및 표준 1,000개 5. 사물 간 인터넷 관련 단말기 1,000만 대	
청두	· '3센터, 2기지, 6시스템, 1고지' 전략 사물 간 인터넷 응용센터, R&D센터, 정보보안센터 건설(3센터), 사물 간 인터넷 인큐베이팅 기지, 제품 제조기지 건설(2기지), 사물 간 인터넷산업 혁신 시스템, 보급 시스템, 표준 제정 및 검증 시스템, 공공기술 서비스 시스템, 정보보안 시스템(6시스템) 구축 · 2012년까지 300억 위안 산업규모 형성, 20개의 핵심기업, 100개의 역량 있는 기업 육성	지능형 교통시스템, 식품안전, 방재, 환경검사 및 측정, 물류, 안전 감독, 도시 및 농촌 관리

자료: 구어리앤증권연구소(国联证券研究所)

는 것이다. 일반 인터넷이 인간에 의해 수집된 정보가 계산되거나 활용된다면, 사물 간 인터넷은 사물 또는 기계에 내장된 입력장치에 의해 정보를 수집하고 활용하는 것을 말한다. 차량에 장착된 카드와 톨게이트에 장착된 인식기계를 통해 고속도로 통행요금을 자동정산하는 시스템이 사물 간 인터넷의 좋은 예다.

사물 간 인터넷산업은 세부적으로 사물의 정보를 감지Sensing하는 분야, 감지된 정보를 전달하는 분야, 전달된 정보를 처리하는 분야, 그리고 그것을 응용하는 분야로 나누어진다. 현재 중국은 정보전달 분야와 정보감지 장치의 하나인 RFID 모듈 분야에서만 일정한 경쟁력을 가지고 있을 뿐, 사물 간 인터넷산업의 다른 분야는 상대적으로 매우 취약한 것으로 알려졌다.

정보감지 분야는 사물 간 인터넷의 말초신경에 해당한다. 일반 인터넷은 인간에 의해 정보가 생성되는 반면, 사물 간 인터넷에서는 각종 정보감지 장치에 의해 정보가 입력되기 때문이다. 사물 간 인터넷 기술의 핵심이라고도 할 수 있다. 한편, 사물 간 인터넷은 인간생활의 어떤 분야에 응용하느냐에 따라 관련 기술의 개발과 혁신이 뒤따라오는 특징을 가지고 있다. 응용분야가 사물 간 인터넷의 실제 수요라는 얘기다.

RFID Radio Frequency Identification: 감지기술의 핵심

RFID는 사물 간 인터넷 감지산업에서 가장 중요한 기술이다. 현재 소매, 물류, 스마트카드 등 많은 영역에서 광범위하게 이용되고 있다. 중국

• 중국 LED조명의 미래 예상 성장 국면

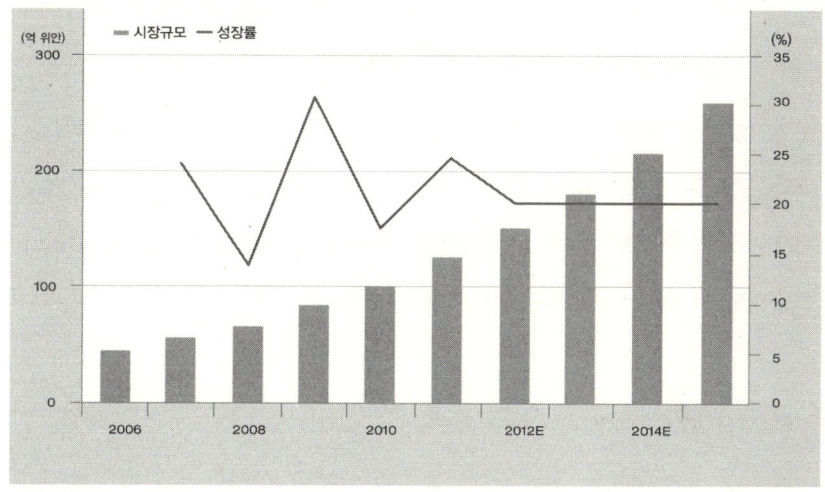

자료: CEFRI

공업부에 따르면, 2009년 RFID 전체 산업매출은 85억 1,000만 위안으로 전년 대비 29.3% 성장했다. 중국 RFID 산업연맹은 앞으로 5년간도 연평균 20% 이상 성장할 것으로 전망한다. 2015년에는 지금의 세 배가 넘는 260억 위안의 시장이 된다는 말이다.

RFID는 주파수에 따라 감응범위가 다르다. 저주파LH와 고주파HF는 50cm~1m 정도의 감응범위를 가지고 있어 출입구 제어, 도서대출 시스템, 스마트카드에 많이 활용된다. 극초단파UHF와 마이크로파MW는 3~10m 정도 거리의 사물도 인식할 수 있기 때문에 물류관리배송추적, 톨게이트 요금수납 등에 사용된다. 현재 중국에서는 저주파와 고주파의 RFID 태그 칩

설계와 응용은 활발하게 이루어지고 있으나, 극초단파칩과 마이크로파칩은 연구개발 단계로 주로 수입에 의존하고 있다. RFID 안테나와 리더기도 저주파와 고주파제품 기술은 비교적 발달하였으나, 극초단파 기술은 관련 업체도 많지 않고 선진국과의 기술격차도 비교적 큰 편이다. RFID 시스템통합SI과 소프트웨어 분야는 특정 기업 또는 프로젝트에 중국기업의 제품이 사용되기도 하나, 범용제품의 경우 IBM, HP, SAP, Oracle, Sun 등 외국기업의 제품이 광범위하게 사용되고 있다.

M2M사물통신Machine to Machine산업

M2M은 통신모듈을 기계 안에 삽입해서 해당 기계가 통신기능을 가질 수 있도록 하는 방식이다. 중국의 CDMA 핸드폰단말기 안에 들어 있는 SIMSubscriber Identification Module카드가 대표적이다. 이 밖에도 공업용 SIM카드, 3G통신모듈, M2M 무선통신모듈 등이 공공요금 검침과 차량용·의료용 애플리케이션 등 다양한 분야에 활용되고 있다.

중국의 M2M 애플리케이션 연구 및 응용분야의 선두주자는 차이나모바일中國移動이다. 최근 수년간 연평균 80% 이상 성장하고 있다. 2010년 말에는 전국적으로 300만 개가 넘는 차이나모바일 M2M 단말기가 사용됐다.

차이나모바일은 M2M 모듈의 독자개발을 통해 단말기 표준화 문제를 해결하는 동시에, 중국 전역에서 각 성별로 M2M 네트워크를 위한 플랫폼을 건설하고 있다. 특히 베이징, 상하이, 랴오닝 등지의 택시와 시내버스에 모두 110만 개가 넘는 M2M 단말기기를 설치해 차량관리, 배치 등에 이용하고 있다. 또 광둥, 베이징, 충칭 등의 전력공급업체를 대상으로 104만 대의 전력 원격검침장치를 제공하였다.

현재 중국에서는 차이나모바일뿐만 아니라, 차이나텔레콤中國電信과 차이나유니콤中國聯通도 M2M 플랫폼을 건설하고 관련 애플리케이션을 개발·공급하기 위해 적극적인 노력을 기울이고 있다.

무선센서 네트워크Wireless Sensor Network산업

사물 간 인터넷의 가장 선진적인 감지방식은 무선센서 네트워크로 앞으로 컴퓨터, 인터넷, 이동통신을 훨씬 능가하는 거대한 시장을 형성할 것으로 알려지고 있다. 중국에서도 무선센서 네트워크산업은 공공안전, 전력안전, 스마트홈, 건강측정, 지능형 교통시스템, 경호 및 보안, 농업, 군사 등 셀 수 없이 많은 분야에서 시장을 만들어낼 뿐만 아니라, 나노기술, 센서 등 관련 산업과 함께 클러스터 효과도 발생할 것으로 기대하고 있다. 중국 내 보고서에 의하면, 전체 산업의 규모는 앞으로 수년간 연평균 200%씩 성장하여 2015년에는 200억 위안의 시장규모에 이를 것으로 전망하고 있다.

무선센서 네트워크의 핵심기술은 미세전자제어시스템Micro Electro Mechanical System, MEMS인데, 중국은 아직 MEMS기기와 칩설계 및 제조기술이 부족하여 ST Electronics, HP 등 외국 반도체 제조업체에 의존하고 있다.

지능형 교통시스템

중국에서 사물 간 인터넷이 가장 광범위하게 사용되는 분야는 지능형 교통시스템 구축이다. 급속한 도시화와 농촌인구의 도시유입, 소득수준의 상승으로 인한 자가용 차량의 증가, 고속철도 운행과 그에 따른 도시범위의 확대 등으로 중국 도시지역 차량의 수는 폭발적으로 증가하고 있으나, 도로건설은 그에 미치지 못하고 있기 때문이다. 따라서 교통정체에 따르는 경제적·사회적 손실을 줄일 수 있는 지능형 교통시스템 구축이 중국 정부의 도시화 전략에서 매우 중요한 요소가 되었다.

지능형 교통시스템 중에서 가장 큰 주목을 받고 있는 것은 차량 내비게이션이다. 2009년 기준으로 중국 완성차의 내비게이션 장착률은 4.4% 수준인 약 37만 대 정도이나, 이 비율은 앞으로 매년 꾸준히 증가할 것으로 보인다. 또 하나는 교통정보시스템의 구축이다. 중국정부는 앞으로 5년간 경전철, 지하철 등 도시 철도망 구축에 6,755억 위안을 투자할 계획이다. 이와 함께 도시 지능형 교통시스템 구축산업이 750억 위안, 고속도로 정보화 시스템산업이 1,000억 위안의 규모에 달할 것으로 전망된다.

보안·경호산업 정보화

경제성장과 함께 개인의 신변과 재산보호의 중요성이 높아지면서 크게 성장하고 있는 분야가 보안·경호산업이다. 특히 CCTV를 이용한 보안·경호산업이 전체의 절반 이상이다. 수요는 크게 정부 등 공공수요와 민간수요로 나누어지며 이중 교통, 도시치안, 금융, 정부 프로젝트에서의 수요가 전체의 50%를 넘는다. 2009년 기준으로 전체 시장규모는 360억 위안 수준에 이른 것으로 나타났다. 2004년에는 불과 80억 위안 정도였음을 감안하면, 5년 만에 시장이 4배 이상으로 성장한 것이다.

네트워크와 컴퓨팅의 융합, 클라우드컴퓨팅

클라우드컴퓨팅도 중국정부가 12차 5개년 계획기간에 적극적으로 지원하게 될 차세대 IT산업 중의 하나다. 중국공업부와 발개위는 2010년 10월 18일 '클라우드컴퓨팅 서비스혁신 시범사업에 관한 통지'에서 베이징, 상하이, 선전, 항저우, 우시 등 5개 도시를 클라우드컴퓨팅 서비스혁신 시범도시로 선정하였다. 물론 2008년부터 우시, 베이징 등 IT산업기반이 갖추어진 일부 도시에서는 자체적으로 클라우드컴퓨팅 프로젝트를 가동하기 시작했다. 각 지역별로 클라우드컴퓨팅산업 육성계획을 세우고, 국내외 전문가를 불러와 포럼, 세미나를 개최해 클라우드컴퓨팅에 대한 관심을 높이고 있다. 또 해외 관련 기업을 유치하기 위한 경쟁에도 열심이다.

그럼 클라우드컴퓨팅이란 무엇일까? 클라우드는 구름이다. 온라인을 구름과 같은 가상공간이라고 본 것이다. 따라서 클라우드컴퓨팅은 온라인상의 컴퓨팅자원을 사용하여 원하는 작업을 하는 것을 말한다.

온라인상에 컴퓨팅자원이 있기 때문에, 컴퓨터사용자는 작업에 필요한 소프트웨어를 다운로드하거나, 설치할 필요가 없다. 작업자는 인터넷 접속이 가능한 환경에서는 시간과 장소를 불문하고 자신이 원하는 어떤 작업도 할 수 있다. 원하는 모든 소프트웨어를 실시간으로 바로 사용할 수도 있다. 작업 중인 데이터도 클라우드에 보존한다. 데이터가 작업자의 개인컴퓨터가 아닌 클라우드에 있기 때문에 여러 명이 한 개의 작업을 동시에 진행할 수도 있다.

글로벌 IT시장조사기관인 가트너Gartner는 2010년과 2011년 연속으로 클라우드컴퓨팅을 10대 핵심전략기술 중 1위로 선정했다.

가장 발 빠르게 움직인 곳은 하이닉스반도체가 진출해 장수하고 있는 장쑤성 우시 지역이다. 우시는 2008년 시정부의 투자로 클라우드컴퓨팅센터를 건립했다. 최근에는 중국의 수도 베이징과 '경제수도' 상하이에서도 클라우드컴퓨팅을 육성하기 위한 체계적인 지원정책이 발표되었다. '클라우드컴퓨팅산업 상하이 액션플랜2010-2012'과 '베이징 상운祥雲프로젝트 액션플랜'이 바로 그것이다.

중국의 전문가들에 의하면, 중국의 클라우드컴퓨팅산업은 주로 정부와 기업 양쪽에서 초기 시장수요를 발생시킬 것으로 보인다. 주로 시장수요에 따른 기업구매와 기술개발, 기술혁신의 과정을 거치는 서구와는 사뭇 다른 모델이 될 것이라는 전망이다. 중앙정부가 신성장산업에 클라우드컴퓨팅을 포함시킬 움직임을 보이자 베이징, 상하이 등 대도시에서 해당 지역정부 차원의 강력한 의지를 담은 정책을 발표하는 것을 봐도 알 수 있다.

우선 베이징과 상하이 모두 클라우드컴퓨팅을 이용한 전자정부시스템의 업그레이드가 가장 중요한 정부수요가 될 것으로 보인다. 클라우드컴퓨팅산업을 지원할 수 있는 가장 직접적인 방법이다. 베이징은 중관춘이라는 기존의 IT산업기지를 적극적으로 활용한다. 칭화대, 베이징대, 중국

• 중국 지방정부의 클라우드컴퓨팅 프로젝트

착수시기	지역	명칭	기능
2008 2009	우시 (無錫)	우시 클라우드 컴퓨팅센터 1, 2기	1기: 정부주도의 기술혁신 2기: 구체적인 클라우드 플랫폼 건설
2009. 05	둥잉 (東營)	황하 삼각주 클라우드컴퓨팅센터	둥잉시 전자정부 건설, 둥잉 및 인근 지역의 전자상거래 지원 등
2009. 10	베이징 (北京)	베이징 클라우드플랜	베이징시 소재 중소기업의 IT 관련 투자 절감, 업무지원 등
2010. 04	산둥 (山東)	산둥 클라우드컴퓨팅 공공서비스 플랫폼	클라우드컴퓨팅을 활용한 산둥성의 공공서비스 플랫폼 건설
2010. 04	충칭 (重慶)	북부 신구 클라우드 컴퓨팅 플랫폼	중국 서부지역 최초의 공공 클라우드컴퓨팅 정보 플랫폼
2010. 04	포산 (佛山)	21Vianet 협력 프로젝트	차세대 데이터·서비스 운영센터 및 원천기술 혁신센터 건설 등

자료: 동방증권

과기대의 우수인력도 큰 자산이 될 것이다. 두 도시에서 발표한 정책에 의하면, 클라우드컴퓨팅 산업기지 건설, 로드맵 작성, 표준개발, 산학연 협력체 설립, 산업발전을 위한 자금조달 등에 정부가 깊숙이 개입한다.

베이징과 상하이의 목표도 비슷하다. 세계적인 경쟁력을 갖춘 '산업 클러스터'를 만들겠다는 포부다. 앞으로 2015년까지 두 도시 모두 클라우드컴퓨팅산업연관 산업 포함을 2,000억 위안의 규모로 키울 계획이다.

이 밖에 공업부와 발개위가 시범지역으로 선정한 나머지 3개 지역선전, 항저우, 우시이 베이징과 상하이 규모의 절반만 된다고 가정해도 모두 7,000억 위안의 규모가 된다. 한국돈으로 약 120조 원이다. 중국의 연구기관은 중국의 클라우드컴퓨팅산업이 2015년까지 연평균 30%의 성장률을 기록할 것으로 전망하고 있다.

현재 클라우드컴퓨팅은 전 세계적으로도 산업형성의 초기에 해당한다. 앞으로 구체적으로 어떤 방향으로 기술발전이 이루어질 것인지, 어떤 기술이 각 분야의 표준이 될 것인지, 어떤 사업모델이 소비자들에게 광범위하게 받아들여질 것인지, 많은 투자자들, 각국 정부 및 기관들, 관련업계에서 큰 관심을 두고 클라우드컴퓨팅 사업에 참여하고 있다.

중국으로 눈을 돌려보면, 클라우드컴퓨팅은 CPU, 메모리, 서버, 네트워

• 베이징 상운프로젝트 액션플랜 주요내용

의의	· 차세대 IT기술혁신 → 신성장산업의 발전 엔진 · 베이징의 중관춘(中關村)을 국가 혁신 시범지역으로 건설하고, 소프트웨어 및 IT 서비스산업에 거대한 발전기회 제공
발전목표	· 세계적인 차세대 IT기술혁신 경쟁에서 주도적인 위치를 혁신하여, 베이징을 전 세계 '클라우드컴퓨팅 중심'으로 육성 · 기술, 제품, 서비스가 고르게 발전하는 산업구조 형성 · 안전, 고효율, 가격 경쟁력을 갖춘 클라우드 서비스 제공 · 세계적인 클라우드컴퓨팅 기업 클러스터 형성 · 혁신적인 신기술, 신제품, 신표준개발 및 육성 · 2015년까지 IaaS, PaaS, SaaS 서비스에서 500억 위안 지원 · 전체적으로 2,000억 위안 규모의 산업으로 육성(연관 산업 포함)
중점 프로젝트	· 클라우드 응용 대형 시범 프로젝트 · 클라우드컴퓨팅 산업기지 건설 프로젝트 · 클라우드컴퓨팅 표준 제정 프로젝트 · 클라우드컴퓨팅으로 전환하기 위한 기술개조 프로젝트
정부 정책방향	· 전자정부 사업에 우선 응용 및 투자, '클라우드 전자정부' 건설, 클라우드 서비스 모델을 정부 조달에 포함 · 클라우드컴퓨팅산업 발전 로드맵 작성 · 사물 간 인터넷, 차세대 인터넷, 3망융합과 결합하여 스마트그리드, 에너지절감산업 등 새로운 영역으로 확장 및 발전 · 중앙정부의 주요 과학기술 프로젝트와 연결

자료: 동방증권

크, 통신사업, 터미널, OS, 응용 소프트웨어 등 중국의 IT산업 전반에 걸쳐 큰 변화를 가져올 것이다. 클라우드컴퓨팅이라는 새로운 산업을 선점하려는 중국정부의 강력한 의지와 함께, 해당 사업 주체들 간의 융합, 협력과 경쟁, 구조조정, 사업모델 혁신 등이 성패를 가름하는 주요한 요소가 될 것이다.

클라우드컴퓨팅은 소프트웨어 서비스, 플랫폼 서비스, 인프라 서비스의 세 가지 서비스 방식이 있다.

'소프트웨어 서비스Software as a Service, SaaS' 방식은 클라우드컴퓨팅 서비스 제공업체가 소프트웨어를 제공하는 방식이다. 고객은 인터넷에 접속해 소프트웨어를 사용하고, 사용한 만큼 비용을 지급한다. 빗대어 말하면, 개개인 가정에 윷놀이판, 장기판, 바둑판을 놓고 즐기는 것이 아니라, 누구나 접근할 수 있는 '구름클라우드'에 있는 것을 이용하고, 이용한 만큼 이용료를 내는 것이다.

'플랫폼 서비스Platform as a Service, PaaS'는 클라우드컴퓨팅 서비스 제공업체가 온라인 소프트웨어를 만들고 이용할 수 있는 클라우드인프라와 도구를 고객에게 제공하는 방식이다. 빗대어 말하면, 고객들은 윷놀이판이든 장기판이든 또는 바둑판이든 그 어떤 놀이판이라도 만들 수 있는 종이, 가위, 풀, 공간 등 필요한 도구와 자원을 제공받는 것이다.

'인프라 서비스Infrastructure as a Service, IaaS' 방식은 클라우드컴퓨팅 서비스 제공업체가 고객이 가진 소프트웨어나 자신들이 제공하는 소프트웨어를 구동할 수 있는 하드웨어를 고객에게 제공한다. 빗대어 말하면, 고객이 가지고 있는 윷놀이판, 장기판, 바둑판을 가져다 놓고 즐길 수 있는 물리적 인프라를 빌려주거나, 업체가 보유하고 있는 놀이판을 고객이 즐길 수 있도록 빌려주는 것이다.

• 클라우드컴퓨팅산업 상하이 액션플랜(2010~2012) 주요내용

의의	· 상하이의 IT산업 경쟁력 제고 및 신성장동력으로 육성 · 클라우드컴퓨팅산업 육성으로 상하이 전체 산업 구조조정 및 경제발전 방식 전환 추진
발전목표	상하이를 중국의 '클라우드컴퓨팅 기술 및 서비스 중심'으로 육성-3년간 '십백천(十百千)' 프로젝트 추진 · 연매출 1억 위안 이상의 클라우드컴퓨팅 기술 및 서비스 기업 10개 육성, 도시관리 · 전자정부 · 중소기업 서비스 등을 위한 클라우드컴퓨팅 시범 플랫폼 10개 건설 · 100개의 소프트웨어 및 IT서비스 기업 → 클라우드컴퓨팅 서비스 기업으로 전환 추진 · 클라우드컴퓨팅으로 IT 3년간 서비스산업 매출 증가액 1,000억 위안 초과, 클라우드컴퓨팅산업 고급 인재 1,000명 양성 및 유치
중점 프로젝트	· 클라우드컴퓨팅 핵심기술혁신 프로젝트 · 클라우드컴퓨팅 기초설비 개선 프로젝트 · 클라우드컴퓨팅 주요 어플리케이션 시범 프로젝트 · 클라우드컴퓨팅산업 환경 세팅 프로젝트 · 전문인재육성 프로젝트, 정보보안 프로젝트
정부 정책방향	· 중국 각 성 및 도시, 특히 장강삼각주지역의 산업과의 연계 발전 고려, 중국 전역의 주요 클라우드컴퓨팅 기업과 함께 전자정부, 공공서비스, 공업, 첨단서비스업, 중소기업 대상 서비스업 등의 영역에서 클라우드컴퓨팅 시범 프로젝트 시행 · 상해 기업이 외국기업 및 기술에 대한 M&A를 통해 세계 최고의 관련 기술을 장악토록 지원 · 클라우드컴퓨팅 솔루션을 이용한 상하이시 및 시 산하 구정부의 전자정부 시스템 혁신, IT센터 및 데이터센터의 결합을 통해 전자정부 운용원가절감 추진 · 클라우드컴퓨팅 제품 및 솔루션, 애플리케이션 제공기업, 관련 하드웨어 제조기업, 대학, 연구소, 고객으로 구성된 '상하이 클라우드컴퓨팅산업 발전 연맹' 건설 · 시정부와 벤처캐피털 공동으로 클라우드컴퓨팅 투자기금 마련

자료: 동방증권

Section 3
통신, 인터넷, 방송 3망의 융합

 스마트폰으로 TV 드라마를 보면서 집으로 들어서고 있다. 거실에 있는 TV를 향해서 가볍게 스마트폰을 흔들어주었다. TV가 켜지면서 스마트폰으로 보고 있던 드라마가 그대로 연결되었다. 스마트폰의 드라마는 자동으로 꺼졌다. 역시 드라마는 집에서 소파에 앉아 편안하게 봐야 제격이다. 그런데 아뿔싸! 할인마트에서 저녁 찬거리와 과일을 사와야 한다는 걸 깜박 잊었다. 다시 TV를 향해서 스마트폰을 흔들었다. TV의 드라마가 다시 나의 스마트폰으로 들어왔다. 저녁을 거를 수 없지만, 이것도 놓칠 수 없다! 인기드라마는 본방사수!

 2011년 5월 13일부터 16일까지 4일간 개최된 중국선전국제문화산업박람회의 '3망융합' 주제관에서 가장 인기를 끈 것은 3망융합 체험현장이다. 이번 전시회에는 지난 2010년 6월에 발표된 12개의 3망융합 시범도시가

저마다의 독특한 아이디어를 관람객에게 선보여 큰 호응을 얻었다.

3망이란 방송망, 통신망, 인터넷망을 가리킨다. 3망융합이란 이 세 가지 네트워크를 기술적으로, 업무적으로 또는 네트워크 그 자체를 통합시키는 것이다. 또 업무가 통합되기 때문에 그 관리감독 기능도 통합된다. 3망 융합은 기술적인 융합도 중요하지만 음성, 동영상, 광대역 서비스 및 관련 산업의 업무를 어떻게 결합할지가 관건이다.

중국에서 방송망과 통신망의 통합운영과 관리에 관한 논의는 지난 2000년대 초반부터 시작되었지만, 통신, 방송, 인터넷을 통합하는 본격적인 3망융합 추진은 2010년 1월 30일, 원자바오 총리가 주최한 국무원 상무위원회 회의에서 결정되었다. 3망융합의 구체적인 일정표도 제시되었다. 2012년까지는 우선 방송과 통신의 융합을 서두르고, 이 사업결과를 바탕으로 2015년까지 전면적인 3망융합을 추진한다는 계획이다.

관심의 초점이 되고 있는 것은 우선 방송과 통신의 융합이다. 현재 중국 내 케이블TV 시장에는 약 3,000개 정도의 사업자가 있는 것으로 추산되는데, 규모가 모두 다르고 서비스 수준에도 차이가 있다. 이에 따라 중국의 광전총국廣電總局은 케이블TV 사업자의 난립과 이로 인한 시장질서의 혼란, 관리의 어려움, 네트워크 자원의 낭비 문제를 해결하기 위해, 100억 위안 이상을 투자해 '중국방송 TV네트워크공사'를 설립하고 전국 각지의 케이블TV 채널을 통일적으로 관리하고 운영할 계획이다. 또 3망융합 과정에서 '중국방송 TV네트워크공사'가 주도적인 역할을 하게 될 것으로 보인다.

• 3망융합 일정표

기 간	단계적 목표
2010~2012	방송과 통신의 쌍방향화를 시범적으로 실시하고, 체계적인 정책 및 제도완비를 통해 3망융합을 위한 토대 마련
2013~2015	시범사업 결과를 바탕으로 전면적인 3망융합 추진 및 통합서비스 제공. 3망융합의 산업구조를 확립하고 효율적인 관리·감독 시스템 마련

자료: 중국국무원

• 방송망 쌍방향화 전환에 필요한 투자금액(2011~2013)

설비	가격(위안)	사용자 수(억 명)	교체금액(억 위안)
셋톱박스	350	1.09	382
광섬유+동축케이블	600	1.44	864
합계			1,246

자료: 국신증권

중국 관련 업계에 의하면, 2011년부터 2013년까지 3망융합으로 발생될 투자와 소비가 6,000억 위안을 넘을 것으로 예상된다. 이중 케이블방송의 쌍방향화, 셋톱박스 및 오디오, 비디오 콘텐츠제작과 관련된 투자만 2,500억 위안이 될 것으로 추정된다. 현재 중국에서 방송망의 쌍방향화는 사용자가 셋톱박스를 설치하고 광섬유와 동축케이블을 이용하여 연결시키는 방식이 사용되고 있는데, 현재 케이블방송 사용자만 계산해도 앞으로 3년간 약 1,250억 위안에 달하는 교체수요가 발생할 것으로 추산된다.

3망융합은 중국의 관련 정부부서, 대형방송, 통신 국유기업, 지방정부 및 지방 방송국, 지방 관련 기업의 이해가 얽혀 그 진행속도가 조금 늦어지고 있다. 원래 2011년 연초에 발표될 예정이었던 2차 시범도시 선정도 다소 늦어지고 있지만, 중국 전역에서 30개가 넘는 도시가 경합하고 있다. 하지만 2011년 하반기에는 1차 때보다 더 많은 수의 시범도시가 선정될 것으로 보인다.

중국정부는 3망융합 시범도시부터 방송의 쌍방향화 사업을 적극적으로 실시하도록 하고 있다. 상하이, 난징, 항저우, 하얼빈, 선전, 장사 등 12개 시범도시 중 일부지역은 쌍방향화 사업 진척도가 80%를 넘었다. 중국 전체적으로는 4,700만 가구에 쌍방향 네트워크가 설치되었다.

3망융합이 본격적으로 진행되는 것은 2013년부터가 될 것이다. 케이블TV 네트워크의 디지털화와 쌍방향화가 완성되고, 관련 통신 기초설비가 완비되면 통합된 네트워크를 타고 광대한 정보가 중국을 이동하게 된다.

3망융합의 진전은 중국의 IT산업 전체에 커다란 변화를 가져올 것이다. 멀티미디어 방송, 모바일TV, 디지털TV, 인터넷산업, 콘텐츠산업, 네트워크산업, IT하드웨어 등 직간접으로 관련된 산업에 큰 시장기회가 될 뿐만 아니라, 문화산업이나 관련 서비스업 심지어는 전통적인 제조업에도 새로운 발전기회를 제공할 것으로 전망된다.

통신망과 방송망과 인터넷망을 합치는 것은 한 국가의 기간산업인 통신산업과 방송산업, 그리고 네트워크사업 전반에 걸친 국가적 프로젝트다. 중국은 국토면적이나 인구수만큼 융합과 통합의 범위도 광대하다. 융합의 규모가 큰 만큼 많은 이해관계자가 있고, 실시하는 과정에서 조정과 타협의 진행과정이 원래 계획보다 약간 늦어지고 있다. 하지만, 중국 전역의 커뮤니케이션의 흐름을 효율적으로 통제하고, IT산업에서 새로운 시장을 만들어내기 위한, 차세대 IT산업의 주요 프로젝트로서 중국정부가 힘을 실어 추진할 것으로 예상된다.

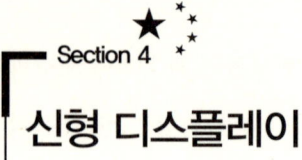

신형 디스플레이

 2010년 말, 한국의 디스플레이 업계에 반가운 소식이 날아들었다. 대만, 일본기업과의 치열한 경쟁 끝에 LG디스플레이와 삼성전자만 중국 내에 신규공장 설립허가를 받은 것이다. LG디스플레이는 약 40억 달러를 투자해서 2012년까지 광저우에 8.5세대 라인을 건설할 계획이고, 삼성전자 역시 2012년까지 약 30억 달러를 들여 반도체, 노트북 법인들이 모여 있는 쑤저우에 7.5세대 라인을 건립할 계획이다. 이 덕분에 두 회사는 폭발적으로 성장하고 있는 중국시장을 공략할 교두보를 마련한 것으로 보인다.
 세계적인 디스플레이업체들이 중국에서 속속 생산기지 건설에 나서는 이유는 간단하다. LCD TV, 핸드폰, 노트북, 컴퓨터 등 LCD가 사용되는 대부분의 산업에서 중국이 세계 최대의 공장이자 시장으로 떠올랐기 때문이다. 현재 건설 중인 LCD 패널 생산라인 대부분이 완공되는 2012년 말이면, 중국이 전 세계 LCD패널 생산능력의 32%를 보유하게 된다. 3년 만에 생산능력이 6배로 늘어나는 것이다. LCD TV나 핸드폰, 노트북뿐만 아니라, 태블릿PC, 차량용 내비게이션 등 LCD 응용분야의 증가가 디스플레이 산업 전체 규모의 확대를 가져오고 있다. 또 LCD산업의 확대는 총이익률이 40%가 넘는 LCD소재, 부품산업의 동반성장을 추동하고 있다. 현재 대부분의 LCD소재, 부품은 일본, 독일, 한국, 대만의 기업이 중국으로 공급하고 있으나, 중국기업도 중국정부의 정책적인 지원과 시장확대에 힘입어 기술개발과 시장확보를 위해 노력하고 있다.

LCD패널 생산을 위한 중요한 소재는 유리기판, 편광판, 컬러필터, 백라이트 모듈 등이다.

• 중국 내 LCD패널 생산라인 건설 계획

기업	지역	세대	예상 월생산량 (만 장)	예상 양산시기
경동방 (京東方, BOE)	베이징	8.5	9	2011년 하반기
IVO	쿤산	8.5	9	2011년 하반기
화성광전 (華星光電, TCL)	선전	8.5	9	2011년 말
LG디스플레이	광저우	8.5	12	2012년* 연기
삼성	쑤저우	7.5	10	2012년

자료: 국신증권

유리기판

유리기판은 LCD패널 원가의 20%를 차지하는 LCD산업에서 가장 중요한 원자재 중의 하나다. 해상도, 투광도, 중량 등 액정 디스플레이의 주요한 기능이 모두 유리기판의 품질과 관계가 있다.

중국 내 LCD패널 생산라인이 증가함에 따라 유리기판의 생산량도 많이 늘어날 전망이다. 디스플레이서치Display Search에 따르면, 2013년까지 중국 내 유리기판 수요가 2008년의 7배가 될 것으로 보인다.

현재 전 세계 유리기판은 미국의 코닝사와 삼성코닝이 대략 절반 정도를 생산하고 있으며, 중국의 차이홍彩虹은 세계에서 5번째로 큰 유리기판 제조사로 중국 내에서 빠르게 생산라인을 늘려가고 있다.

편광판Polarizing Plate

편광판은 유리기판 위에 붙이는 0.3mm의 초박막필름이다. 모든 LCD패널에는 같은 크기의 편광판이 반드시 2개씩 필요하다. 특히 대형 LCD패널에 대한 수요가 증가하면서 대형 편광판에 대한 수요도 동시에 증가하고 있다. 디스플레이서치에 따르면, 2010~2011년까지 중국 내 편광판 수요는 1억 2,000만m^2에 이르나, 공급은 8,000만m^2 정도로 당분간 공급부족 상태가 이어질 것으로 전망된다.

현재 전 세계 TFT-LCD 편광판 생산 1~3위는 니토덴코日東電工, LG화학, 스미토모화학住友化學으로, 전체 생산의 80%가량을 담당하고 있다. 한편 중국에서는 광둥성에 소재한 선팡즈深紡織만이 편광판 풀세트 생산기술을 갖추고 있으며, 연간 100만m²의 중소형 TFT 편광판을 생산하고 있다. 그러나 현재 8억 5,000만 위안을 투자해 추가로 800만m²를 생산할 수 있는 편광판 라인을 건설하고 있으며 빠르면 2011년 말경에 생산을 시작할 수 있을 것으로 예상된다.

컬러필터Color Filter

컬러필터는 LCD화면의 색채를 구현해내는 핵심소재다. 모든 LCD디스플레이에는 LCD패널과 같은 크기의 컬러필터가 반드시 필요하며, LCD디스플레이의 밝기, 대비도 등 화질에 직접적으로 영향을 미치기 때문에, 컬러필터 기술의 발전이 LCD디스플레이 기술의 발전과 직결된다.

전 세계적으로 컬러필터 생산은 토판프린팅凸版印刷, DIC大日本油墨, 토레이東麗 등 일본기업이 주도하고 있다. 중국에서는 상하이젠텅上海劍騰만이 5세대 컬러필터 생산라인에서 연간 25만 장을 생산하고 있지만, 상광뎬上廣電 NEC와 일본의 후지사가 공동으로 2억 7,000달러를 투자해서 컬러필터 생산라인을 건설하고 있으며, BOE京東方는 중국 서부지역인 청두에 컬러필터공장을 세우고 있다. 한편, 토판프린팅은 쿤산에 LCD패널라인 건설을 계획하고 있는 타이완 최대의 LCD패널 생산업체인 AUO友達光電와의 동반진출이 예상된다.

백라이트 모듈Backlight Module

LCD는 대부분 뒤쪽에서 광원光源을 제공하는 백라이트 방식을 사용한다. 현재 LCD 백라이트는 크게 CCFL과 LED로 나뉘어 있으나, 2011년부터 LED 백라이트를 광원으로 사용하는 LCD 디스플레이가 많이 늘어날 전망이다. 중국기업으로는 하이신海信이 최초로 LED 백라이트 제조기술을 보유하고 있으며, 2008년 7월에 42인치 LED 백라이트를 사용한 LCD TV를 출시하였다. 또 한국과 대만의 LED 백라이트기업도 중국진출을 가속화하고 있다.

Section 5
고성능 집적회로, 첨단 소프트웨어

고성능 집적회로IC와 첨단 소프트웨어는 중국의 차세대 IT산업 발전에 핵심적인 구실을 하게 된다. 반도체가 사용되지 않은 IT산업이 없으며, 그 어떤 뛰어난 하드웨어도 소프트웨어 없이 움직이지는 않기 때문이다. 중국정부도 고성능 집적회로와 첨단 소프트웨어의 중요성을 잘 알고 있으며, 이번 7대 신성장산업 육성전략에도 두 산업을 명시하여 포함하였다.

집적회로와 소프트웨어산업을 함께 묶어 국가적으로 지원정책을 제공하기 시작한 것은 지난 2000년대 초반부터다. 중국정부는 2000년 6월 '소프트웨어산업 및 IC산업 발전을 위한 정책'을 발표한 후, 지난 10년간 집적회로 산업과 소프트웨어산업을 육성하기 위해 많은 노력을 기울여왔다. 그리고 7대 신성장산업을 적극적으로 육성하기로 결정한 17기 5중전회 이후 약 2개월 만인 2011년 1월에 '2011년 소프트웨어산업 및 IC산업

발전정책'이 발표되었다. 지난 10년간 세계적인 전자·IT기업이 중국에 진출하고, 중국이 세계 최대의 전자산업 제조기지, 소비시장으로 변화한 현실을 반영하여 과거의 정책을 보완하고, 더욱 적극적인 지원정책을 제시한 것이다. 중국은 앞으로 다국적 반도체기업, 자국기업, 기 진출기업, 신규 투자기업을 가리지 않고, 자국 내 소프트웨어산업, IC산업을 업그레이드할 수 있는 기업에 지원을 아끼지 않을 것이다.

고성능 집적회로

철이 산업의 쌀이라고 한다면, 반도체는 전자산업의 쌀이라고 할 수 있다. 반도체가 사용되지 않는 전자산업이 없고, 또 그만큼 전자산업의 발전에 중요한 역할을 하기 때문이다.

중국에서 반도체산업, 그중에서도 IC제조업이 크게 성장한 지난 10년간은 첨단산업 생산라인이 계속해서 중국으로 이전해오는 시기였다고 할 수 있다. PWC Price Waterhouse Coopers의 보고서에 의하면, 2001년부터 2009년까지 중국의 반도체 소비도 연평균 25% 증가한 것으로 나타났다. 같은 기간 전 세계 반도체 소비가 연평균 6.2% 증가한 것에 비하면 엄청난 성장이다. 그러나 중국의 IC제조산업은 패키징/테스팅업체 위주로 발전했다. 설계팹리스, 생산파운드리보다는 진입장벽이 낮기 때문이다. 당연히 이익률도 가장 낮다. 그러나 중국정부는 2015년까지 기술·자본 집약적인 IC설계산업을 적극적으로 지원해, IC제조 전체 공정에서 세계적인 기술력을 확보함으로써 명실상부한 반도체강국으로 일어선다는 전략을 마련하고 있다.

중국공업부에 따르면, 12차 5개년 계획이 끝나는 2015년까지 12인치 웨이퍼를 이용하여 45나노와 32나노급 반도체를 양산할 수 있는 기술을 갖추고, 22나노급 반도체를 개발할 수 있는 능력을 갖추는 것이 목표다.

- 2011년 소프트웨어산업 및 IC산업 발전정책의 주요내용

정책 분야	주요내용
재정/세제	· 소프트웨어 부가가치세 우대정책 지속 · 영업세 우대정책 개선 및 절차 간소화 · 0.8미크론 이하, 0.25미크론 이하 기업에 대한 기업소득세 '2년 면제, 3년 감세, 5년 면제, 5년 감세' 정책 실시 · 반도체 설계 및 소프트웨어기업의 수입부품 보세정책 실시 · 주요 소프트웨어기업, IC팩키징, 테스팅기업, 부품 및 설비기업에 대한 기업소득세 우대정책 실시
투자/융자	· IC기업 기술혁신을 위해 중앙정부 예산지원 · IC기업, 소프트웨어기업 간 구조조정, M&A 장애물 제거 · 벤처투자기금·주식투자기금 설립, 주식·채권발행 적극 지원 · 대출리스크 보상제도, 지적재산권 저당등기제도 등의 개선을 통해 중소 IC, 소프트웨어기업의 대출서비스 환경 개선
R&D	· 각종 소프트웨어, 첨단 반도체칩, IC 설비 및 기술, IC핵심부품·시스템개발 및 기술 표준 제정 지원 · IC산업 및 소프트웨어산업 관련 각급 연구소 건설 및 산학연 공동 연구개발을 위한 전략적 제휴 지원 · 소프트웨어 측정·평가기술개발 및 관련 표준 제정 지원
수출입	· 주요 IC·소프트기업에 대한 사전예약 검사·통관서비스 제공 · 소프트웨어 수출 계약에 대한 융자 및 보험 지원 · 기업의 해외 마케팅·R&D센터 설립, 역외 아웃소싱 지원
인재	· 스톡옵션, 이익분배 등 각종 인센티브 제도 우수인재 유치 · 관련분야의 고등교육 제도 혁신, 해외 유명대학·기업과 협력 · 해외인재 유치 및 핵심인재 육성기지 건설
지적재산권	· 특허 등 각종 국내외 지적재산권 획득을 위한 재정지원 · 정부의 공동구매 등을 통해 정품 소프트웨어 유통 강력 시행
시장	· 전자정부 건설 등 공공기관의 IT사업을 통해 IT·소프트웨어 서비스 기업에게 시장진입 기회 제공 · 시장 독점 행위 규제, 개인·기업 기밀 보호제도 완비

자료: 중국국무원

• 중국 반도체산업의 생산단계별 비중

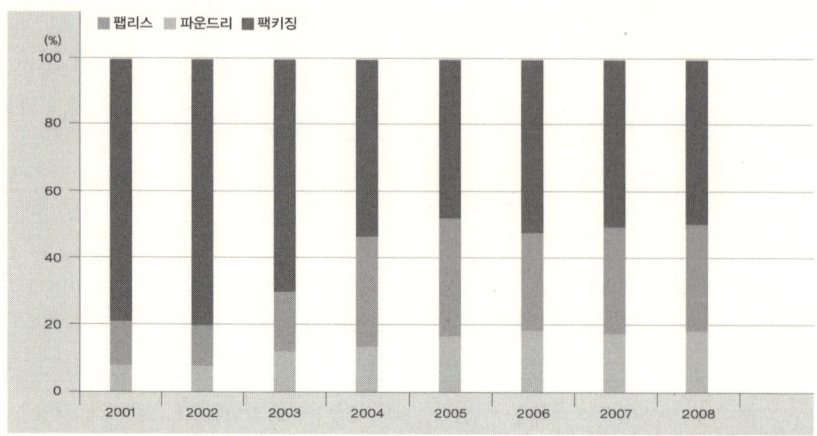

자료: 사이디리서치

중국은 앞으로 5년 동안 IC제조업 규모를 현재의 2배 수준인 3,000억 위안 규모로 성장시킨다는 계획이다. 이렇게 되면, 세계시장의 14%를, 중국 내 수요의 30%를 담당하게 된다.

클라우드컴퓨팅, 사물 간 인터넷, 3망융합, 신형 디스플레이 등 최소 5~10년 동안 중국에서 반도체 수요를 끌어올릴 수 있는 동력은 충분하다. 반도체 기술혁신과 기술이전, 반도체 가격, 시장확보를 둘러싼 미국, 한국, 대만, 일본, 중국의 반도체업체 간의 경쟁과 협력이 매우 격렬하다.

고급 소프트웨어

"중국 소프트웨어기업 중 상위 100개의 영업이익을 모두 합쳐도 IBM

한 개에 못 미친다." 2011년 5월, 중국공업부 소프트웨어서비스국 천웨이 국장이 중국의 소프트웨어산업의 현실을 꼬집은 말이다. 2010년 중국의 소프트웨어산업의 규모가 1조 3,300억 위안에 달해 2000년 대비 20배 이상 성장했고, 수출은 50배 넘게 늘어났지만, 국제적인 경쟁력을 가진 규모 있는 소프트웨어기업이 없다는 평가다. 세계 최대의 전자제품 생산기지이자 소비시장인 중국으로서는 낯이 서지 않는 형국이다.

다른 IT산업의 성쇠에 영향을 많이 받는다는 점에서 소프트웨어산업은 반도체산업과 유사하다. 소프트웨어 없이 움직이는 하드웨어는 없기 때문이다. 따라서 중국정부는 2011년 1월 소프트웨어와 IC산업을 묶은 지원정책을 발표했다. 게다가 소프트웨어산업은 전통산업의 정보화 수준 제고와도 당연히 밀접하게 연관되어 있다. 금융업, 군수산업, 교통신호 제어 시스템, 심지어 의료기술의 발전도 소프트웨어의 수준에 큰 영향을 받을 수밖에 없다. 제조업과 서비스업, 제조업과 소프트웨어산업의 융합이다.

소프트웨어산업 육성을 위한 중국정부의 전략은 명확하다. 글로벌 경쟁력을 가진 대형기업의 육성이다. 지원정책을 수립·시행하고, 자금을 지원하고, 표준을 제정하고, 국가적인 대형 프로젝트를 실시하는 것이 모두 규모 있는 소프트웨어기업을 만들어내기 위해서다. 수년 내에 만 명 이상의 종업원을 거느린 소프트웨어 아웃소싱 기업 3~5개를 육성하는 것이 구체적인 실천목표 중 하나다.

Section 6
IT 없이 경제강국은 될 수 없다

　중국의 12차 5개년 계획은 IT산업에도 대변혁을 몰고 올 전망이다. 중국정부는 차세대 IT산업을 환경보호산업, 바이오산업, 첨단장비산업과 함께 중국의 지주산업으로 육성할 계획이다. 앞으로 차세대 IT산업이 중국 경제를 떠받치는 한 축이 된다는 의미다.

　7대 신성장산업에 포함된 다른 산업과는 달리, IT산업은 우리나라가 상대적으로 앞선 분야가 많다. 반도체, LCD 등 일부 IT제조업 분야는 한국기업의 경쟁력이 세계 최고 수준이다. 또 IT하드웨어가 뒷받침되어야 하는 클라우드컴퓨팅, 사물 간 인터넷, 3망융합 프로젝트도 한국기업에 새로운 기회가 될 수도 있다. 물론 앞으로 한층 강해질 중국기업, 다국적기업과의 경쟁에서 뒤처지지 않기 위해, 한국기업이 연구개발을 확대하고 효과적인 중국시장 접근전략을 세워야 한다는 전제에서다.

과거 IT산업은 1980년대 이후 세계경제를 이끌어가는 새로운 동력이었다. '중후장대重厚長大'형 제조업을 일본과 한국, 중국으로 넘겨준 미국은 컴퓨터, 인터넷, 소프트웨어, 콘텐츠산업을 선점해서 전 세계로 확산시켰다. 그리고 이 과정에서 전 세계의 돈을 미국으로 긁어모았다. 미국이 일본의 추격을 뿌리치고 1990년대에 다시 한 번 세계경제 최강국의 위치를 공고히 할 수 있었던 배경에는 미국에서 점화되고, 전 세계로 확산된 IT산업의 폭발이 있었다.

차세대 IT산업 강국이 되지 않고 경제강국이 될 수 없다는 점을 중국정부도 잘 알고 있다. 미국이 그랬던 것처럼, 중국도 '황금알을 낳는' IT산업의 새로운 영역을 선점해 전 세계에 '차이나 스탠다드'를 확산시킬 꿈을 가지고 있다.

Chapter 8
환경보호산업:
중국의 '녹색 고양이'

베이징 VS 상하이 VS 광둥성의 신 녹색 삼국지

지난 11차 5개년 계획기간 동안, 중국정부는 이산화탄소배출량의 20% 감축과 오수처리산업의 육성목표를 달성하기 위해 엄격한 규제 및 보조금 지원과 감세정책을 지방정부에 지원했다. 당시 수도 베이징은 중앙정부의 육성정책에 발맞추기 위해 쓰레기소각장을 단기간에 정해야 했고, 베이징시는 모두의 예상을 깨고 굴지의 IT기업 집성촌인 하이디엔海淀의 리우리툰에 쓰레기소각장을 설립하겠다고 발표했다.

그 결과 중국정부의 정책에 큰 반감을 표하지 않던 중국인들이 드디어 뿔이 났다. 정부의 일방적인 정책통보에 한 번, 그리고 무책임한 지역 선정에 또 한 번.

1980년대에 하이디엔의 리우리툰六里屯은 소각장건설 가능지역으로 거론됐으나 유동인구가 많고, 주민거주지와 가깝다는 이유로 선정지역에서 제외됐는데 베이징시가 무책임하게 선정한 것이다.

베이징의 리우리툰사건을 시작으로 중국 청년憤青들의 목소리가 높아지기 시작했다. 중국의 분청憤青이란, 중국정치에 불만을 갖고 목소리를 높이는 청년들을 가르킨다. 이들은 중국의 에너지절약 및 환경보호 문제가 심각해지면서 정부의 환경문제 인식부족과 태만한 업무태도를 질책하며, 목소리를 높이기 시작했다.

11차 5개년 계획 때 건립하려 했던 계획이 지금까지도 시행되지 못하고 있으니 황건적이 아닌 녹건적의 난이 벌어진 셈이다. 또한 리우리툰사건을 시발점으로 상하이의 장차오江桥, 난진의 톈징와天井洼, 장쑤성의 우장吳江까지 소각장건립 반대를 외치고 나서 정부에서는 4년이 지난 지금까지도 각 지역의 소각장을 건설하지 못하고 있다.

녹건의 난이 지나 삼국의 형태로 들어서 12차 5개년 계획을 맞이한 지금, 베이징, 상하이 그리고 광둥성의 움직임이 심상치 않다. 베이징시는 중앙정부의 인정을 받기 위해서 11차 5개년 계획 중 1년이나 빠르게 에너지절약 목표를 초과달성했고, 그 경험을 살려 12차 5개년 계획 때도 성공적으로 에너지절감을 달성하고 쓰레기소각 문제를 원만하게 해결하겠다는 의지를 내비쳤다. 또한 베이징시는 국제적인 대형 에너지절감 및 환경보호기업을 육성하겠다는 의지를 표명하며 베이징 레스포Lespo 기업을 적극적으로 육성하고 있다.

한발 늦은 상하이도 중국 내 최초로 에너지절감 및 환경보호산업 테마의 생산성 서비스지구를 세웠으며, 안락한 휴식처를 제공할뿐 아니라 환경보호산업의 중요성 부각에도 힘쓰고 있다. 또한 한 달에 한 개꼴로 에너지절감 및 환경보호기술 관련 전람회를 전시하여 에너지절감 및 환경보호산업 관련 기업의 소개를 적극적으로 유도하고 있다. 마지막으로 최근 새롭게 관련 규제지표를 수립한 중점산업 후보 중 하나인 탈황산업에도 주력할 것으로 보인다.

하지만 12차 5개년 계획 때에는 베이징, 상하이보다는 광둥성이 가장 주목된다. 무릇 성장은 타이밍이 중요한 법. 바로 광둥성의 쓰레기소각 발전산업은 12차 5개년 계획기간 중인 지금이 바로 그 타이밍이다.

에너지절감 및 환경보호산업 버전의 새로운 녹색 삼국지다. 12차 5개년 계획기간 동안에는 에너지절감 서비스산업에 EPC Energy Performance Contract: 에너지절감산업, 이하 EPC산업과 쓰레기소각처리 및 발전산업이 중국정부의 정책지원에 힘입어 주목할 만한 산업으로 성장할 것이다. 또한 새롭게 규제지표가 수립된 탈황산업과 꾸준히 조금씩 성장하고 있는 바이오매스, 재생산업 등도 에너지절약 및 환경보호산업에서 주목해야 할 필요가 있다.

중국만의 독특한 녹색산업의 청사진을 그리다

녹색 봄바람에 취한 중국은 녹묘론, 양형사회, 그리고 순환경제라는 차이나스타일의 에너지절약 및 환경보호산업을 슬로건으로 선보였다.

첫째는 녹묘론綠猫論, 초록 고양이다.

중국의 작은 거인 덩샤오핑鄧小平 주석이 경제 개방정책을 펼치면서 '흑묘백묘黑猫白猫'를 주장했다. 자본주의든 공산주의든 인민이 잘살면 그만이라는 취지다. 하지만 21세기 큰 거인 중국은 녹묘론을 주장하고 있다. 즉 녹색중국으로 건강하게 성장하겠다는 의지로 보인다.

둘째는 양형사회兩型社會, 두 가지 유형의 사회다.

사회가 건강하게 발전할 뿐 아니라 자원절약 및 친환경적인 2가지 유형의 사회가 공존하는 사회를 말한다. 이제까지 중국은 숟가락이 있든 없

Chapter8 환경보호산업 ···· 263

든, 더럽든 깨끗하든 배만 부르면 만족했는데 이제는 밥 먹는 탁자도, 숟가락마저도 깨끗해야 한다고 생각한다.

셋째는 순환경제循環經濟다.

생태계가 순환하듯이 현대사회에서는 인류, 자원, 과학기술사회의 생태계도 순환한다는 개념이다. 자원이 상품으로, 상품은 사람에 의한 소비로, 소비과정 중 생긴 폐기물은 과학기술로 처리하여 다시 자원으로 재사용하는 경제를 순환경제라 말한다. 과거의 자원소모형의 경제시스템에서 벗어나 소모 후 재생산되는 생태계형의 순환경제시스템으로의 전환을 말한다.

- 순환경제

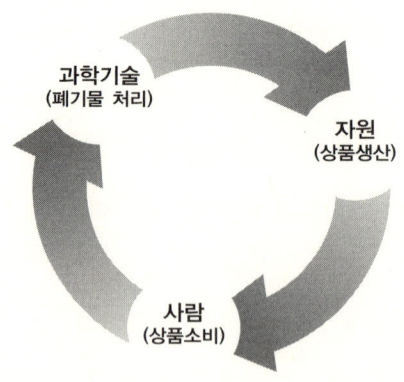

자료: CEFRI

중국경제의 개방정책을 펼치면서 외친 슬로건은 이미 모두 업데이트되었다. 이젠 중국사회도 녹색중국으로 다시 한 번 업그레이드할 준비를 마쳤다.

Section 3

신재생에너지가
변화구라면
에너지절감은 직구

태양력, 풍력과 같은 신재생에너지가 변화구라면 에너지절감은 직구다. 중국뿐 아니라 전 세계가 신재생에너지에 열광하고, 주목하고 있지만 아직 재생에너지에만 의존한 에너지절약은 시기상조다. 미국 〈타임〉에서도 현재 석탄, 석유, 수력, 원자력 4대 에너지원의 뒤를 이을 제5 에너지원은 풍력도, 태양력도 아닌 바로 에너지절감이라고 했다.

중국전기위원회는 2011년 중국에서 전기대란이 일어날 것이라고 발표했다. 중국 총 에너지소모량의 75%를 차지하는 석탄 때문이다. 또한 에너지소모 효율도 낮아 GDP당 에너지소모량은 미국의 3배이고 일본의 9배다. 반면 에너지 보유량은 낮다. 석유 보유량은 전 세계 보유량의 1.5%, 천연가스는 1.6%, 석탄은 12%다.

중국의 이런 에너지절감의 1번지는 바로 수도 베이징이다. 지난 11차 5

개년 계획기간 동안 베이징은 에너지절감 목표를 4년 만에 120% 초과달성하며 에너지절감의 대표적인 성공도시로 뽑혔다. 즉 지방정부의 중앙정부 '총애쟁탈' 전쟁에서 베이징이 당당히 승리한 것이다. 화려한 승리 덕분에 베이징은 중앙정부로부터 8,240만 위안130억 원의 보조금을 지원받았다.

베이징시는 12차 5개년 계획 때 에너지절감산업 육성에 지원받은 보조금 전액을 투자하겠다고 발표하였다. 이는 중국정부의 '국제적 경쟁력을 갖춘 대형 에너지절감 및 환경보호기업'을 육성하겠다는 발표 때문으로 보인다. 에너지절감산업은 공익산업인 만큼 정부의 지원이 절대적으로 중요하며, 정부의 입김에 춤도 추고 쓰러지기도 하는 산업이다. 베이징시는 이번 12차 5개년 계획기간 동안 정부의 입김이 따뜻하고도 달콤할 것으로 예상되는 에너지절감산업에 춤을, 그것도 아주 화끈하게 출 것으로 보인다.

지난 11차 베이징의 에너지절감 목표달성의 숨은 영웅은 베이징러푸스 팡팡원乐普四方方圆: Lepro, 이하 Lepro 과학기술주식회사다. Lepro는 중국에서 대표적으로 성공한 에스코271쪽 참고다. 4년이라는 짧은 시간 안에 투자자금 800만 위안으로 LP 스마트 에너지절감설비 개발에 성공했다. LP 스마트 에너지절감설비는 온도, 습도, 전압, 전류 등의 포괄적인 상황정보를 통해 에너지효율을 높이는 설비다. 또한 에너지절감 관련 데이터베이스를 구축하여 LP 스마트 에너지절감시스템 구축에 편리를 제공한다. 즉 하드웨어뿐만 아니라 소프트웨어도 좋다. 그리하여 Lepro는 베이징 그랜드하얏

트호텔에 중앙에어컨시스템 4대에 LP 스마트 에너지절감설비를 설치하여 연평균 40% 이상의 에너지를 절감, 연간 250만 위안의 경제효과를 보인 바 있다. 또한 베이징의 인민대회당, CCTV, 인민해방군병원, 철도국 등의 국가 공공기관에 스마트 에너지절감시스템 도입서비스를 제공하여 연간 40% 이상의 에너지절감효과를 보았다.

에너지절감산업에선 베이징이 앞섰다. 성공적으로 에너지절감효과를 보인 베이징의 Lepro는 이미 중국 전역의 제련, 광산, 석유, 전력 등 에너지소모가 많은 업계에 진출하여 평균 40%의 에너지절감효과를 선보이고 있다.

Section 4
12차 5개년, 에너지절감산업

중국정부는 12차 5개년 계획기간 동안 약 3억 1,000만 위안을 투자해 에너지효용을 높이겠다고 밝혔다. 또한 2012년까지 중국 에너지성과프로젝트_{에스코 기업이 제공하는 프로젝트를 일컫는다}의 총 투자규모는 500~600억 위안으로 예상된다. 에너지소모구조를 조정하며 관련 산업 부양을 통해 에너지를 절감하겠다고 발표했다. 비화석 에너지원이 1차 에너지원에서 차지하는 비중을 15%까지 낮추는 등의 에너지소비 구조조정을 감행할 것으로 보인다.

이번 12차 5개년 계획기간 동안 에너지절감산업은 에너지서비스산업을 주목해야 한다. 에너지성과산업을 통해 LED조명, 건축에너지 절감산업뿐만 아니라 고압변압기산업까지 같이 발전할 것으로 보인다. 또한 공업에너지의 여열회수, 공업보일러 관련 산업 또한 주목해봐야 할 산업이다.

• **지역별 목표**: 중국을 5개의 지역으로 나누어 세운 에너지절감 목표

지역	목표
텐진, 상하이, 장수, 광동	단위 GDP당 최대 18% 절감
베이징, 허베이, 랴오닝, 산동	단위 GDP당 최대 17% 절감
산시, 지린, 헤이룽장, 안후이, 푸젠, 장시, 허난, 후베이, 후난, 충칭, 쓰촨, 샨시	단위 GDP당 최대 16% 절감
네이멍구, 광시, 꾸이저우, 윈난, 깐수, 닝샤	단위 GDP당 최대 15% 절감
하이난, 시장, 칭하이, 신장	단위 GDP당 최대 10% 절감

자료: 중국국가통계국, CEFRI

• **산업별 목표**

공업		· 공업 발전효율을 약 30% 높여 매년 약 2,000억 위안 절감 · 여열회수를 통해 매년 약 4,000억 위안 절감
건축에너지	건물	· 건축 단열효율&난방 계량방식 35% 개조 · 약 20% 이상의 신규건축물은 신재생에너지 관련 설비 설계
	주택	· 베이징은 중국 전역에서 처음으로 주택에너지절약 실시 · 약 90%의 베이징 주택에 에너지계량기 설치
	공공기관	· 공공기관에 건축에너지 소모계량기 부착(일정수준 초과 시 전기세 부과) · 스마트에어컨 에너지절약시스템 설치(여름 26℃ 이하, 겨울 20℃ 이하) · 녹색조명(80% 공공기관 녹색조명 설치)
교통에너지		· 에너지절감형 소형자동차 보급(100km당 에너지소모 20% 절감) · 공항에너지 관리(만 평당 에너지소모 20% 절감)

자료: 중국장성증권

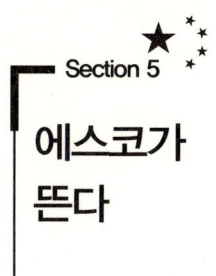

Section 5

에스코가 뜬다

　에너지서비스산업은 에너지기술 및 에너지설비가 실제 산업에서 어떻게, 얼마나 효율적으로 사용되는지에 관련한 문제를 해결하는 산업이다. 에너지절감산업인 EPC로 불리기도 한다.

　EPC산업에서는 에스코로 불리는 친환경서비스 제공회사가 서비스를 제공하고 있다. 에스코는 고객회사와의 계약을 통해 에너지절감시스템 설계 및 설비의 구축서비스뿐만 아니라 직원교육 등 전면적인 서비스를 제공한다. 중국에스코의 주된 클라이언트는 전체 에너지의 70%를 소모하는 공업과 20%를 소비하는 건축산업이다. 세부적으로는 고·저압변압기, 여열회수 이용, 공업보일러 그리고 LED조명, HVAC, 배전시스템 관련 산업이 있다.

　중국은 에너지소모량이 높은 만큼, EPC산업시장의 수요는 무진무궁하

• 에스코 수익모델

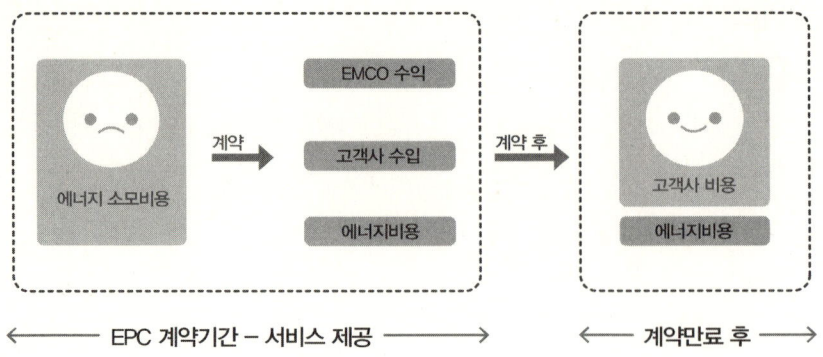

자료: CEFRI

다. 하지만 쉽지는 않아 보인다. 그 이유는 첫째, 중국기업들이 에너지절감서비스에 대한 인식이 부족하다. 많은 기업이 원가문제 때문에 R&D 분야에 인색한 것처럼 중국의 에너지소모량이 많은 기업들 또한 에너지절감서비스에 마지못해 투자하는 형국이다.

성공적인 에스코 Lepro의 CEO 마오원지엔毛文劍은 칭화대학교에서 에너지절감서비스 성공사례를 발표하면서 에너지절감의 중요성 및 효율성에 대한 중국기업가의 인식부족을 지적한 바 있다. 중요성을 깨닫지 못하니 에너지절감서비스에 대한 이해도 자연적으로 낮을 수밖에 없다.

많은 기업가가 3~5년의 단기계약을 통해 에너지효율시스템을 구축 후 계약을 파기하더라도 이미 구축된 시스템은 자동으로 운영될 것으로 생각한다. 또한 에스코와 계약을 통해 에너지절감설비를 장착하더라도 에너지절감 효율은 매년 10%에서 최대 30%까지밖에 절감되지 않기 때문에 규모가 작은 중소기업은 수지가 맞지 않아 계약유지를 원하지 않는 경향이 있다.

두 번째는 에스코의 자금융통 문제다. 직관적으로 보면 에스코의 미래는 밝다. 2005년에는 단 76개였던 에스코가 2010년에는 782개로 늘어났다. '11차 5개년 계획 중국 에너지절감서비스산업 발전 보고'에 따르면 이번 12차 5개년 계획기간 동안 중국에스코는 2,500개까지 늘어날 것으로 전망되며 산업규모는 약 3,000억 위안이 될 것으로 추산된다.

하지만 현실은 낙관적이지만은 않다. 그 이유는 에너지절감서비스산업의 구조에서 찾을 수 있다. 에스코는 클라이언트가 에너지성과가 생겨야 이윤분배가 가능해 일반적으로 3~5년 이후에야 투자금을 회수할 수 있다. 실제로도 '2011년 베이징시 EPC산업 포럼'에서는 현재 중국 92%의 에스코가 심각한 자금융통 문제를 겪는 것으로 조사됐다.

그리하여 중국정부는 2011년 1월부터 설립 후 1~3년은 소득세 면제, 4~5년은 50% 감면 등의 세제혜택을 에스코에 제공한다. 에스코의 클라이언트 회사에는 계약에 따른 투자비용의 30%의 보조금 지원 및 계약기간 동안 발생하는 세금에 대해 공제가 가능한 세제혜택도 제공한다.

현재 중국에는 약 600개의 에스코가 있으며 총 프로젝트는 약 5,000개다. 중국의 에너지절감서비스 산업위원회에 따르면 2010년 산업규모는 향후 800억 위안으로 고압주파수 전압기시장은 매년 약 30~40%의 성장세를 유지할 것이라 전망했다.

이 같은 시장성을 단순히 정부의 정책적 지지효과로만 보면 안 된다. 에너지절감산업은 신재생에너지시장의 틈새시장이다. 중국의 신에너지 발전산업은 2020년까지 총 발전량의 15%를 차지하는 것이 목표다. 이 중 태양열발전기기의 시장규모는 2020년에는 약 2,000만W, 풍력은 1억 5,000만kW로 추산된다. 즉 에스코가 태양력, 풍력 등에 의해 분산적으로 발전된 전기를 효율적으로 사용하기 위해 시스템을 설계 및 관리하는 서비스를 제공할 수 있다. 실제로 미국 에스코는 신재생에너지시장의 10%를 차지하고 있다. 관련 기업으로는 룽신주식회사荣信股份, 쯔광전기회사智光电气가 있다.

Section 6
고압주파수 변압기도 대박

 '2011년 정부 업무보고'에 따르면 중국의 에너지절감산업을 공업, 건축, 교통 및 공공기관 등으로 분류해 에너지절감 프로젝트를 시행할 것으로 보인다. 그중 단연 돋보이는 산업은 공업에너지의 고압주파수 변압기 산업이다.

 중국 에너지소모의 70%가 철강, 유색금속, 건자재, 석유가공, 제련, 화공, 전력 등의 공업에서 발생한다. 공업에너지와 관련한 에너지절감산업의 규모가 가장 크다. 공업에너지 절감산업의 핵심은 모터의 속도제어, 주파수의 모니터, 전압제어 발전기vco의 안정화를 통해 설비초기 발동 시 소모되는 전류를 줄이는 방식의 에너지절감 변압기다.

 변압기는 전기기계 제조 전동기 외에도 정전압, 정주파가 요구되는 모든 설비에 이용할 수 있는 장점이 있다. 중국은 고압주파수 변압기산업의 육성을 통해 약 30%의 공업 발전효율을 높여 매년 약 4,000억 위안 절약을 목표로 삼았다.

고압주파수 전압기시장은 2020년 이후에야 총 시장규모가 1,200~1,800억 위안에 달하는 시장수요를 겨우 만족시킬 수 있을 것으로 추산된다. 이는 에너지 고효율기기가 아직 중국에서는 전체 5억 8,000kW 규모의 전기기계 사용량 중 4%에 불과하기 때문이다.

또한 지금과 같이 연평균 40% 성장세를 유지한다면 2012년의 시장규모는 150억 위안에 달할 것으로 예상된다. 현재 중국 내 고압주파수변환기 관련 기업은 유통망, 가격 경쟁력 등의 강점을 가진 200여 개의 중국기업이 전체 시장의 20%를 점유하고 있으나 기술, 설계, 자금 면에서 외국기업이 시장의 80%를 차지하고 있고 그중 40%는 일본기업이 차지한다. 관련 기업으로는 안타이과기安泰科技와 즈신전기置信电气가 있다.

Section 7
녹색건물,
건축에너지절감이 신성장산업

　WWF_{World Wide Fund For Nature}의 기후변화 대응기획부 부장 양푸창_{杨富强}은 법규제재를 통해 에너지공업, 건축 관련 에너지절감은 가능하나, 교통운수, 공공기관의 에너지절감 및 온실가스 배출량은 단기간 내에 큰 폭의 에너지절감은 힘들 것으로 보인다고 분석했다. 따라서 중국은 단기간의 에너지절감효과를 위해 건축산업의 에너지절감에 주력해야 할 것이라 주장했다.

　건축에너지절감은 건축물의 규격, 설계, 건설, 개조 및 사용과정에서 에너지효율을 높이기 위해 냉난방효율을 높이고, 태양열을 이용하는 등 과학적인 시스템을 적용하는 것이다. 매년 약 20억㎡ 규모의 신규건축이 들어서는 폭발적인 수요에 맞추어 건축에너지 절감산업 또한 주목받을 것으로 보인다. 세계의 신규건축 면적의 반이 중국에서 발생하는데 중국 건축물의 약 80~90%는 국제 에너지절감기준에 도달하지 못해 단위 건축면적당 에너지소모량은 선진국의 2~3배에 달한다. 선진국 주택의 경우 단위당 에너지소모량이 7.57kg 표준석탄/평이지만 중국은 13.5kg 표준석탄이다. 즉 선진국보다 1.5배인 셈이다.

중국은 지난 2005년부터 그린 건축물의 중요성을 강조해왔다. 그동안 평균 에너지절감 비율은 50%였는데 2020년까지는 65%로 높일 것이라고 밝혔다. 관련 기업으로는 타이하오과기泰豪科技, 난보A南玻A가 있다.

Section 8
이제는 쓰레기처리산업이다!

'세계은행 보고서'에 따르면 중국의 환경오염에 의한 손실은 매년 GDP의 약 3~8% 규모다. 탄소배출량 제약이 아닌 오염문제가 경제발전의 발목을 잡는 것이다. 중국 환경문제 중 단연 돋보이는 것은 쓰레기처리다. 광둥성은 12차 5개년 계획의 핵심 중점산업인 쓰레기처리산업을 적극적으로 육성하여 베이징을 추월할 것으로 보인다. 현재 광둥성에는 16개의 쓰레기소각 발전프로젝트가 진행되고 있으며 그중 한 소각장은 중국 내 소각처리량이 제일 크다.

쓰레기소각은 쓰레기배출량 절감에 기존의 매립방식보다 효율적이고 매립지 차지 비율도 낮아 중국 주요 도시에서 크게 활용되고 있다. 현재 중국의 1인당 쓰레기배출량은 440kg이며, 쓰레기소각장의 면적은 1억 5,000평에 달한다. 참고로 서울특별시는 약 1억 8,000만 평이다. 또한 쓰레기 소각방식은 기존의 처리비용이 저렴한 매립방식보다 2차 오염위험도 낮다. 쓰레기소각과 동시에 발전하는 발전소건설에 12차 5개년 계획기간 동안 중국의 모든 이목이 쏠릴 것으로 보인다.

'에너지절감 환경보호산업 발전계획'에 따르면 12차 5개년 계획기간에 중국정부는 환경보호산업에만 3조 위안을 투자하겠다고 밝혔다. 또한 11차 5개년 계획 때 환경오염산업의 중점산업이었던 오수처리산업보다 쓰레기처리산업, 특히 쓰레기소각 발전산업에 집중적으로 투자하겠다고 발표했다.

선진국의 환경보호산업 투자추이를 보면 GDP의 3%다. 과거 일본의 관련 투자규모는 3% 도달 후 관련 투자가 감소하기 시작했다. 현재 중국의 환경보호 관련 투자규모는 1%에서 1.5% 사이다. 관련 투자규모가 GDP의

• 중국과 선진국의 환경보호산업 투자추이 비교

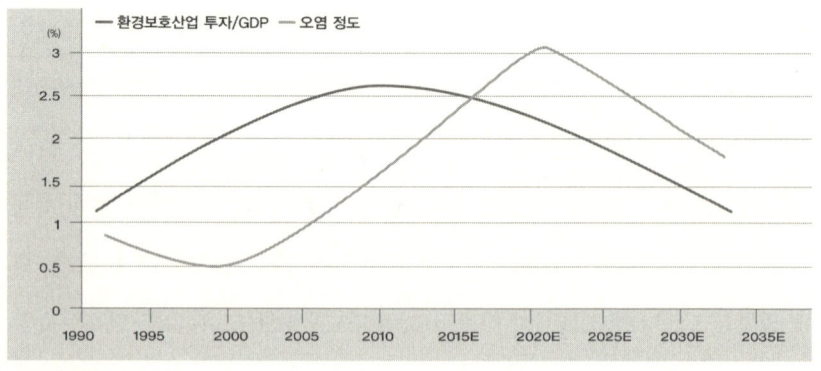

자료: 신은증권

1.5%를 넘는 순간 중국의 환경보호산업의 빠른 발전이 예상된다.

현재까지 중국의 환경보호산업의 꾸준한 성장세로 미루어보아 2015년까지는 연간 약 18%, 2020년까지는 연간 약 15%로 꾸준히 성장할 것으로 예상된다. 즉 중국의 '환경 10년 최적시대'가 도래할 것이다.

중국의 도시화속도 또한 환경보호산업 발전에 일조할 것으로 보인다. 중국의 도시화는 2020년 전에 최고점에 도달할 것으로 보이며 이에 따른 이산화탄소 배출문제 및 환경오염 관련 산업은 더욱더 중시될 것으로 예상된다.

환경보호 관련업계 관계자에 따르면 12차 5개년 계획기간에는 자산

• 환경보호산업 투자규모 증가 추이

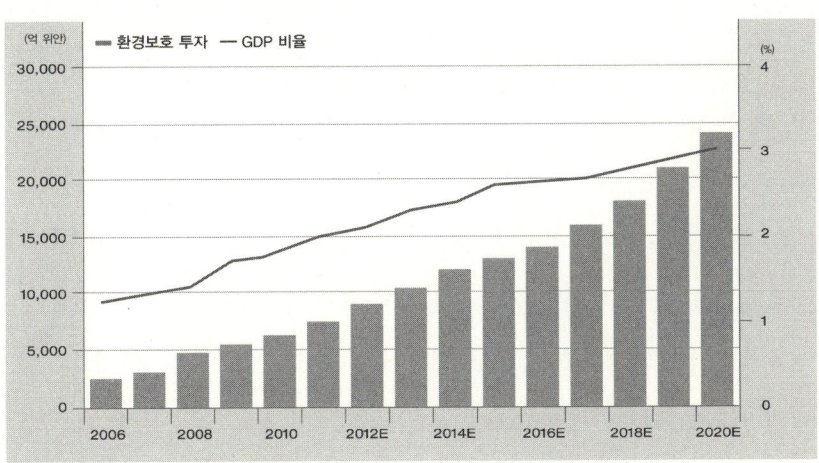

자료: 신은증권

규모가 100억 위안 이상의 에너지절감 및 환경보호기업 10개 육성목표를 수립할 것으로 보인다. 현재 중국의 환경보호기업의 연간 영업수익은 20~30억 위안이다. 이는 프랑스환경보호기업Veolia Environment의 연간 영업수익 320억 유로2,814억 위안의 100분의 1이 되는 규모다. 이를 고려하면 중국에서도 환경보호산업에서 대형기업이 나오게 되는 기간은 적어도 10년은 걸릴 전망이다. 지금이 중국의 환경보호산업 투자의 적기가 될 수 있는 이유다.

중국은 확실히 오염을 처리하기 위해 많이 투자하고 노력했지만 여전히 부족하다. 매립방식 위주의 쓰레기처리로 매립지 부족사태와 2차 오염 문제가 나날이 심각해지고 있다.

우선 낮은 무해처리율과 2차 오염이다. 중국 생활쓰레기를 예를 들어보면 생활쓰레기의 85%는 매립 처리되는데 그중 단 5%만이 완전 무해화, 15%만이 기본 무해 처리되고 있다. 총 생활쓰레기의 배출량 중 2.5%만이 완전히 무해화한 후 매립되는 것이다. 또한 2차 오염에 노출될 확률이 높은 매립방식이 전체 쓰레기처리의 70%를 차지한다. 25%인 일본과 비교되는 수치다.

두 번째로는 오염위험이 큰 쓰레기가 많다는 것이다. 심지어 외국에서 의료폐기물 및 전자폐기물도 수입해서 처리한다. 일반적으로 쓰레기는 생활쓰레기와 고형폐기물 쓰레기로 나눌 수 있다. 고형폐기물 쓰레기는 다시 공업쓰레기와 위험쓰레기 즉 의료폐기물 쓰레기로 나누어질 수 있다. 중국은 쓰레기의 85%가 생활쓰레기여서 매립처리도 비교적 안전하다고 발표했다. 하지만 중국인의 전자기기 구매력 향상과 의료폐기물 및 전자폐기물 수입 덕분에 위험도가 높은 고형폐기물량이 증가하는 추세다. 선진적인 기술이 시급하고 정부의 지원이 절대적으로 필요하다.

왜 이토록 심각한가? 빠른 경제성장과 환경보호 인식의 부족하기 때문이다. 쓰레기배출량은 매년 약 8~10%씩 늘어나고 있고, 환경보호관리 인식부족은 매우 심각하다. 중국 베이징의 10개 중학교에서 환경보호 관련 설문을 시행한 적이 있는데, 58%의 학생이 분리수거를 해본 적이 없다고 답하였다. 이제 중국 초등학교에서는 "나는 공산당을 사랑합니다"만 제창

• 중국 생활쓰레기 처리방식

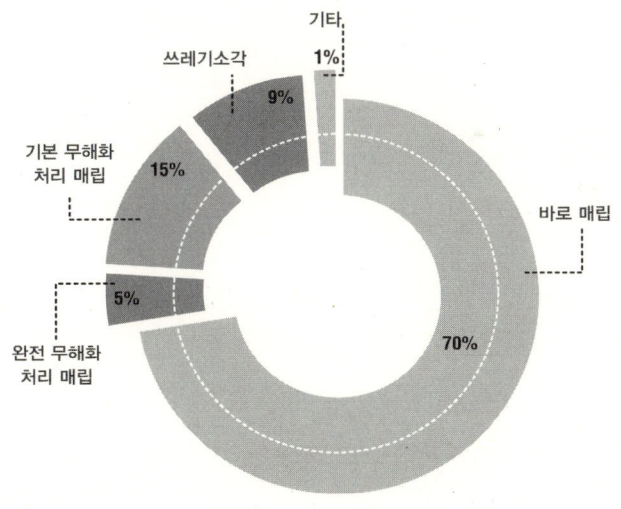

자료: 국해증권

하지 말고 "나는 녹색 환경을 사랑합니다"라 제창해야 할 것으로 보인다.

• 쓰레기처리 방식

	원리	장점	단점
위생매립	생물, 물리, 화학적 처리를 통하여 유기물 분해, 감소 및 무해화 처리	저렴한 처리비용 간단한 처리방식	· 높은 토지자원 수요 · 2차 오염에 노출
퇴비화	70도에서 저장, 발효로 쓰레기 위생물 분해효과를 통해 유기물을 무기물로 분해	쓰레기량 감소 및 자원화	· 쓰레기분리 문제 · 적은 생산규모 · 낮은 퇴비 비료 흡수율
소각발전	고온의 보일러에서 산화 생산된 열량을 이용해 전력생산, 보온 가능(1톤 쓰레기소각 시 약 300~400kW 전력을 생산)	토지자원 절감, 용적(약 90%) 및 중량(약 80%) 절감, 낮은 2차 오염위험도	· 높은 초기 설비 투자, · 전기발전 시 높은 원가 (쓰레기마다 다름) · 다이옥신 발생 위험 · 주민들의 반대

자료: 모니타

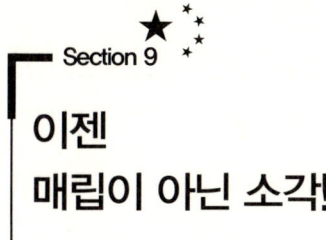

이젠 매립이 아닌 소각!

중국은 향후 10년간 쓰레기소각 발전산업을 적극적으로 육성하겠다고 발표했다. 현재 중국은 매년 쓰레기 문제 때문에 발생하는 손실이 약 300억 위안이다. 만약 쓰레기소각 발전산업이 성공적으로 육성된다면 예상 경제효과는 2,500억 위안으로 추산된다.

12차 5개년 계획기간에 건설할 쓰레기소각장은 700개다. 현재 소각처리율 17%에서 35%로 끌어올리게 된다. 중국의 초상은행에 따르면 12차 5개년 계획기간의 고형폐기물처리산업은 연평균 20%의 성장세를 보일 것이며 이는 환경보호산업 중 가장 빠른 성장세일 것이라 예상했다. 관련 산업의 규모는 약 1,100억 위안에 달할 것으로 추산된다.

현재 중국은 97개의 쓰레기소각 발전프로젝트를 진행 중이다. 5년 후에는 3배가 늘어 300개에 달할 것으로 예상하며, 매 프로젝트당 투자규모가 약 3~4억이 될 것을 고려하면 매년 약 200~240억 위안의 시장규모가 될 것이라 예상된다.

이것이 중국의 고형폐기물 처리산업을 '제2의 오수처리산업'이라 일컫는 이유다. 상대적으로 이미 산업 성숙기에 들어선 오수처리산업에 반해 초기단계인 고형폐기물산업은 12차 5개년 계획기간이 황금기가 될 것으로 예상된다. 또한 정부가 오수처리산업에 쏟던 열정을 이젠 쓰레기처리산업으로 눈을 돌릴 것으로 보인다.

하지만 쓰레기소각 발전산업이 쉽지만은 않아 보인다. 바로 다이옥신 때문이다. 국제암물질연구센터의 연구에 따르면 1급 발암물질인 다이옥신은 약 90% 이상이 도시 및 공업 쓰레기소각에 의해 발생한다고 발표했다. 그리하여 독일, 핀란드, 노르웨이에서는 소각보일러 사용금지령을 내렸고 일본에서도 소각시설을 6,000개에서 1,000개로 줄일 것이라고 발표했다.

반면 중국은 500도 이상에서 소각처리할 경우 다이옥신 배출량이 국제기준의 0.05% 미만에 달하여 안전하다며 소각장을 700개 더 건설하겠다고 발표했다. 중국인들이 누구의 후손인가? 바로 진시황의 후손이다. 본시 불로장생에 대한 열망이 강한 중국인에게 다이옥신은 매우 위협적인데 안전하다는 정부의 발표는 도통 믿을 수가 없다는 여론이 많다.

더 나아가 원가문제가 쓰레기소각산업의 발전에 걸림돌이 되고 있다. 중국 내 쓰레기분리수거가 잘 이루어지지 않아 자체소각이 어려워 소각 중에 기름 등을 분사해주어야 하기 때문에 소각원가가 높아졌다. 뿐만 아니라 대부분의 소각설비를 수입에 의존하고 있어 초기 설비투자 자본이 높아 소규모 소각처리기업은 자금난의 압박이 크다.

이와 같은 문제점을 극복하기 위해 중국정부가 내세운 우대책으로는 정부가 소각기업의 전력을 높은 가격으로 구매하여 발전소 소비전력에 보조금을 지급하는 것이 있다. 현재 소각기업 수입의 70~85%를 차지하는 정부의 전력구매는 앞으로 15년 동안 지속될 것으로 보인다.

쓰레기소각 발전기술은 먼저 쓰레기 분류작업 후, 비가연물로 회수할 수 있는 금속 등을 제거한 후 소각보일러에서 소각한다. 소각에 의해 생성된 고온의 스팀은 증기를 생산하여 증기터빈세트에서 발전된다. 증기터빈의 날개에 부딪혀 축을 회전시키는 것이다.

쓰레기소각 발전기술의 주된 방식은 유동층 소각방식과 화격자 소각방식이 있는데 중국은 주로 원가가 낮은 화격자 소각방식을 사용해왔다. 일정한 높이의 화격자 위에서 소각하여 발전시키는 화격자 소각방식은 저렴하나 다이옥신 배출량이 많은 단점이 있다. 따라서 중국은 유동층 소각방식을 보편화시킬 것으로 예상된다. 비록 원가는 1.5배 높은 편이지만 다이옥신 배출량이 적고 화격자 소각방식보다 소각 가능 쓰레기범위도 커 소각효율 및 발전효율도 높아 미래 중국의 주요 쓰레기소각 발전방식으로 채택될 것으로 보인다.

현재 중국의 선전 소각장에서는 3개 발전소가 각각 매일 150t/d을 소각처리하고 있으며 4,000kW를 발전하고 있다. 주하이의 3개 발전소에서는 각각 200t/d를 소각처리 및 발전하고 있다. 중국의 수도 베이징에서는

1,272t/d를 소각, 경제 중심도시 상하이에서는 1,000t/d를 소각처리하고 8,500kW를 발전하고 있다. 관련 설비투자는 각각 7억 1,000만 위안, 6억, 7,000만 위안이다. 위의 지역뿐만 아니라, 텐진, 충칭 등 대 도시에도 소각 발전소가 건설되었으며 현재 원난에서는 중국 전역에서 가장 큰 쓰레기 소각장을 건설 중이다.

쓰레기소각처리 및 발전산업에는 쓰레기소각 보일러설비 제공사와 쓰레기발전소 건설사 및 운영사가 있다. 중국은 아직까지 주로 외국 투자 유치를 통해 대부분의 쓰레기소각 발전프로젝트를 진행하고 있다. 주로 BOT건설-운영-양도와 BOO건설-보유-운영의 2가지 방식으로 운영된다. BOT와 BOO방식은 일반적으로 25~30년 동안 특허권리를 행사할 수 있다. 수익률과 회수기간은 BOT방식이 10~12%, 8~10년이고, BOO방식이 8~10%로 10~12년이다. BOT방식은 정부가 쓰레기처리발전소의 건설권리와 일정기간의 경영권을 투자자에게 주면 투자상은 쓰레기처리소각장에 투자, 융자, 설계 및 조립 시범운전에 대한 전반적인 책임을 진다. 쓰레기처리비용과 보조금은 주로 투자상과 정부와 협상을 통해 정한다. 계약기간 만료 후 투자상은 정부에게 경영권 및 소유권을 무료로 양도해준다. 관련 기업으로는 상더환경桑德环境, 난하이발전南海發電 등이 있다.

Section 10
떠오르는 바이오매스발전소

바이오매스발전소는 열을 분해한 식물이나 미생물을 에너지원으로 하여 전기를 생산하는 발전소다. 국제에너지기구는 2050년까지 바이오매스발전소가 연평균 6%의 성장세를 지속할 것이며 태양력과 풍력의 뒤를 이을 것이라 예상하였다. 현재 바이오매스발전은 신재생에너지 중 77%를 차지하며 전 세계적으로 1차 에너지원의 10%를 차지하고 있다.

바이오매스발전은 볏짚, 쌀겨, 폐목재 등 도시의 고형폐기물을 가공해 원료로 활용하여 발전하는 방식이다. 중국의 거대한 농업시장 등의 자원 우세를 충분히 이용할 수 있다. 현재 중국의 주된 기술은 고형생물질을 가연성 기체와 타르 등으로 전환하는 열화학 전환기술이다. 생물화학 전환기술은 생물질의 미생물을 발효하여 메탄가스, 알코올 등으로 전환해 준다. 또한 치밀화공정을 통해 생물질을 압축하여 고밀도 고형연료로도 전환이 가능하다. 관련 기업으로는 대련신바오鑫宝바이오매스회사, 중량中粮생물화학회사, 펑위엔丰原생물화학회사, 하토우哈投주식회사, 동후가오신东湖高新, 타이다泰达주식회사가 있다.

• 2050년까지 타 에너지원산업과 비교한 바이오매스산업의 예상 연평균성장률

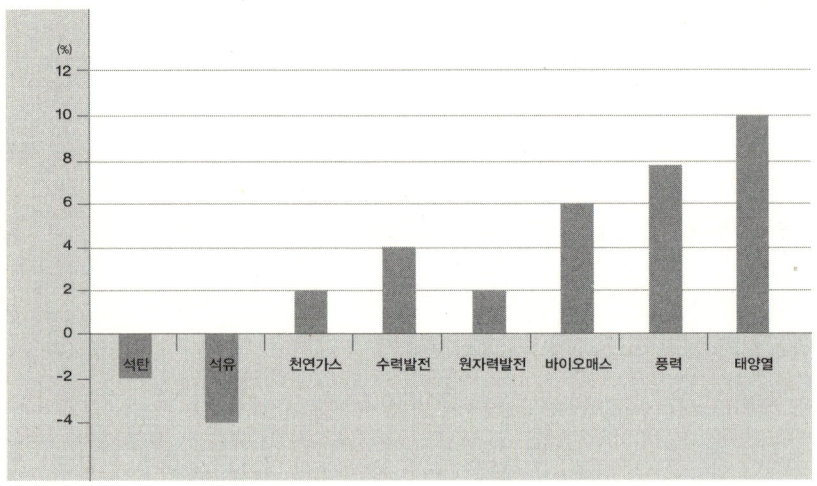

자료: IEA, 모니타

Section 11
재활용: 자원순환산업

　재생산업이란 폐기차 부품, 엔지니어링 기계, 공작 기계 등의 복구작업을 통해 재생하는 산업이다. 구체적으로는 광산자원발전, 공업 고체폐기물 종합 이용, 자동차부품 및 발전기상품 제조, 재생자원의 이용이 있다. 그중 주목받는 자동차부품 재생산업을 예로 들자면, 신상품에 비해 원가는 50%, 생산과정의 평균에너지는 60%, 원자재는 70%까지 절감할 수 있다.

　12차 5개년 계획에서는 자동차부품과 발전기 재생산업을 순환경제 관련 산업 중 가장 중요한 산업으로 지정했다. 2011년 5월, 중국국가개발개혁위원회의 '재생산업 발전의견'에서 자동차부품 재생지역을 시범적으로 정하여 관련 산업발전에 박차를 가할 것이라고 밝혔다. 재생부품은 자동차의 모터, 증속기, 발전기 등이다. 앞으로 기술개발을 통해 재생부품 범위를 추진축, 콤프레샤, 오일펌프 등으로까지 넓힐 계획이라고 발표했다. 2011년 재생한 재활용모터는 11만 개, 재활용증속기 6만 개, 재활용발전기는 100만 개로 추산되며 관련 산업규모는 25억 위안에 달할 것으로 예상된다.

2009년 자원순환산업의 총 규모는 약 1조 위안으로 추산되며 현재 중국에 기업가치가 5,000만 위안 이상인 기업의 수는 2,800개 밖에 되지 않는다. 반면 우리나라에는 약 2,000개의 중소기업이 있다. 관련 기업으로는 웨이차이潍柴기업이 있다.

석탄가스 복합발전시스템과 탈황산업

　에너지 기술 및 설비에는 석탄정화 및 고효율 이용설비, 예를 들어 석탄가스의 복합발전이 있다. 탈황장치에서 분진과 황화합물을 제거한 청정석탄가스를 이용하여 발전하는 방식이다. 이는 기존 화력발전보다 열효율이 우수하며 환경에 영향이 적은 차세대 발전기술의 하나로 선진국에서는 상용단계에 있다. 석탄 전처리 설비, 석탄 가스화 설비, 가스 정제 설비탈황, 탈분진, 복합 발전 설비가스터빈, 배열가스 설비, 증기터빈 등이 있다. 중국정부는 12차 5개년 계획에서 11차 5개년 계획과 같이 에너지절감정책을 유지하면서 동시에 차세대 신기술을 개발하겠다는 야심 찬 포부를 보였다.
　상하이는 중국에서 가장 세련된 도시다. 이번 12차 5개년 계획의 환경보호산업에서도 상하이는 세련된 방식을 택했다. 즉 중앙정부의 정책적인 규제뿐만 아니라 상하이 시정부의 3년 계획정책도 같이 실행하여 적극적으로 환경보호산업을 육성하고자 한다. 더 나아가 박람회 개최 등 서비스산업도 추진한다. 중국의 50% 이상의 박람회는 상하이에서 개최되는데 이번에 개최하는 환경보호 관련 박람회에서도 대형 환경보호기업에 부스를 세워주는 방식이다. 뿐만 아니라 상하이는 녹색기업을 선발해 홍보해주는 방식으로 환경보호의 중요성을 각인시켜주고 있다. 일방적인 통보로 산업을 육성시키는 베이징과는 다른 모습이다.

지난 11차 5개년 계획기간 동안 상하이는 에너지절감산업에서 베이징, 광둥에 뒤를 이어 3등을 했다. 이번 12차 5개년 계획 때에도 11차 5개년 계획 때와 비슷할 것으로 보인다. 상하이의 대형건물에 LED조명 교체를 권장하며 에너지소모량이 많은 기업에 제재를 강화하는 한편 관련 보조금도 지원할 것으로 보인다. 하지만 이것으로 중앙의 시선을 끌기는 어려워 보인다고 판단해서인지 상하이는 12차 5개년 계획 때 정부가 적극적으로 탈황산업을 육성하겠다고 발표했다.

중국은 12차 5개년 계획기간 중 중점적으로 감독할 유해물질로 이산화황, 질소산화물, 화학적 산소요구량 및 암모니아 질소를 선정하였다. 이에 따라 상하이는 12차 5개년 계획기간 동안 이산화황, 화학적 산소요구량 및 암모니아 질소 배출량을 각각 10% 절감, 질소 산화물의 5% 절감 목표를 세웠다. 그중 이산화탄소 관련지표는 신설된 것으로 중국정부가 육성할 산업 중 하나다. 그리하여 상하이는 바오스틸Baosteel의 소결기에 탈황개조프로젝트 및 전기발전소 탈황프로젝트를 진행하고 있다. 상하이 시노펙Sinopec Shanghai 또한 탈황설비프로젝트를 빠른 시간 내에 시작하겠다고 발표하였다. 지난 11차 5개년 계획기간 동안 상하이는 실시간 온라인 감시시스템 설치 및 상하이 지방정부의 3년 환경보호계획 등의 방식으로 COD, 이산화황 등의 배출량을 절감하였다.

중국은 12차 5개년 계획을 맞이하여 탈황산업 관련 투자규모를 약 100억 위안으로 늘릴 것이라고 발표하였다. 또한 탈황설비 운용 시 발생하는 전기세의 보조금을 지원할 것이다.

현재 중국화력발전소에 설치된 탈황기기세트는 1억kW로 현재 총 화력발전소 용량의 15%에도 못 미친다. 환경보호국은 12차 5개년 계획기간 동안 보급률을 90% 이상까지 높이겠다고 밝혔다. 이에 따라 현재 시장규모는 430억 위안에서 약 1,200억 위안에 달할 것으로 예상된다. 화력기기의 먼지제거, 탈황, 탈질소시장까지 포함한 시장규모는 2,000~3,500억 위안으로 추산된다.

탈황 관련 투자규모 또한 2008년 대비 2020년까지 약 50.5% 증가할 것으로 예상된다. 하지만 이 또한 쉽지는 않아 보인다. 탈황산업에서는 킬로와트당 150위안의 건설비용이 들기 때문이다. 관련 기업으로는 롱위안기술龙源技术, 지우롱전력九龙电力이 있다.

Chapter 9
바이오산업:
중국이 간절히 원하는 '생명산업'

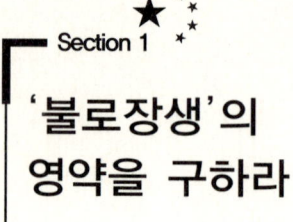

Section 1
'불로장생'의 영약을 구하라

　중국인들은 1년에 몇 마리의 돼지를 소비할까? 닭은? 다 자란 돼지 한 마리의 무게는 보통 200~230kg 정도다. 거기에 소고기보다 돼지고기를 즐기는 중국인구가 14억 명에 육박한다는 점을 고려해야 한다. 정답은 7억 마리. 남녀노소, 도시와 농촌을 불문하고 중국인 2명이 1년 동안 돼지 한 마리는 먹어치운다는 계산이 나온다. 도시를 중심으로 1,500개가 넘는 KFC가 있다는 중국에서 가금류는 1년에 124억 마리가 소비된다. 124억 마리의 닭을 한 줄로 세우면 달까지 5번 왕복할 수 있다.

　'백성에게는 음식이 하늘이다民以食爲天'라는 말로 미루어보건대 중국은 예부터 음식을 통해 건강과 장수 등 생명에 관한 문제를 해결할 수 있다고 믿어온 듯하다. 중국의 한의학도 철학과 자연을 바탕으로 한 섭생을 중심으로 발달해왔다. 최근 중국에서 멜라민 분유, 폐기유 재활용, 표백

만두 등 음식물 안전문제가 끊이지 않고 있지만, 주말이면 쇼핑센터나 백화점 내의 식당, 외식 프렌차이즈 식당에는 발 디딜 틈이 없다. 중국에서 소비되는 돼지나 닭의 수를 계산한 것도, 소득증대에 따른 중국인의 식생활 개선과 음식재료의 규모를 가늠해보기 위해서다.

인구구성의 변화도 인구의 규모 못지않게 중요하다. 1970년대 후반부터 강력한 가족계획정책을 시행해왔지만, 중국인구는 개혁개방을 시작한 1978년보다 4억 명이 증가했다. 현재 인구증가율이 낮아지고 있고, 영양상태의 개선 및 보건·의료수준과 소득수준의 향상을 고려하면 앞으로 노령인구의 절대수가 급증하게 될 뿐만 아니라 전체인구에서 차지하는 비중도 많이 늘어날 것이다. 건강하게 오래 살고자 하는 '진시황의 후예'가 중국에는 14억 명이나 되니 말이다.

바이오산업이란 생명과학 이론과 바이오기술, IT, 통계학, 공정관리 기술을 이용하여, 생명체, 세포 및 그 분자조직의 구조와 작용, 변용 등을 통해 상품과 서비스를 제공하는 산업을 말한다. 동식물을 개조하거나 미생물 등을 이용하는 산업도 포함된다. 구체적으로는 의약품산업, 농업, 생명공학과 관련 에너지, 환경보호산업 등이 이에 해당한다.

12차 5개년 계획에 따르면, 7대 신성장산업 중 바이오산업으로 정의된 것은 바이오기술 약품, 신형백신 진단시약, 화학 의약품, 현대식 중의약, 바이오 의약처리, 생물육종 및 생물제조, 해양생물 등이다.

생명의 무게와 의약품의 경제적 가치는 비례한다

중국이 바이오산업에 주목하게 된 또 다른 이유는 과거에는 없었던, 또는 과거에는 발견하지 못했던 새로운 질병, 전염병 때문이다. 지금으로부터 불과 8년 전인 2003년, 중국 전역을 휩쓸고 수만 명의 사망자를 발생시켰던 사스SARS로 중국정부는 큰 교훈을 얻었다. 자국민의 생명과 건강을 지키지 못하면 경제성장은 물론 정치안정도 위협받을 수 있다는 것과 생명의 가치가 높아지고 새로운 질병에 대한 위험의식이 커질수록, 그 질병의 발생을 억제하거나 치료할 수 있는 의약품의 경제적 가치 또한 높아지게 된다는 것이다.

특히 많은 바이오의약품을 포함한 전 세계적인 특허약품의 기간만료가 2012년에서 2015년에 집중되어 있기 때문에, 전 세계적으로 바이오시밀러Biosimilar 개발경쟁이 뜨겁게 벌어지고 있어 중국정부도 바이오의약산업에 큰 기대를 걸고 적극적으로 지원할 수밖에 없다. 바이오시밀러는 바이오의약품의 복제약품을 말하는데 유전자 재조합이나 세포배양 기술을 통해 생산되는 많은 바이오의약품의 특허가 2012년부터 만료되기 때문에, 전 세계 제약회사들이 같은 약효를 낼 수 있는 바이오시밀러를 만들어 공급할 것으로 전망된다.

14억 명의 먹거리를 확보하고 그 안전을 도모해야 하는 점, 14억 명의 건강을 생각하면서도 앞으로 경제성장에 커다란 동력을 만들어내야 하는 점이 중국정부가 바이오산업을 12차 5개년 계획기간에 집중적으로 육성하게 될 7대 신성장산업의 하나로 선택한 이유다.

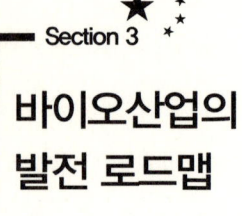

Section 3
바이오산업의 발전 로드맵

　중국 바이오산업의 발전 로드맵은 크게 세 단계로 나뉜다. 12차 5개년 계획의 전 단계는 기술집적을 통해 2010년까지 바이오산업 규모를 8,000억 위안까지 키운다는 것이었다. 중국 과학기술부에 따르면 중국 바이오기술산업 생산액은 2008년에 이미 8,000억 위안을 넘었다. 이번 12차 5개년 계획의 목표는 앞으로 5년간 시장규모를 여기서 2배로 늘리는 것이다. 세 번째 단계는 2020년까지 바이오산업 규모를 2조 5,000억 위안까지 늘려 명실상부한 중국경제의 지주산업으로 만든다는 계획이다. 계획대로라면 2020년 중국의 바이오산업은 같은 기간 한국 예상 GDP17조 위안의 15%에 육박한다.

• 중국 바이오산업 발전 예상추이

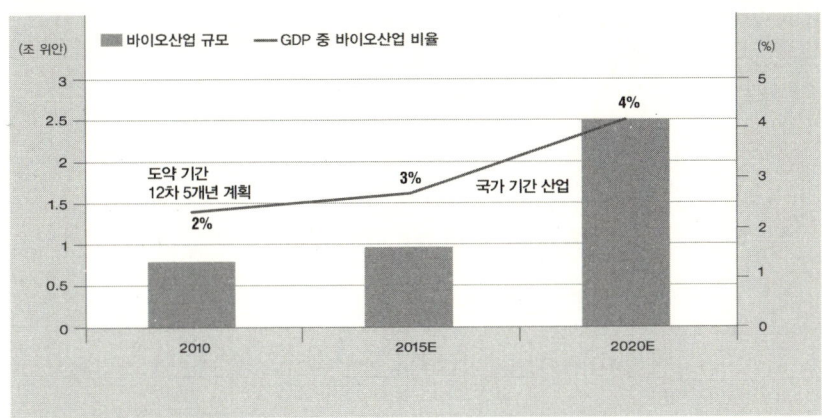

자료: 국진증권(国金证券), CEFRI

바이오산업 육성의 첫 단계에서는 초석놓기 작업부터 시작되었다. 2009년 3월에 발표된 '의약 및 위생체제 개혁심화에 관한 의견'에 의하면, 2009년부터 2011년까지 3년 동안 의료보험체제 개혁, 의료서비스시스템 개혁, 약품공급시스템 및 공공위생 서비스시스템 개혁, 공공의료기관 개혁에 모두 8,500억 위안이 투자된다.

2009년 발표된 '바이오산업 발전촉진에 관한 정책'에서는 새로운 전염병 백신과 진단시약 개발에 힘을 기울이고 발병률이 높거나 중대한 질병을 치료할 수 있는 바이오신약, 소분자 약물, 현대식 중의약 등의 연구에도 지원하고 있다. 이를 위해 2009년 이후 중앙정부 및 지방정부의 재원과 기업의 투자를 합하여 260억 위안을 유전과학 연구에 투입했다.

• 중국 바이오산업의 발전단계별 전략목표

자료: CEFRI

2015년까지 실질적으로 중국 바이오산업의 발전방향을 제시할 '바이오산업 12차 5개년 계획'이 2011년 6월에 발표되었다. 최근 중국의 언론보도에 의하면, 앞으로 5년간 바이오산업 분야에서는 중대질병을 치료할 수 있는 바이오약물, 신형백신, 진단시약 개발이 강조될 것으로 알려졌다.

바이오의약, 바이오산업의 핵심

바이오산업의 핵심은 의약산업이라고 할 수 있다. 의약산업이 바로 '생명'을 다루기 때문이다. 바이오기술이 의료에 적용되면서 인류는 질병치료와 예방에 새로운 시대를 맞이하고 있다. 대표적인 것이 줄기세포를 이용한 치료다. 줄기세포는 모든 조직의 세포로 분화할 수 있는 능력을 갖추고 있으며, 이론상 무한정 세포분열이 가능하다. 이러한 특성을 이용하여 부상이나 질병 등으로 신체의 특정조직이 손상되었을 때, 줄기세포를 분화시켜 그 조직을 재생시키는 데 이용할 수 있을 것이라 기대되고 있다.

중국도 줄기세포 연구에 박차를 가하고 있다. 한국을 포함한 서방세계에서는 법률적, 종교적, 윤리적 등의 이유로 줄기세포 연구가 반대에 부딪히고 있지만 중국은 관련 제도, 법규가 상대적으로 미흡한 점이 줄기세포 연구에 유리한 여건을 만들어내고 있다. 12차 5개년 계획기간에 중국에서 줄기세포 연구가 진척되면, 면역성 질병, 당뇨병, 악성종양 등의 치료와 재생의학 분야에서 앞서 갈 수 있게 될 것이다. 이를 위해 중국정부는 각종 정책적, 제도적 지원을 통해 줄기세포의 배양과 증식 등에 관한 연구를 강력히 지지하고 있다.

줄기세포 기술과 함께 주목해야 할 것은 신약新藥 분야다. 신약은 유전바이오기술, 정보기술, 첨단 의약기술 등을 바탕으로 개발된다. 중국은 12차 5개년 계획기간 동안 신약개발을 위해 기금을 설립하고 관련 기업에 세제혜택을 줄 뿐 아니라, 금융기관을 통해 대출확대를 유도할 방침이다.

이는 중국 내부 사정과도 관련이 있다. 1995년부터 2008년까지 중국 도시주민의 사망원인 중 악성종양, 심장병, 뇌혈관 질환의 비율이 급증한 것이다. 즉 중증질환을 퇴치할 수 있는 신약의 수요가 대단히 높다는 얘기다.

신약개발 과정에서 임상시험 비용은 개발비의 50~60%를 차지한다. 현재 대부분의 임상은 유럽, 미국, 일본 등에서 진행된다. 그나마 한국은 임상연구 인력의 역량이 높아 아시아 도시 중 임상시험을 가장 많이 시행하는 나라다. 하지만 임상시장에서도 중국은 블랙홀이 될 가능성이 크다.

중국은 정부규제가 적고 비용이 한국의 60~70%, 일본의 25%에 불과해 신약개발을 위한 임상시험 장소로 적합하다. 그래서 앞으로 수년 내에 중국은 전 세계 CRO Contracted Research Organization, 임상시험 위탁의 최대시장이 될 것이다. CRO는 임상시험 대행계약을 통해 특정 임상실험 대행을 하는 것으로 전문기관이 실시함에 따라 의약기업은 관리 비용을 줄일 수 있을 뿐만 아니라 여러 가지 관리문제를 줄일 수 있게 된다.

중국정부는 12차 5개년 계획기간에 유전자약품, 단백질약품, 클론 약물, 치료 백신, 소분자 화학 약물 등의 신약개발을 위해 100억 위안의 중앙정부 재원을 투입할 예정이다. 이를 통해 바이오의약산업을 선진국 수준으로 만들겠다는 목표를 세웠다.

중국이 바이오의약산업에 큰 관심을 둘 수밖에 없는 또 다른 이유는 인구의 노령화 현상이다. 강력한 가족계획정책의 시행으로 인구의 자연증가율은 크게 떨어지고 있지만 전체인구에서 65세 이상 인구가 차지하는 비율은 총인구의 10%에 육박하고 있다. 노령인구를 60세 이상으로 계산하

• 인구 자연증가율 vs 65세 이상 총인구 점유율

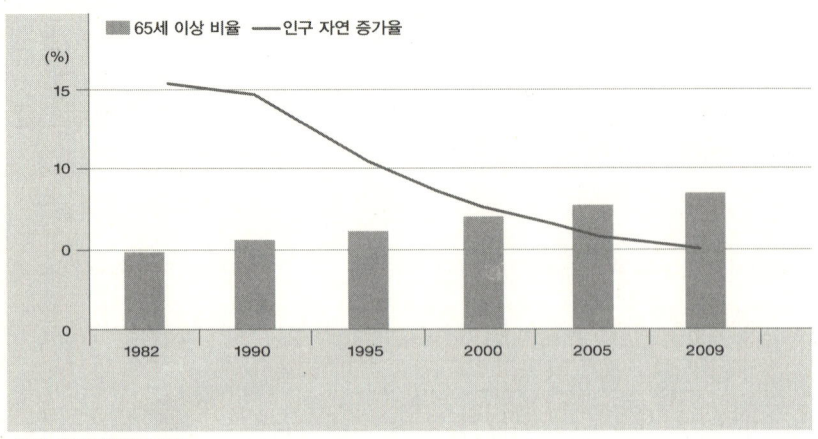

자료: 중국통계연감(2010)

는 중국 민정부民政部의 연구결과에 의하면, 2020년에는 60세 이상 인구가 2억 5,000만 명에 달하고, 2050년에는 전체인구의 30%가 넘는 4억 명에 이를 것으로 전망된다.

노령인구의 증가는 자연스럽게 노령화지연, 질병치료 및 그에 필요한 의료기술개발에 대한 사회적 관심을 높이게 된다. 사회적 관심의 증대는 필연적으로 관련 산업의 성장으로 나타날 수밖에 없다. 중국의 바이오산업이 폭발적으로 증가할 수밖에 없는 또 다른 조건이다.

• 바이오의약기업 사업내용 및 성과

기업 명	매출액 / 이윤총액 (억 위안)	바이오 관련사업 분야 및 주요 성과
충칭맥주 (重庆啤酒)	23.8 / 4.0	· 치료용 간염백신 개발 후 임상 순조로움 · 2014년 상장 가능성으로 경제적 가치 높음
창춘고신 (长春高新)	11.7 / 1.8	· 자회사인 금새약업(金赛药业), 백극생물(百克生物)이 유전자 변형 상품과 백신을 생산 · 시장점유율이 높음
안커생물 (安科生物)	2.3 / 0.6	· 바이오의약품(Recombinant Human Interferon 등) 제조 · 발전가능성 높음
슈앙루약업 (双鹭药业)	4.6 / 3.2	· 생화학약품, 체세포 및 종양 치료제품 생산 · 도시 의료보험으로 추가될 경우 폭발적 성장 가능
바이윈산 (白云山)	33.2 / 2.6	· 중국의 대형 의약기업, 의료시장 확대에 따라 발전기에 접어들었음
마잉룽 (马应龙)	11.8 / 1.4	· 안약제품을 기대할 만한 가치가 있음
화하이약업 (华海药业)	4.3 / 1.3	· 새로운 항암제개발에 따라 높은 성장 가능성 있음

자료: 국신증권(国信证券), 각 기업 연말결산보고

바이오의약산업의 약진은 관련 기업의 영업실적과 수익률로 알 수 있다. 2009년 기준으로 700여 개 바이오의약기업의 매출총액은 710억 위안에 이르고 있으며, 2005년 이후 연평균 30% 이상 성장하고 있다.

중국국가발전개혁위원회는 2010~2013년 기간 동안 '중요 일반약품 산업화 프로젝트重大级通用名药物品种产业化专项'를 통해 의약산업을 지원한다. 지원 분야는 국가 방역제품, 당뇨, 종양, 심혈관 질환 등 중대질병의 치료약품과 고난도의 기술이 필요하고, 산업화하기에 어려운 연매출 10억 위안 이상의 국제적인 약품, 기초약품, 바이오제품, 녹색제품, 바이오 유전기술 등이다. 지원대상기업은 연매출이 39억 위안에 이르는 의약원료 제품기업, 총매출이 100억 위안에 이르는 대형 의약기업 그리고 중대약물을 독자적으로 생산하는 10~20여 기업이다.

12차 5개년 계획기간 중 바이오의약산업은 공중보건과 중대질병 예방, 진단, 신약개발, 장기이식의 발전뿐 아니라 의학개혁을 통해 의약산업의 황금기가 도래할 것이다. 2009~2011년에는 의약산업 전체의 구조조정을 시행하고, 2012~2020년에는 의약소비 증대와 신약제조에 100억 위안을 투자해 의약산업의 중심을 서양에서 동양으로 옮겨오게 만들 것이다. 이에 따라 중국의 의약산업은 최고의 성장기를 맞게 될 것으로 보인다.

향후 5년간 중국 의약산업의 발전전략은 신제품개발, 선진 의료설비 제조, 블루오션 전략 등 3개로 압축된다.

의약산업과 관련된 중국 중앙정부의 중점 정책사업은 기본약품제도, 의료보험체제 개혁, 공립의원 개혁, 가격정책 및 입찰정책, 의약품 유통업

규제, 신약개발에 초점을 맞추고 있다.

중국사회는 전통적으로 의약산업을 중요하게 생각하지 않았다. 그러나 전통적인 방법으로 치료할 수 없는 질병과 중대한 전염병의 치료방법이 바이오기술을 통한 신약개발로 가능하다는 사실을 알게 되었다. 또 바이오의약산업이 인간 DNA의 해독과 바이오기술의 발달에 따라 매우 빠르게 성장할 수 있는 산업이라는 사실을 인식하게 되었다. 따라서 의약산업은 높은 수익성을 유지하는 동시에 지속적인 성장이 가능한 산업으로 인식되고 있다.

바이오제품을 생산하는 기업은 미생물세균, 병균 등, 병원미생물의 대사산물독소, 동물과 인체의 혈장 등으로 생산된 질병의 예방과 치료를 할 수 있는 제품을 만드는 기업이다. 2002년까지 중국에 상장된 기업은 바이오제품 기업으로, 2003년부터는 바이오생화학제품 기업으로 등록되었으며, 이들 바이오기업의 매출과 이익은 꾸준히 증가해오고 있다.

바이오농업

바이오농업 기술은 안전한 농약과 새로운 고부가가치 농작물개발을 목표로 하고 있다. 바이오농약은 생물체나 천연물로부터 농작물의 병해충 등을 구제할 목적으로 생산된 제품을 의미한다. 화학농약은 그 자체가 생태계와 환경에 치명적인 위해 요소를 가지고 있다. 따라서 친환경적인 바이오농약의 수요는 점점 증가할 수밖에 없다. 특히 중국과 같은 인구대국의 식량문제는 생존과 국가 존재의 기반이기도 하다.

산업 부문에서 바이오기술이 변화시키는 패러다임은 석유자원에 대한 의존도를 낮추고 친환경적인 자원활용을 가능하게 하는 것이다.

중국의 바이오농업은 자국의 산업보호 및 경쟁력 확보 목적의 성격이 강하다. 중국정부는 바이오에너지, 바이오 기초 생산품, 바이오원료를 중심으로 하는 바이오산업을 통해 농업기능을 확장하고 자원의 효율성을 높이는 것을 목표로 하고 있다. 이를 위해 중국은 바이오기술을 개발하고 유휴지를 활용한 바이오작물 재배계획을 세우고 있다.

2008년 7월 국무원은 유전자바이오 신품종 개발계획을 세우고 2020년까지 약 200억 위안을 투자할 예정이다. 2009년 국무원은 '바이오산업 발전의 몇 가지 정책'을 통하여 농작물 품종개발이 정책적으로 지원받을 것이라는 사실을 발표하였다.

2010년 4월 1일 이후 중국의 육종산업은 자본시장에서 강세를 보이고 있다. 이는 중앙정부의 정책적인 지지와 함께, 농업의 집중도가 높아짐에 따라 새로운 품종의 출시에 따른 효과가 나타나고 있음을 보인다. 세계적인 추세로 볼 때 농업이 발달함에 따라 종자비용은 상승하기 때문에 바이오육종산업의 미래 전망도 밝다.

2010년 6월 2일 농업부에 의해 12차 5개년 계획기간 중 바이오육종산업의 발전과 관련된 5대 조치가 발표되었다. 중국정부는 육종산업의 발전을 위한 다양한 융자제도를 통해 육종산업의 시장화를 유도하고 육종산업의 발전을 위한 정책적인 지원과 관리제도 정비, 바이오육종산업을 위한 새로운 기구 창설, 관련 기업 이익구조 개선에 힘쓸 계획이다. 그리고 기업이 주체가 되는 성과시스템의 완성, 농업 바이오육종산업을 위한 법률제도 정비 및 종자시장에 진입하는 새로운 상품에 대한 엄격한 심사 시행, 그리고 기업합병과 소유체제 정비를 통한 기업능력 강화 및 바이오육종산업의 인재양성을 목표로 하고 있다.

12차 5개년 계획 이후 신품종에 대한 재산권보호는 더 강화될 것이다. 따라서 독자적인 연구개발 능력을 갖춘 기업은 더 성장하게 될 것이다. 2016년 이후 중국의 육종산업은 풍부한 자금지원과 정책적인 지지를 얻게 될 것이며, 그리고 미래 '국제식물신품종보호동맹UPOV91'이 실행되면 신품종에 관한 강력한 재산권보호가 시행될 것이다. 기업합병 등을 통해 산업집중도 향상에 따른 우량기업의 성장과 기업의 핵심 경쟁력 측정의 중요한 기준으로서 연구개발은 큰 변화를 겪게 될 것이다. 육종산업 이외에 사료 및 첨가물에 대한 지원 역시 장기적으로 지속될 것이다.

ISAAA의 보고에 따르면 2009년 전 세계 유전변형작물의 재배면적은 전 세계 농작물 총 재배면적의 9%를 차지하고 있고, 1996년에서 2009년까지 80배가 늘어났다. 그리고 2015년까지는 30%가 더 확장될 것이다. 전 세계 바이오종자시장 가운데 옥수수, 콩, 면화시장은 매년 10~15% 증가하고 있다.

2010년 중국의 중앙1호 문건에 따라 국가는 감자, 보리, 땅콩의 품종 개량에 대한 보조금 지원을 통해 지적재산권이 있는 유전변형 신품종을 개발하고, 기업 M&A 및 산업 구조조정을 장려하게 될 것이다. 그 결과 육종산업은 집중도가 높아지고 기업이익은 개선될 것이다.

중국은 현재 미국 다음으로 '유전 항균면화 제조 관련 지적재산권'을 가지고 있는 나라다. 현재 중국이 비준한 농업화된 유전자 종자식물은 7가지다. 그중 6가지는 중국이 독립적으로 유전자변형 기술을 통해 개발한 것으로는 BT면화 및 BT+CpT1면화, 변형토마토, 변형오이, 단맛이 나는 고추, 항바이러스 토마토, 항바이러스 파파야 등이다. 이 밖에도 중국은 염색체 처리를 통해 밀, 옥수수, 사탕수수, 고무, 포도, 사과 등의 신품종을 개발하였다. 그중 바이러스에 강한 밀의 신품종은 7만 3,000여 톤이 이미 판매되었다.

중국에는 30여 개의 농약연구단체와 약 200여 개의 농약생산기업이 있다. 중국 지적재산권 통계를 보면 2003~2004년까지 중국의 농약특허는 181개에 달하고, 현재 집중적으로 연구되는 부분은 Bt살충제, 농업용 살충제, 그리고 식물농약이 있다. 그중 농업용 항생산업개발은 이미 세계적인 선도위치에 있다. 중국은 바이오비료에도 성과를 거두었다. 이 중 고효율 질소처리균은 현재 이미 안산鞍山에서 생산을 시작하였다.

중국의 효소첨가제는 국제적으로 선도역할을 하고 있다. 중국 과학자들이 연구개발한 사료용 발효효소 기술은 세계 최고를 자랑한다. 2005~2006년 기간 중 중국은 모두 15개의 사료 효소제제의 특허를 취득하였다. 이 특허는 중국이 지적재산권을 가진 사료 효소제제를 상품화할 때 중요한 역할을 하게 된다. 일례로 절강대학교가 개발한 사료첨가제는 중국, 미국, 유럽, 호주, 일본 등 11개 국가의 특허를 취득하였다. 현재 이미 이 첨가제는 2곳에서 생산을 하고 있으며, 12곳에서 시범적으로 사용하고 있다.

동물백신산업

중국의 목축업이 발달함에 따라 동물백신산업이 주목을 받고 있다. 12차 5개년 계획기간 동안 동물면역은 바이오목축업 분야에서 주목받는 부분이다. 전 세계적으로 식품의 안전성 문제가 대두되고 조류독감 등 새로운 질병이 생겨남에 따라 중국정부는 '2010년 국가동물역병강제면역계획'을 발표했다. 중국의 동물백신시장의 86%는 정부의 조치에 따라 강제면역대상이 되었다. 12차 5개년 계획기간 동안 2009년에 실행됐던 동물백신에 관한 조치는 더욱 강화될 것이다.

중국은 동물백신 실시를 강화하고 산업의 집중도를 높이고 있다. 특히 정부의 강제면역기준이 강화됨에 따라 이를 통해 기업에서는 안정적인 매출을 보장받을 수 있게 되었다.

2008년 중국의 동물백신 시장규모는 54억 위안에 이르렀고, 2009년에는 62억 위안으로 14.8%의 증가율을 보였다.

정부의 동물백신 방제강화에 따라 강제구제 범위는 계속해서 확대되고 있다. 2007년 발표된 '전국동물방역체계건설계획全國動物防疫體系建設計劃'에 따르면 중국정부의 동물구제예산은 88억 3,000만 위안이고, 그중 56억 6,000만 위안이 방역체제를 위해 사용되었다. 2010년 1월 공포된 '2010년 국가동물역병강제면역계획'은 '2009년 중대동물역병면역업무성취에 관한 통지2009 重大動物疫病免疫工作的通知'보다 동물강제백신에 대한 범위를 더 넓혔다. 2009년 중국 강제백신이 동물면역 구제시장의 86% 이상을 차지하는 것으로 볼 때 동물백신산업의 전망은 밝다.

중국 바이오산업의 미래

중국 중앙정부의 정책은 의료서비스 개선과 개혁을 통한 국민 의료서비스의 안정을 목표로 하고 있다. 이 과정에서 바이오의약이 12차 5개년 계획의 7대 신성장산업 중 바이오산업의 핵심이 되고 있다.

중국 의약시장은 국내외적인 환경변화를 맞고 있다. 의료체제의 개혁, 경제발전 및 수입분배 체제의 개혁을 통한 부유층의 증가, 기술의 발전, 생활방식의 개선 및 질병유형의 증가, 노령화 가속, 수명연장이라는 대내적인 변화와 특허제품의 기간만료라는 대외적인 변화가 기술이 축적된 복제약품 생산기업에 기회를 주고 있다.

한편 중국의약품의 유통상황은 소규모, 분산, 혼란, 격차라는 특성이 있다. 이 문제를 해결하기 위해 현재 중국정부는 '2010~2015년 전국 의약유통업종발전계획全國醫藥流通業種發展計劃'을 제정하여 12차 5개년 계획기간을 도시와 농촌의 의약품 유통구조를 개선하기 위한 기회로 삼고 있다. 정책적 지지, M&A, 그리고 경쟁을 통해 2015년에는 연매출 1,000억 위안 이상의 전국적인 대형 의약그룹 1~2개, 100억 대 대형 지역 의약기업은 20개가 생기게 될 것이며, 100대 약품 도매기업이 시장의 80%를 차지하게 될 것이다.

전 세계적으로 바이오 신소재 부문에서는 미국, 유럽, 일본에 기술주도권이 있으며, 한국은 중국, 캐나다, 싱가포르, 호주 등과 경쟁관계에 있다. 현재 한국의 바이오 신소재 부문 경쟁국인 중국은 선진국과의 기초기술 격차를 메우기 위한 집중적 지원 및 산업기반 확충, 조세감면 등 국가적

지원을 아끼지 않고 시행하고 있다.

중국 바이오산업의 문제점은 기술의 상업화 및 산업화의 어려움과 세계적인 표준화다. 국내의 기술발전을 위한 장기적인 지원, 인허가 문제, 그리고 세계시장으로의 진출에서 취약한 경험과 전략 등이 큰 문제다.

중국이 지적재산권이 있는 기술의 개발과 국내기업의 R&D를 적극적으로 지원함에 따라 외국기업의 입장에서는 합자나 합작 등의 협력형태보다는 기술 경쟁력을 통한 중국시장 접근이 최선의 선택으로 보인다.

세계적인 수요에 따라 바이오기술은 생산의 효율과 규모의 개선을 가져왔다. 전 세계 바이오기술 관련 기업은 1984년 400여 개가 되지 않았으나, 2008년에는 6,000여 개를 넘었고, 2004년 전체 시장의 규모는 450억 달러였으나 프로스트앤설리반Frost & Sullivan에 따르면 2011년에는 982억 달러에 이르게 될 것이라고 한다. 이와 같은 성장세를 고려하면 2020년 중국의 바이오산업은 기술적으로는 세계 2위, 그리고 시장규모는 전 세계의 약 절반가량을 차지하게 될 전망이다.

규모 면에서 살펴보면 차이는 더욱 확실하다. 의약항목에 대한 투자와 융자규모는 670억 위안에 달한다. 그러나 그 외 바이오산업에 관한 항목에 대한 투자금액은 10억 위안 정도에 불과했다.

12차 5개년 계획기간에 중국정부는 바이오기술 연구개발, 농업기술 발달을 통한 신품종개발, 바이오비료 개발, 바이오농약 개발, 바이오의약 발전을 통한 국민건강 향상, 바이오공업을 통한 녹색산업 발전, 바이오에너지를 통한 에너지문제 해결, 환경 바이오기술의 연구발전을 통한 생태환경 개선, 바이오자원 개발을 통한 새로운 산업의 배양 그리고 바이오 안전 연구를 적극적으로 지원할 계획이다.

또한 12차 5개년 계획을 통해 중국정부는 바이오산업의 업종별 목표를 제시하고 있다. 바이오의약은 생명과학의 선도산업으로 신기술과 전통의학의 결합을 통해 다발성질병과 새로운 전염병에 요구되는 신약을 연구개발한다. 또 바이오 응용분야를 넓혀 핵심기술과 관련된 기본 의료기계를 연구개발하며, 선진의료설비를 제조하여 공급하는 것을 목표로 하고 있다.

끝으로 중국의 대표적인 바이오 관련 기업을 살펴보면 다음과 같다.

헝루이의약恒瑞医药(600276)

1997년 4월 28일 설립된 중국 내 최대 항암제생산기업이며 국가 지정 마취약품 생산기업이자 과학위원회 지정 국가급 주요 첨단기술기업으로 지정되었다. 또한 2003년 국가 '863계획' 산업화기지로 선정되었다. 주요 생산품으로는 항암제, 심혈관약, 마취 진통약이 있다. 많은 품목이 중국 GMP우수의약품 제조관리 기준와 FDAFood and Drug Administration 인증을 통과하였다. 기술이전, 공동개발, 그리고 독자개발 등 여러 가지 방법을 통해 국가 4등급 이상의 신약증서 90개를 획득하였다. 그중 1급은 4개, 2급은 13개, 그리고 4개의 연구항목은 국가 863계획에 포함되었다.

• 헝루이의약

항목	2008	2009	2010
총매출(100만 위안)	2,392.56	3,028.96	3,744.11
매출성장률(%)	22.09	26.6	23.61
모기업 주주의 순이익 (100만 위안)	422.95	665.73	724.17
이익성장률(%)	2.43	57.4	8.78
주당수익(원)	0.8176	1.0725	0.9663
시장이익률	40.18	30.63	34
PEG1	0.7	3.49	1.13
PEG2	1.13	1.47	1.06

자료: wind

슈앙루약업双鹭药业(002038)

슈앙루약업은 신샹바이루화섬집단新乡白鹭化纤集团 등 4개의 법인과 5인의 자연인에 의해 2006년 6월 공동 설립되었다.

슈앙루약업은 유전자공정 약물 연구개발 및 생산을 위주로 하는 기업이다. 2개의 국가 1급 신약과 8개의 2급 신약의 시장 독점적 지적재산권을 가지고 있으며, 약 20개의 국가 1~2급 신약이 임상실험 중이다. 최근 2년간 수십 개의 신제품을 시장에 출시하였고, 이미 수차례에 걸쳐 베이징시와 국가과학 기술 진보 1, 2등 상을 받았다. '863계획'의 성과기업이다.

• 슈앙루약업

항목	2008	2009	2010
총매출(100만 위안)	358	390.02	457.84
매출성장률(%)	50.72	8.94	17.39
모기업 주주의 순이익 (100만 위안)	217.86	244.1	272.71
이익성장률(%)	61.62	12.05	11.72
주당수익(원)	0.877	0.971	1.078
시장이익률	42.08	38	34.23
PEG1	3.49	3.24	0.69
PEG2	3.34	1.13	0.69

자료: wind

ST중위원ST中源(600645)

중위안시에허간세포생물中源协和干细胞生物의 원래 명칭은 '상하이 왕춘화집단望春花集团'이다. 1992년 5월 5일 공모방식을 통해 주식회사가 되었고, 2008년 임시총회를 통해 현재의 명칭을 선택하고, 등록 지역을 톈진시로 변경하였다.

ST중위원은 바이오과학기술 연구개발, 줄기세포, 유전자산업화, 바이오의료 및 유전자제약, 섬유, 인쇄, 염색, 의류 위주의 기업이다. 중국 유일의 줄기세포 산업기지로서 국내 2개뿐인 간세포은행 허가증을 가지고 있다. 동시에 아시아 최대의 탯줄혈액 조혈 줄기세포 은행을 가지고 있으며, 아시아탯줄혈액은행 조직의 첫 번째 구성원이다. 이 기업의 '望春花'는 국내외 지명도 있는 브랜드로서 매출의 일등공신이다.

• ST중위원

항목	2008	2009	2010
총매출(100만 위안)	288.11	307.75	268.47
매출성장률(%)	-26.54	6.82	-12.76
모기업 주주의 순이익(100만 위안)	39.1	2.12	8.38
이익성장률(%)	229.24	-94.57	294.4
주당수익(원)	0.1203	0.0065	0.0258
시장이익률	184.62	3,416.92	860.85
PEG1	-1.95	11.61	--
PEG2	-4.7	--	--

자료: wind

룽핑고과隆平高科(000998)

이 기업은 1999년 '후난성농업과학기술원' 등 연구과학, 기술연구단체들이 소속된 하부기업들을 모아 설립한 주식회사다. 2000년 일반투자자 및 법인투자자의 결합방식의 주식을 발행하고 선전거래소에 상장되었다.

농업산업화국가 중점 선도기업이자, 후난성농업산업화 선도기업이다. 전국 과학기술혁신 우수 선도기업이며, 후난성 주요 첨단기술기업이자, 창사長沙 첨단신기술개발구의 과학, 기술혁신 우수기업이다. 2003년 농업부의 중국 종자기업 50대 기업으로 선정되었다. 주요업무는 쌀, 고추, 면화, 옥수수 등의 교배를 통한 신품종 개발이다. '늉핑农平'과 '샹옌湘研'은 후난성의 유명브랜드며 2003년 ISO9001 국제인증을 얻었다.

• 룽핑고과

항목	2008	2009	2010
총매출(100만 위안)	1,081.30	1,054.75	1,280.40
매출성장률(%)	51.85	-2.46	21.39
모기업 주주의 순이익(100만 위안)	43.77	48.47	74.6
이익성장률(%)	-11.27	10.74	53.92
주당수익(원)	0.1737	0.1749	0.2691
시장이익률	161.89	160.78	104.5
PEG1	15.07	2.98	1.42
PEG2	4.6	1.93	1.27

자료: wind

Chapter 10
첨단장비산업:
중국의 비상飛上, 그 내막은?

Section 1

더욱 높게,
더욱 멀리,
더욱 빨리

한국에서 첨단장비산업은 IT산업으로 통한다. 그러나 중국판 첨단장비산업은 항공우주, 해양공정, 고속철도산업을 말한다. 얼핏 보면 연관성이 없어 보이지만 유심히 살펴보면 '더욱 높게, 더욱 멀리, 더욱 빨리'라는 중국정부의 야심이 여실히 드러나는 산업이다. 지금까지 중국이 상품과 서비스를 더 저렴하게 공급하는 데만 주력했다면 이제는 국가 차원에서 전반적인 산업의 기술혁신에 사활을 걸기 시작했다. 중국은 이미 경제규모로 G2에 올랐지만, 미래의 강국은 우주, 해양 분야에서 세계 일류여야 한다. 중국이 '세계의 공장'에 만족하지 않고, 우주, 해양 분야에서 세계의 '기술혁신자'로 탈바꿈하려는 것이다.

첨단장비산업은 단기간에 큰 성과를 내기 어렵다. 충분한 연구개발과 막대한 투자가 뒷받침되어야 하는 등 제약이 많다. 이런 이유로 '아직 중국은 선진국의 경쟁 상대가 아니다'라고 말하는 전문가도 없지 않다. 하지만 중국은 이미 10년 전부터 국가적 차원에서 첨단장비산업을 육성해왔다. 일회성 지원이 아닌 장기적 정책에 따라 막대한 예산을 쏟아붓고 있다. 중국의 자신감은 하늘을 찌른다. '첨단장비산업 육성은 시간 문제'라면서 말이다.

한번 한 약속은 반드시 지키는 것으로 유명했던 중국 초나라 장수 계포季布로부터 나온 계포일낙季布─諾이라는 말이 있다. 중국정부도 정책 이행에는 중국일낙中國─諾으로 유명하다. 공수표를 던지지 않는 중국정부가 내놓은 7대 신성장산업의 열매가 알차게 여물었고, 수확의 계절이 다가오고 있다.

더욱 높이 날고자 하는 중국의 열망은 항공우주산업에서 드러난다. 항

· 항공우주산업 지역별 분포 현황(2010년 1~7월)

지역	주요내용
광저우 주하이(廣州珠海)	국가 지정 항공산업 하이테크단지, 민용기 제조
지린 창춘(吉林长春)	중국항공공업(中國航空工業) 창춘 항공기술 산업단지
산둥 칭다오(山东青岛)	미국 헬리콥터, 중·러헬리콥터 유한공사 설립
저장 항저우(浙江杭州)	선양항공 소형항공기 부품생산 프로젝트
샨시 시안(陕西西安)	C919 대형항공기 컨트롤시스템
쓰촨 청두(四川成都)	C919 대형항공기 통신 및 내비게이션시스템
충칭(重庆)	헬리콥터 및 민용기 생산
장시 난창(江西南昌)	항공성(航空城), 대형항공기 관련 장비 제조, 포양호(鄱阳湖) 생태경제 중점 발전 프로젝트

자료: 평안증권연구소, CEFRI

공우주산업은 크게 항공기제조업과 우주공학산업으로 분류된다. 먼저 항공기제조업은 2007년부터 정식으로 출사표를 던졌고, 대형수송기 및 대형여객기 제작 프로젝트로 구성되어 있다.

항공기 프로젝트는 중국의 중장기발전2006~2020년 16대 중점 프로젝트 중 하나로 중국정부에서 심혈을 기울여 육성하고 있는 산업이다. 현재 중국이 자체 개발 중인 제트기 ARJ21, 여객기 C919 및 전투기 제조가 그 핵심 프로젝트다. 중국이 유럽의 에어버스Airbus, 미국의 보잉Boeing으로 양분된 전 세계 중대형항공기시장에 도전장을 내민 것이다. 광저우 주하이가 국가지정 항공산업 하이테크단지로 지정되어 있다.

항공우주산업은 차세대 GPS로 떠오르고 있는 베이더우 위성항법시스템을 중심으로 유인 우주선, 달 화성 탐사선, 운반용 로켓 및 고해상도 지구 관측시스템, 전략 및 방어용 미사일 등의 국가 방어시스템으로 구성되어 있다.

중국은 우주뿐 아니라 바다를 지배할 계획도 수립, 진행하고 있다. 이른바 해양공정海洋工程인데, 해양자원의 개발, 이용, 보호, 회복시키는 모든 계획을 아우르는 말이다. 중국이 바다공략에 나선 이유는 간단하다. 석유자원이 고갈되면 해양자원의 가치가 천정부지로 오를 것이기 때문이다. 현재 공급되는 석유의 80%는 1973년 이전에 개발된 유전에서 추출한 것이고, 이것 또한 30~40년이 지난 지금 점차 바닥을 드러내고 있다.

해수담수화사업은 해양공정의 또 다른 한 축이다. 이는 해수에서 염분을 제거하여 식수, 공업용수 등으로 이용할 수 있는 담수를 공급하는 산

• 해양공정산업 지역별 분포 현황(2010년 1~7월)

지역	주요내용
광둥 중산(广东中山)	중국철도(中铁) 남방장비 제조단지, 해양공정장비 및 항구공정기계 등 개발
랴오닝 후루다오(辽宁葫芦岛)	보하이(渤海) 중공업 초대형 유조선 및 벌크선 선조
산둥 웨이팡(山东潍坊)	웨이즈(潍紫) 중공업 중국 최대 선박엔진 생산단지

자료: 평안증권연구소, CEFRI

• 철도교통산업 지역별 분포 현황(2010년 1~7월)

지역	주요내용
베이징	베이치푸텐(北汽福田), 펑타이(丰台) 베이징 철도산업 벤쳐단지
푸젠 취안저우(福建泉州)	베이처(北车)그룹 철도생산 및 수리단지
광저우 장먼(广东江门)	난처(南车) 철도 수리단지
허베이 탕산(河北唐山)	중국 고속철도(动车组)신기술 산업화 단지
지린 창춘(吉林长春)	철도 객차 부품, 장객주식회사(长客股份) 고속철도 제조단지 및 연구소
쓰촨 청두(四川成都)	중국철도(中铁) 철도교통 하이테크 산업단지
허난(河南)	뤄양(洛阳), 난처(南车), 정저우(郑州) 중국철도(中铁) 터널장비 제조(R&D단지)

자료: 평안증권연구소, CEFRI

업이다. 이를 통해 기후변화와 인구증가에 따른 물 부족현상을 해결하고 수자원을 효율적으로 활용할 수 있다.

 철도산업은 '3저低산업'이라고 한다. 항공, 도로 교통수단과 비교했을 때 탄소배출량, 에너지소모량, 원가 모두 현저하게 낮기 때문이다. 미래 에너지 강국엔 환경오염에 대한 책임의식이 요구된다는 점을 고려하면

철도산업의 성장 가능성은 무척 크다. 철도산업이 저탄소 녹색경제를 이끌 것이라는 전망이 나오는 이유다. 중국은 대륙 전역을 고속철도로 연결하는 이른바 녹색교통망을 구축하겠다는 계획을 세웠다. 여기에는 세계 신기록을 잇달아 경신하고 있는 중국 자체기술로 개발한 고속철도가 견인차 구실을 하고 있다. 고속철도 프로젝트로 중국의 도시화속도 역시 빨라질 전망이다.

중국의 첨단장비산업은 국가기반산업

12차 5개년 계획의 첨단장비산업 정책 및 동향을 산업적, 정치적, 경제적 측면에서 분석하면 다음과 같다.

먼저 산업적 측면에서 본다면 중국의 첨단장비산업은 소비재산업이 아닌 국가기반산업에 주력하고 있다. 중국은 소비재산업에서 급속한 경제성장을 이루었지만 이제는 세계의 공장에서 벗어나 미래지향적인 하이테크산업으로 변모하려고 박차를 가하고 있다. 국가차원의 전략산업 육성은 미래산업 경쟁력을 결정하기 때문이다.

세부 산업별로 살펴보면 항공우주공학은 기초과학과 응용과학을 모아놓은 집합체며, 미래 우주개발에서 빼놓을 수 없는 산업이다. 또한 해양공정은 해양에너지 및 해양개발을 통해 실질적 강대국 입지를 굳히는 산업이라고 할 수 있다. 철도교통산업은 고속철도 건설 및 철로 확장을 목표로 하는 국가적인 정책으로 실현 가능한 사회간접자본시설 건설이다. 그러나 첨단장비산업은 단기간 내 성과를 내기 어려운 장기전이고, 이러한 산업의 특징상 이윤을 추구하는 기업차원에서는 산업에 장기적으로 투자하기 어렵지만, 중국은 정부정책으로 이러한 산업을 장기적으로 육성하고 있다.

정치적 측면에서는 중국정부의 일관적인 정책과 지원을 빼놓을 수 없다. 첨단장비산업은 단기간에 큰 성과를 내기 위해 현재 중국정부는 5개년 계획을 통해 관련 산업 지원정책 및 목표를 명확히 잡고 관련 예산과 지원을 아끼지 않고 있다.

이뿐만 아니라 기초과학 인재육성 및 지원에도 힘을 쏟고 있다. 기초과학 분야에 대한 정부차원의 투자와 함께 전 국민적 관심, 산업과의 연계 등이 뒷받침되어야 하며, 다른 산업과의 연계성이 높은 기초과학에 대한 투자를 더는 늦춰서는 안 된다.

경제적 측면에서 살펴보면 중국은 부가가치가 높은 산업으로의 전이를 목표로 하고 있다. 21세기 선진 일류국가로의 도약을 위해서는 기존의 모방전략에서 벗어나 연구와 개발의 인적, 물적 한계를 극복하고 세계적 고급두뇌를 활용하는 국제화 전략이 요구된다. 또한 막대한 자본과 우수한 인재 등의 조건이 우수하지 않은 만큼 선택과 집중 전략으로 우주개발에 성공을 거둬야 한다.

우주항공산업

거기 서라! 보잉, 에어버스

10년 뒤에는 한국에서 중국으로 갈 때 보잉 B737, 에어버스 A320이 아닌 C919를 타고 갈 확률이 높다. C919는 현재 중국상용항공기유한공사(이하 COMAC)가 야심 차게 개발 중인 중형여객기로, 중국공산당과 국무원이 독자기술개발과 국가경쟁력 강화를 위해 수립한 '국가 중·장기 과학기술 발전계획'의 16개 중점 프로젝트 중 하나다.

COMAC 측은 "C919의 C는 중국China을, 숫자 9는 하늘과 땅처럼 영원하다는 뜻을 지닌 '천장지구天長地久'의 지우久와 발음이 같은 숫자 9九를, 숫자 '19'는 C919의 최대 좌석 수인 190석을 의미한다"고 밝혔다. 애초 중국 정부는 자국 내 수요를 겨냥해 항공기제작 프로젝트를 시작했지만, 이미 시장의 반응은 뜨겁다. 지난해 주하이 에어쇼에서 자체 개발한 C919를 당

당히 선보였고, 시장에 출시되기까지 상당한 시간이 남아 있음에도 중국 및 해외 6개 업체로부터 100대를 수주하였다.

C919가 중국뿐 아니라 아시아, 태평양 지역 항공기시장의 판도변화를 이끌 것으로 예상되면서 항공기시장은 유럽의 에어버스, 미국의 보잉과 함께 중국의 상용 항공기COMAC의 'ABC구도'로 재편될 것으로 보인다.

C919보다 앞서 제작을 끝마친 제트기 ARJ21는 이미 2008년 11월 첫 비행에 성공했다. 현재 ARJ2은 2011년 감항증명서를 취득하고 각 항공사에 공급하는 것을 목표로 하고 있다. 캐나다의 봄바르디에르Bombardier C시리즈와 브라질의 엠브라에르Embraer E시리즈가 시장을 양분하고 있는 세계 상용 제트 항공기시장에서 ARJ21은 가격 경쟁력으로 승부할 것으로 예상된다. 이미 아프리카, 아시아, 남미 일부 국가의 주문은 340대를 넘어섰다.

중국이 미국의 보잉, 유럽의 에어버스, 브라질의 엠브라에르 및 캐나다의 봄바르디에르 등 서구의 항공기 제작업체가 주도해오던 항공기시장에 강력한 경쟁업체로 등장할 가능성이 커진 것이다.

중국 항공기시장 탐낼 만하다

항공기 제조업은 연구개발에 천문학적인 비용이 들어가는 등 시장 진입장벽이 높은 대표적인 산업이다. 이미 시장을 지배하고 있는 업체에 도전하기에는 기술적 격차가 상당하며, 항공기산업의 성공여부는 시장수요에 달려 있기에 일정수요를 확보하지 못하면 실패할 수밖에 없다. 항공 관련 기술이 발달했던 러시아와 독일, 일본이 항공기 생산대국이 될 수 없었던 이유다. 그러나 중국은 내수시장만으로도 충분한 항공기수요를 확보할 수 있기 때문에 막대한 예산을 들여 항공기 제조업을 키우고 있다.

중국 항공기시장은 거대한 성장잠재력을 지니고 있다. 광활한 면적과 거대한 인구에 비해 운항 항공노선의 수가 상대적으로 적고 비행시간이 현저하게 낮기 때문이다. 금융위기 이후 주춤했던 항공업은 GDP 증가와 함께 여객기 및 물류수송기 이용률이 대폭 상승하는 추세다.

중국은 폭발적인 항공기수요에 걸맞은 구매력을 지닌 것으로도 자자하다. 지난 2010년 11월 후진타오 주석은 프랑스를 방문한 자리에서 화끈하게 에어버스 항공기 102대를 구매하는 계약을 체결했고, 2011년 1월 미국 방문 때 보잉사의 항공기 200대약 439억 달러를 구매하기도 했다.

C919 제작을 총괄하고 있는 COMAC에 따르면, 중국이 보유한 항공기 대수는 지난 2009년 1,465대에서 2029년에는 약 4,900대로 3배 이상 증가할 것이라고 예상되고 있다. 보잉도 앞으로 20년간 중국 항공기시장의 수

• 주요국 항공산업 관련 지표 비교

	중국	미국	캐나다	호주	브라질
면적(만km^2)	960	963	1,000	770	851
인구(억 명)	13	3	0.3	0.2	1.9
운항항공기 대수	898	224,000	31,018	11,117	10,310
운항항공기 연간 비행시간 (천 시간)	91.9	27,000	4,500	1,695	1,500

자료: ACP, 신만연구소, CEFRI

요는 3,777대 이상3,900억 달러 이상 에어버스는 같은 기간 아시아 항공기시장의 수요가 8,000대 이상일 것으로 전망하고 있다. 앞으로 민용항공기시장의 수요를 고려할 때 C919 기종의 예상매출 대수는 1,000대 이상, 매출이익은 2,500억 위안 이상으로 추산된다. 이에 따라 앞으로 20년간 항공기에 탑재되는 제트엔진, 전자통신기술 및 시스템의 수요 또한 대폭 증가할 것으로 예측된다.

그렇지만 뭐니뭐니해도 중국이 '여객기전쟁'에 뛰어든 이유는 바로 기술강국, 하이테크로의 도약이라는 상징성도 무시할 수 없다. 또한 항공기한 대로 티셔츠 8억 벌을 가뿐히 초과하는 부가가치를 창출할 수 있으니 항공기 제조업은 그야말로 '보기에도 좋고 먹기에도 좋은 산업'일 수밖에

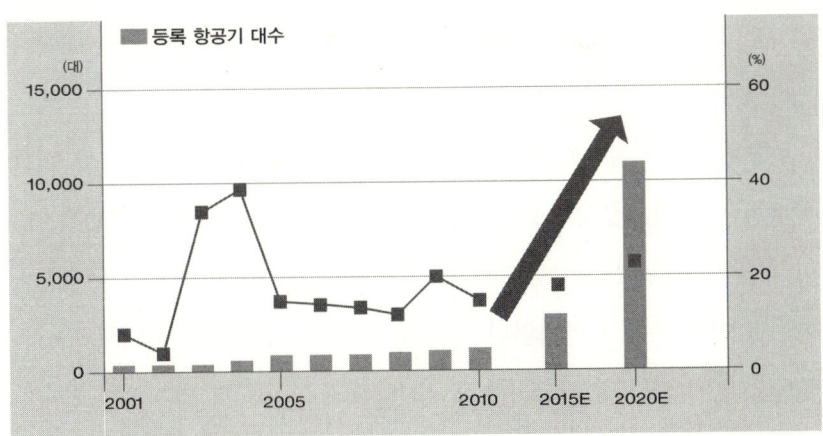

• 중국 항공기 발전상황 비교

자료: ACP, 방정증권(方正证券), CEFRI

없다. 이것이 바로 중국이 장기적으로 항공기 제조업을 육성하는 이유다.

항공기 제작기술 전수와 유출 그 사이

첨단산업의 집약체라 불리는 항공기 제조업에서 그 역사가 길지 않은 중국의 기술수준은 어느 정도일까? 항공기 제조업에서 말하는 대형항공기란 일반적으로 기체 총중량 100톤 이상의 수송기, 군용기, 민용 대형 물류수송기, 150석 이상의 간선여객기로 정의된다. 현존하는 세계 최대 규모의 항공기는 에어버스380으로, 최대 좌석수는 853석, 항공기의 총 중량만도 560톤에 달한다. 하지만 현재 중국의 항공기제작 능력은 최대 100톤이다.

특히 중대형항공기에 탑재되는 제트엔진 및 전자통신기술 등의 항공기술이 중국 항공산업의 취약점으로 꼽힌다. 중국은 지금까지 러시아와 이스라엘 등에서 항공기술을 도입해 군용전투기를 자체 생산해왔지만 기술격차로 좋은 평가를 받지 못했다. 이러한 이유로 중대형여객기는 에어버스와 보잉 등에서 전량 수입해왔다.

항공제조 프로젝트의 애초 목표는 중국 항공제조업의 지위를 한층 향상하는 것이었다. 중국의 ARJ21은 100% 국산부품화 정책을 폈지만, C919는 핵심부품과 시스템은 반드시 중국기업이 참여해야 한다고만 명시했다. 이는 단기간 내에 중국기업의 독자적인 개발이 불가능하고 미국 FAA의 인증을 받기 힘든 점을 고려해 외국기업과의 합작을 통해 기술을 전수받는 형식으로 제작기간을 단축할 것으로 예상된다.

COMAC은 중국항공공업집단공사中國航空工業集團公司, 이하 AVIC 산하 기업 7 군데를 C919의 부품공급기업으로 지정했으며, 항공기기체는 COMAC에서, 항공 전자공학시스템 및 이착륙 장치, 브레이크시스템 등은 예상대로 외국기업과의 합작을 통해 공급할 것이라는 소식을 줄지어 발표했다.

COMAC은 2010년 주하이 에어쇼에서 보잉 여객기 30%를 제작하는 미국의 하니웰Honeywell과 전자식 비행제어, 브레이크시스템, 관성기준 시스템 구축 등 약 113억 달러 규모의 계약을 체결하고, 합자회사를 설립했다.

또한 2011년 1월 미·중 정상회담에서는 미국 GE와 고속철 기술과 항공기 제조기술을 교환하기로 합의했다. GE는 AVIC와 앞으로 50년간 합자회사를 운영하기로 합의했으며, 앞으로 설립될 합작사는 C919에 탑재될 통

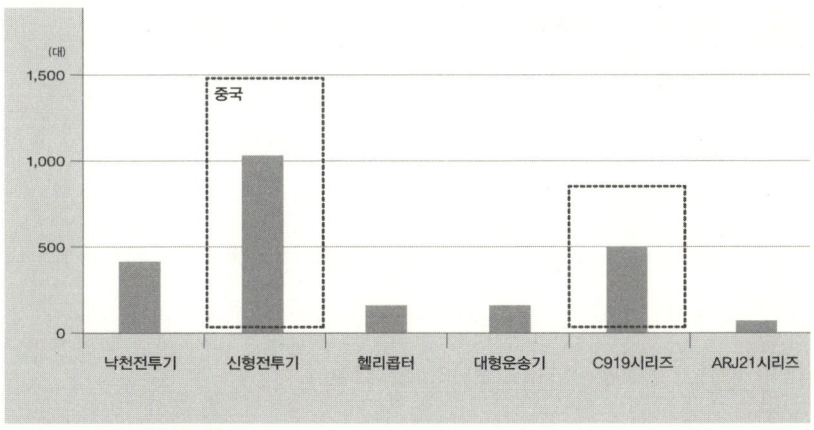

• 중국 항공기엔진의 향후 20년 수요전망

자료: ACP, 방정증권(方正证券), CEFRI

신 및 항법장치를 공동개발할 계획이라고 밝혔다. 이처럼 미·중 항공합작사 설립으로 중국의 항공기 개발 일정표는 더욱 앞당겨질 것으로 보인다.

그러나 외국기업과의 합작 및 기술전수는 항공기 제조업의 핵심기술을 일방적으로 중국에 유출하는 것이라는 논란도 만만치 않다. 중국은 지금까지 합작기업이라는 이름으로 반 강제적인 기술이전을 요구해왔기 때문이다. 중국 항공기시장의 성장 가능성이 외국기업에게 득이 될지 독이 될지는 두고 봐야 할 것 같다.

중국 정부정책-항공기 제조업의 청사진

중국의 항공기 제조업은 대형수송기 및 대형여객기 프로젝트로 구성되어 있다. 대형항공기 프로젝트는 2007년부터 정식으로 가동되었고, 11차 5개년 계획부터 13차 5개년 계획까지 3대 5개년 계획에 모두 포함된 핵심 프로젝트다. 중국정부는 대형항공기 프로젝트의 연구개발에만 500억 위안을 투자할 것이라고 전했다.

지난 11차 5개년 계획기간이 대형항공기 프로젝트의 준비 단계로서 프로젝트 착수 및 핵심기술의 개발과 설계가 목표였다면, 12차 5개년 계획은 자체 개발한 최초 제트기 ARJ21과 군용 대형수송기의 양산 및 대형항공기의 시험모델 설계 및 제작, 시범비행이다. 중국정부는 세일즈 파이낸싱, 수출 보조금 지급 및 하청기업의 지선항공 운영보조금 지급 등 다양한 방법으로 프로젝트를 지원하겠다고 밝혔다.

ARJ21은 아직 상용화되지 않았음에도 이미 구매 의향서의 형식으로

340여 대를 선주문 받았으며, 상용화를 통해 전 세계 항공기시장 내 점유율을 확대할 전망이다. 이 밖에 12차 5개년 계획기간 내에 연구개발 및 항공기 시험제작을 활성화하고, 전 세계 항공산업 관련 고급인력을 확보하는 등 대형항공기 엔진 프로젝트에 전력을 다할 것이라고 밝혔다. 중국은 이미 C919의 엔진 개발에 착수했으며, 10년 뒤에는 수입 엔진을 대체할 수 있는 국산 대형항공기용 제트엔진 상용화를 목표로 하고 있다.

13차 5개년 계획기간에는 자체 개발한 대형여객기 C919의 감함 증명서를 취득하고 각 항공사에 공급하는 것을 목표로 하고 있다.

중국의 항공기시장은 민용항공기 외에 군용항공기의 수요도 급증하고 있다. 중국은 지난 30년간 GDP 대비 국방비 비중이 점차 감소하는 추세

• 주요국 GDP 및 재정지출 내 국방비 비중

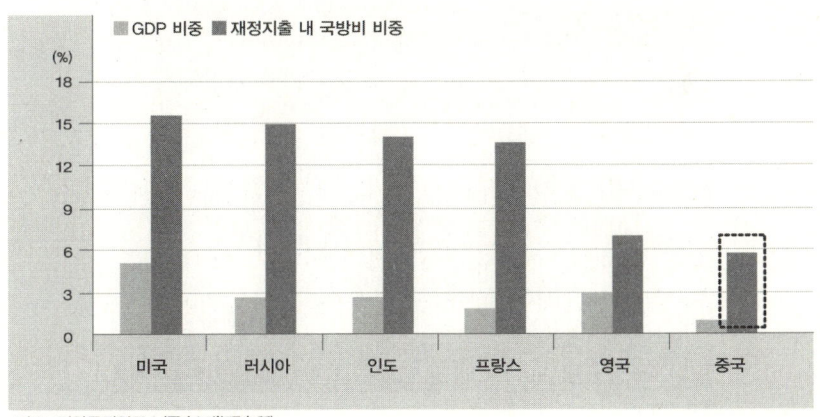

자료: 평안증권연구소(平安证券研究所)

였으나, 2010년 국방비 예산은 4,321억 위안으로 동기 대비 7.5% 증가했다. 특히 차세대 전투기 및 헬리콥터 보유 대수가 적고 수입의존도가 높아 군용항공기 개발에도 심혈을 기울이고 있다. 2020년까지 차세대 대형 군용수송기의 수요는 500대가 넘을 것으로 추산되며, 이에 따른 매출이익은 1,000억 위안이 넘을 것으로 예상된다. 앞으로 20년간 전투기엔진의 수요도 민영항공기를 넘어설 전망이다.

중국은 지속적으로 군의 현대화 작업을 진행 중이다. 현재 중국공군이 자체 개발한 차세대 스텔스 전투기 젠殲-20은 2011년 1월 첫 비행에 성공한 뒤 6월 기준 이미 10차례의 시험비행을 마쳤다. 미국의 국방정책연구소는 젠-20이 속도, 스텔스 기능 및 파괴력 측면에서 미국의 최상급 전

• 중국이 자체 개발한 차세대 스텔스 전투기 젠-20

자료: 바이두

투기 F-22A 랩터에 필적할 수 있다고 분석했다. 스텔스 기술은 레이더 전파를 혼란시킴으로써 적에게 노출되지 않게 하는 기술이다. 이 기술 자체는 몇 개국이 보유하고 있지만 군사적으로 이용 가능한 수준에 이른 나라는 미국이 유일했다. 미국은 또한 젠-20의 스텔스 기능이 아시아 태평양 지역의 미군기지와 한국, 일본의 방공 레이더망을 무력화할 수 있어, 아태 지역의 전략적 균형에도 큰 영향을 끼칠 것이라고 평가했다.

이 밖에도 공업, 농업, 임업, 어업, 기상관측 등의 특수용도 항공기와 헬리콥터의 수요도 커질 전망이다. 현재 전 세계 특수용도 항공기는 약 34만 대로 추산되는데, 미국이 22만 2,000여 대, 캐나다와 브라질이 1만여 대를 보유하고 있다. 반면 중국의 보유 대수는 900여 대에 불과해 앞으로의 시장 잠재력이 크다. 중국의 저공공역低空空域 개방으로 앞으로 15년 내 중국의 특수용도 항공기의 수요는 1만 5,000대로 추산된다.

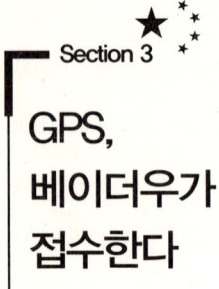

Section 3

GPS, 베이더우가 접수한다

주말에 가족여행을 계획하고 있는 P씨. 핸드폰 일기예보로 날씨를 먼저 살펴본 뒤, 구글 위성사진으로 여행장소를 물색한다. 여행 당일에는 자가용 내비게이션에 목적지를 입력하고 운전을 한다.

이처럼 우리 일상생활에 깊숙이 자리 잡은 GPS는 원래 미국이 군용으로 개발한 글로벌위성항법시스템GNSS이라는 사실을 아는 사람은 많지 않다. GPS는 지구궤도를 돌고 있는 24개의 위성으로 지구상의 위치를 오차 없이 측정하는 시스템으로, 미국은 대통령 직속으로 관리되는 중요한 국가자산이다.

현재 군사적 목적 이외에도 내비게이션, 기차, 선박, 항공기 등의 교통시스템과 컴퓨터 네트워크, 휴대폰 서비스, 위성통신, 금융시스템, 농업 등 GPS 신호를 이용하는 산업분야는 갈수록 확대되고 있다. 위성항법은 민간용도뿐만 아니라 군사적으로도 그 중요성이 더욱 높아지고 있다. 그러나 현재 미국 GPS가 시장을 독점하고 있고, 전파방해 및 인위적인 서비스 중단으로 GPS가 마비될 경우 산업과 인명을 포함하며 국가적으로 막대한 피해를 입을 수 있다. 이에 따라 우주항공 선진국들은 독자적인 위성항법시스템을 구축하기 위해 심혈을 기울이고 있는데, 베이더우 위성합법시스템은 중국이 구축하고 있는 중국판 GPS다.

중국은 2020년까지 총 35개의 위성으로 이루어진 베이더우 위성항법시스템을 구축하고 관련 산업을 발전시킨다는 계획을 가지고 있다. 2011년

• 베이더우 시스템 모식도

자료: 베이더우망

8월 기준 중국은 베이더우 탐사위성 9기 발사를 모두 성공시켜 베이더우의 기본시스템 구축을 완료했으며, 2012년까지 10기의 위성을 우주궤도에 안착시켜 아시아 태평양 지역에서 위치 확인, 내비게이션 및 통신 서비스 능력을 갖추게 된다. 계획대로라면 중국 운전자들은 2012년부터 베이더우가 제공하는 차량용 내비게이션시스템을 이용할 수 있게 된다. 가격 또한 현재 시장에서 상용되고 있는 미국 GPS시스템보다 낮을 것으로 예상된다.

베이더우는 군사적으로도 더 이상 미국의 GPS에 의존하지 않고도 최첨단 무기체계 및 미사일 운용을 가능케 할 전망이다. 중국판 GPS로 중국 인민해방군은 독자적인 군사시스템을 구축할 수 있으며, 이는 중국이 미국과 함께 군사적으로도 G2로 자리매김하는 데 한몫할 것으로 기대된다.

현재 전 세계 위성산업은 미국의 GPS가 거의 독점하고 있는 실정이다. 매년 2억 명 이상의 인구가 사용하고 있으며, 미국은 이를 통해 1,200억 달러가 넘는 수익을 얻고 있다. 유럽의 경우 국가 총생산의 6~7%인 8,000억 유로가 GPS에 의존하고 있다고 하니 그 규모를 무시할 수 없다. 베이더우가 완성되면 중국도 위성항법시장에서 막대한 경제적 이익을 거둘 수 있게 될 것으로 예상된다.

중국 우주항공산업의 현황

중국은 1970년 첫 로켓을 쏘아 올렸다. 그 후 지금까지 100여 차례 로켓을 발사했으며, 2003년에는 미국, 러시아에 이어 세계에서 세 번째로 유인우주선을 발사한 국가가 되었다. 현재 중국의 인공위성산업은 인공위성 개발, 발사, 지면설비 및 위성응용 등에 공을 들이고 있다. 중국정부는 12차 5개년 계획기간의 전반기에는 10여 대의 2세대 베이더우 위성을 발사하고, 후반기에는 3세대 베이더우 위성시스템망을 구성하는 것을 목표로 하고 있다. 앞으로 10년 후인 2020년경에는 2세대 베이더우와 3세대 베이더우 시스템의 전성기를 실현할 수 있을 것으로 예상되며, 이 시스템이 구축되면 중국은 현재 미국이 지배하고 있는 GPS의 의존에서 벗어날 수 있게 된다.

• 위성 응용산업 구성도

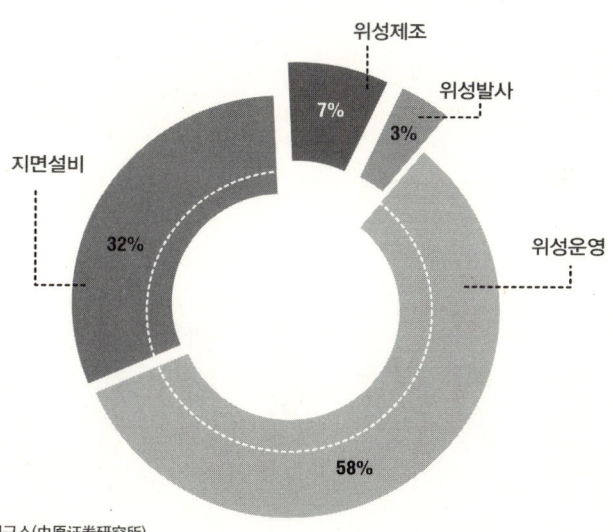

자료: 중원증권연구소(中原証券研究所)

2007년 '위성 응용산업발전에 관한 의견서'에 따르면 위성산업 육성의 구체적인 목표는 2020년까지 응용위성을 실험단계를 벗어나 실제 서비스 분야로 적용하며, 지면설비의 80%를 국산화해, 더욱 완벽한 응용위성 산업시스템을 구축하고, 위성응용 종합서비스를 개발한다는 것이다. 또한 위성통신 및 방송, GPS시스템의 '규모의 경제'를 실현하며, 원격탐지 위성서비스 구축을 추진할 계획이다. 위성응용산업의 연간성장률을 25% 이상으로 높이고, 하이테크산업의 핵심 성장동력으로 개발하겠다는 목표를 세우고 있다.

2010년부터 2020년까지 중국의 인공위성 발사가 급속도로 증가하면서 중국의 인공위성 운영 및 응용산업이 전환점을 맞을 것으로 예상된다.

• 전 세계 위성산업 규모 및 성장률

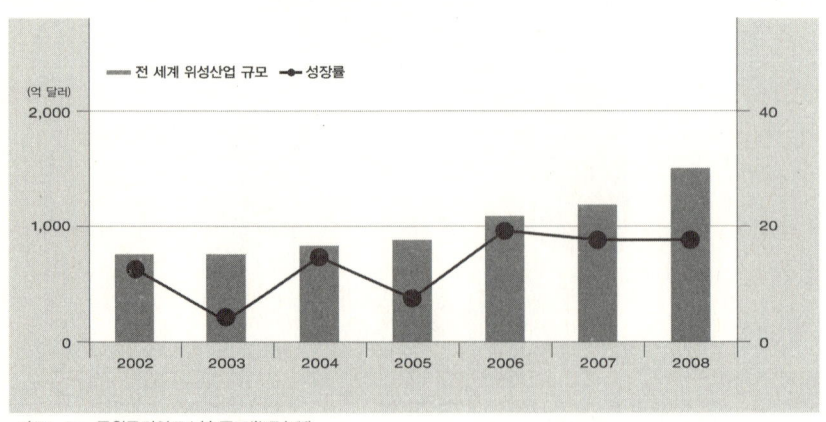

자료: SIA, 중원증권연구소(中原证券研究所)

전 세계 인공위성 운영 및 응용산업은 위성통신, 원격탐사, GPS의 3대 서비스로 구성된다. 현재 중국 위성 GPS는 이미 산업화 전환기에 접어들었으며, 위성 원격탐사 응용분야는 상업화로 들어서는 길목에 서 있다. 위성통신 및 방송 응용산업은 이미 실용화되었다. 현재 상황으로 미루어볼 때 단기적인 위성 GPS시장 기회가 멀지 않았다고 예상할 수 있다.

2006년 중국 위성 GPS산업 연간 총생산액은 100억 위안을 돌파했다. 기업용 단말기의 연간판매량은 100만 대를 넘어섰으며, 개인 내비게이션 단말기 판매량은 차량 탑재 내비게이션을 넘어섰다.

• 중국 위성발사 대수

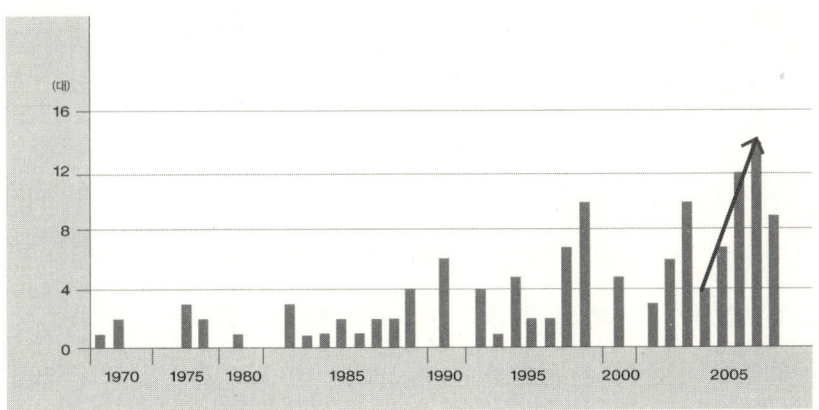

자료: SIA, 중원증권연구소(中原证券研究所)

중국 정부정책 및 성장 가능성

중국의 우주항공산업은 크게 유인 우주선, 달 탐사선, 베이더우 위성항법시스템, 운반용 로켓 및 고해상도 지구관측시스템의 5가지 프로젝트로 구성되어 있으며, 이 밖에 전략 및 방어용 미사일 등 국가방어시스템도 포함된다. 이 가운데 일반국민과 연관성이 가장 높으면서 산업화를 실현할 수 있는 분야는 베이더우 GPS시스템과 위성운반용 로켓이다. 유인 우주선과 달 탐사선도 우주개발에서 빼놓을 수 없는 중요한 분야지만, 인공위성 및 운반용 로켓과 비교할 때 아직 개발수준이 낮으며 산업화를 실현하기에는 어려운 실정이다.

2000년도와 2006년도에 발간된 '중국의 우주항공산업 백서'에서 중국은 인공위성과 위성응용분야를 먼저 개발할 것이라고 밝혔다. 이와 함께 유인 우주선과 달 탐사선은 적절한 수준으로 개발할 것이며, 적극적으로 우주항공 분야의 연구를 진행할 것이라고 명시했다. 그러나 무엇보다도 우주항공산업에서 인공위성 개발을 최우선시할 것임을 누차 강조하였다.

2006년 이후 발간된 백서도 기본골격은 일치하지만, 그 내용이 한결 명확해졌다. 2007년 '우주항공발전 11차 5개년 계획'에서는 인공위성의 그 응용분야를 실험응용에서 서비스 분야로 수정했으며, 같은 해에 발표된 '인공위성 응용산업의 촉진과 발전에 대한 의견서'에서는 인공위성 응용산업의 발전을 촉진하고, 관련 정책을 구체화한다고 밝혔다. 주 내용은 중국의 경제 및 공공안전 등의 핵심응용분야뿐 아니라 기타 산업 및 관련 업종에서도 베이더우 GPS시스템 및 기타 위성시스템을 채택한다는 것이다.

계획에 따르면, 중국의 베이더우 GPS시스템 개발은 3단계로 진행된다. 먼저 첫 번째 단계는 2000년부터 2003년까지 3개의 위성을 개발, 발사에 성공해 전 세계에서 세 번째로 독자적인 GPS를 보유한 국가로 발돋움하는 것이다. 두 번째 단계는 2012년까지 10여 개의 위성을 개발, 발사해 아시아 전역을 커버한다는 계획이다. 마지막 단계는 2020년 전후로 5개의 정지궤도위성과 30개의 이동위성을 발사해 전 세계를 커버하는 GPS시스템을 구축하는 것이다. 현재 중국이 계획 중인 베이더우 GPS시스템은 25개의 위성으로 구성된다. 4개의 정지궤도 위성, 12개의 중위궤도 위성, 9개의 고위궤도 위성이다.

베이더우 이외에도 2010년 10월 중국은 달 착륙을 위한 예비조사를 위해 달 탐사위성 창어嫦娥 2호를 발사했으며, 2011년 11월에는 러시아와 함께 화성탐사위성 잉훠螢火 1호를 발사할 계획이다.

또한 우주정거장 건설을 위해 2011년에 우주실험위성 톈궁天宮 1호와 우주선 션저우神舟 8호를 발사해 우주에서 도킹실험을 시작했다. 그 뒤 션저우 9호, 10호를 쏘아 올리고 우주인을 2년 동안 머무르게 할 계획이다.

현재 중국은 넘치는 자본을 이용하여 과학기술에 막대한 예산을 쏟아 붓고 있다. 2010년 중국 우주공학산업의 한 해 예산은 러시아보다 많은 20억 달러, 우리 돈 2조 원에 이르렀다. 한국과학기술평가원은 우주 분야에서 2008년 한국이 중국에 0.5년 앞섰다가 2010년 추월당해 0.4년 뒤처졌다고 평가했다. 그러나 중국의 우주과학 분야 성과를 보면 이런 평가가 무색해질 정도다.

• 톈궁(天宮) 1호 모식도

자료: 바이두 백과사전

바다를 지배하는 자,
세계를 지배한다

댜오위다오를 찾아라

 지난 2010년 9월 중국에서 댜오위다오釣魚島라고 불리는 센카쿠열도가 중국과 일본의 영토분쟁으로 시끄러웠다. 실효 지배권은 일본에 있지만 이 지역을 둘러싼 분쟁에서 중국의 1승으로 일단락났다. 중국이 일본에 강경한 경제적 조처를 했기 때문이다. 이 사건은 독도와 같이 단순한 해상 영유권분쟁일까? 중국과 일본이 작은 무인도를 놓고 대립하는 이유는 댜오위다오가 동중국해 항로의 요충지인데다 주변에 풍부한 자원이 매장되어 있다는 조사결과 때문이다.

 중국과 일본의 댜오위다오 영유권분쟁은 자원전쟁의 서막이었다. 2011년 6월 제2의 페르시아만으로 일컬어지고 있는 남중국해를 두고 중국과 베트남이 군사 무력시위까지 벌였기 때문이다. 중국을 비롯해 베트남, 말

• 댜오위다오 위치

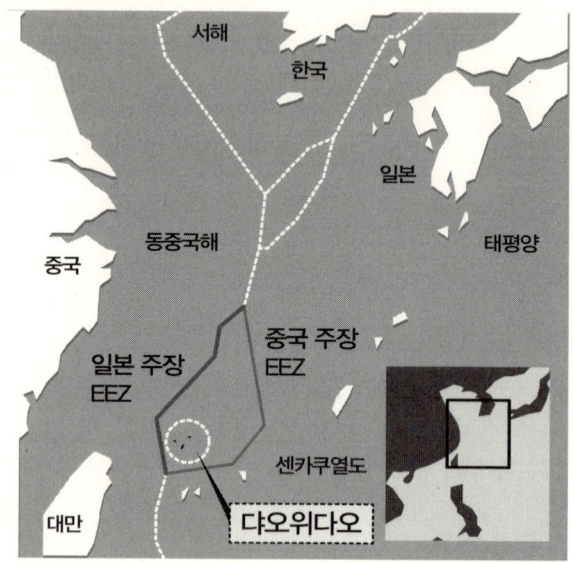

자료: 중앙일보

레이시아, 대만, 필리핀 및 브루나이 등 6개국이 얽혀 있는 영유권분쟁에서 중국은 시사西沙, 파라셀군도와 난사南沙, 스프래틀리군도에 대한 실효적 지배권을 강화하기 위해 팔을 걷어붙였다. 모두 천연자원 확보를 위해 한 치의 영토라도 더 차지하려는 것이다.

전 세계의 석유공급이 계속해서 축소되고 있는 실정에서 해양에너지 개발은 먼 미래의 이야기가 아니다. 현재 생산되고 있는 석유의 80%는 1973년 이전에 개발된 유전에서 나온 것이며, 1970년대 이후로 추가로 확인된 대형유전은 거의 없기 때문이다. 또한 대부분의 유전은 연간 4~6%

• 최근 발견된 유전분포 현황

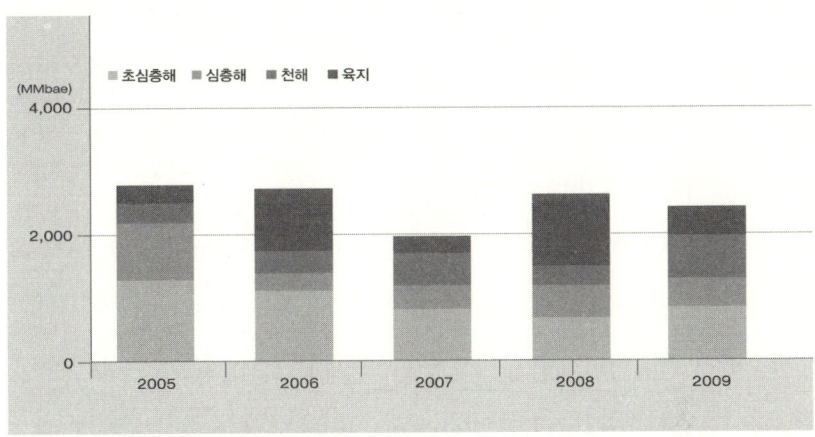

자료: 장강증권연구소(长江证券研究所), CEFRI

의 생산량 감소를 겪고 있으며, 1990년대 이후 새로운 유전의 석유매장량은 연간생산량의 1/3에 불과한 실정이다.

육지의 석유자원이 고갈되고 있는 상황에서 해양석유개발은 놓칠 수 없는 기회다. 미래학자들은 해양자원이 미래 석유가스 생산량의 50%를 차지할 것으로 예측하고 있다. 앞으로 유가의 움직임 또한 해양에너지 개발의 관건이다. 세계경제의 회복 및 개발도상국의 성장에 따라 석유수요 또한 지속적으로 증가할 것이며, 이에 따라 앞으로 유가는 10년 안에 배럴당 200달러를 넘어설 것으로 예상된다. 해양에너지 개발의 잠재가치 또한 대폭 상승할 것으로 생각된다.

중국이 해양에너지 개발을 국책사업으로 지정하고 전력을 다하는 이유는 무엇일까?

먼저 에너지 확보는 피할 수 없는 운명이다. 1960~1970년의 냉전이 총칼을 앞세운 1차원 전쟁이었고, 1980~1990년대는 경제 논리의 힘이 지배했던 2차원 전쟁이었다면, 2000년대에는 에너지를 확보하기 위한 3차원 전쟁이 벌어질 것이기 때문이다.

중국은 다가올 자원전쟁을 위해 장기적인 정책을 펼치고 있다. 먼저 중국의 후진타오 주석과 원자바오 총리는 직접 아프리카와 중앙아시아를 순방하면서 에너지외교를 펼치고 있다. 현재 중동에 의존하는 에너지 공급선을 다변화하겠다는 전략이다. 중동에서 에너지 공급에 문제가 생겨도 안정적으로 에너지를 확보하기 위해서다. 또한 해외 에너지 의존을 낮추기 위해 해양 대체에너지 개발에도 총력을 기울이고 있다. 1970년대의 석유위기는 정치적인 문제로 일어났지만 다가올 에너지 위기는 수요급증, 공급의 한계로 일어나는 문제로 더욱 해결하기 어렵다.

또한 중국의 지속적인 경제성장을 위해서는 막대한 에너지가 소비되는데 에너지 가격상승은 경제성장에 큰 부담이 되기 때문이다. 자국 내 에너지 개발이야말로 국제 에너지 가격의 유동성으로 인한 리스크를 줄이는 최선책인 만큼 중국의 해양자원개발 의지가 확고할 수밖에 없다.

중국의 해양에너지 개발현황

중국의 해양석유 매장량은 높으나, 이에 비해 탐사진행률은 낮아서 앞으로 10년이 해양석유가스 개발의 황금기가 될 수 있을 것으로 예측된다.

중국 근해의 해양석유 탐사진행률은 낮은 편으로 탐사 초기에 해당한다. 2005년도에 발표된 해양석유가스 자원평가에 따르면 근해近海 7대 분지의 추정 석유 매장량은 93억 7,000톤에 달하며, 탐사진행률은 26.4%다. 추정 가스 매장량은 3.93ft³며, 탐사진행률은 10.9%다. 심해深海는 남중국해南中國海가 '제2의 페르시아만'으로 주목받고 있는데, 석유 매장량 추정치가 230억 톤에 달한다.

앞으로 세계경제의 회복 및 지속적인 석유가격의 상승에 따라 해양 석유개발이 더욱 활성화되고 각종 장비 제조업의 주문량 또한 대폭 증가할

• 남중국해 석유 매장 현황

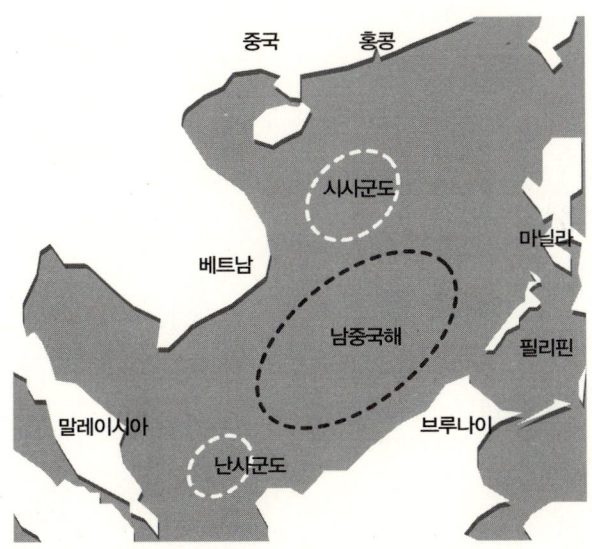

자료: 장강증권연구소(长江证券研究所)

텐데, 특히 시추 및 생산 플랫폼, 해양작업지원선의 총 발주량은 977억 달러에 달할 것으로 예상된다. 현재 연평균 시장규모는 250억 달러로, 조선업에서 차지하는 매출규모도 점차 늘어날 것으로 보인다.

특히 석유시추 분야는 심해 석유 탐사가 증가함에 따라 단기적인 전망은 낙관적이다. 앞으로 4년 동안 시추 분야의 시장규모는 563억 달러에 이를 것으로 예상된다. 생산 분야는 이미 회복기에 들어섰다. 경제위기 후 석유가격이 폭락함에 따라 잠시 주춤했던 해양에너지 개발은 향후 지속적인 유가상승 전망과 함께 추진속도에 박차를 가하고 있다. 관련 선박 분야 역시 공급과잉 상태에 처해 있다. 2005년 이후 해양공정 선박의 인

• 해양에너지 매장

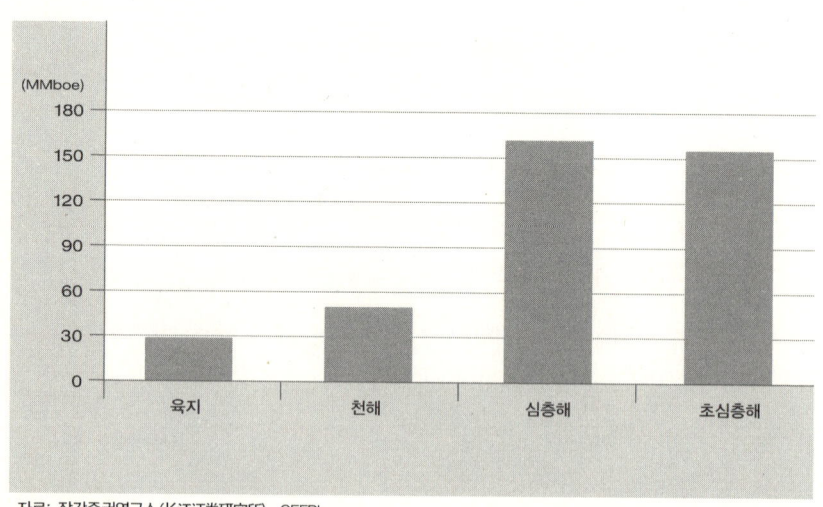

자료: 장강증권연구소(长江证券研究所), CEFRI

도량은 시추 및 생산 플랜트에 비해 턱없이 높았으며, 해양공정 선박의 이용률이나 렌트비용률은 계속하여 하락세를 보이고 있다. 앞으로 4년 동안 선박 분야는 시장 조정상태에 들어갈 것으로 보이며, 전체 시장규모는 191억 달러에 이를 것을 보인다.

중국 정부정책 및 성장 가능성

해양공정海洋工程이란 해양자원을 개발, 이용하며, 나아가 보호하고 회복시키는 일련의 모든 프로젝트를 아우르는 개념으로, 해안공정海岸工程, 근해공정近海工程, 심해공정深海工程으로 구성된다. 이 중 해양공정 장비란 주로 해양에너지 개발에 필요한 해저 시추용 플랫폼과 가스석유 시추설비, 해양공정 선박을 뜻한다. 해양공정은 학술상 선박제조업의 하위개념으로 분류되지만, 선박제조업이 발전해야만 해양공정이 이루어질 수 있기 때문에 해양공정의 발전과는 불가분의 관계다.

해양자원개발은 조선, 위성 GPS, 슈퍼 컴퓨터, 기계공학, 전동기와 유압기, 친환경 도료 등 최신 기술의 집합체다. 2000년에서 2010년까지 중국의 해양경제는 연평균 성장률 16.1%를 기록하며 비약적인 발전을 거듭해 왔다. 앞으로 10년간 중국정부의 정책과 자금지원을 통해 발전속도가 더욱 가속화될 것이고, 중국경제의 새로운 성장동력이 될 것으로 기대된다.

2009년도 중국의 공업부가 발표한 '선박공업조정 및 진흥계획'에 따르면 해양공정장비 기술발전에 중점을 두고, 해양석유가스 개발에 필요한 탐사, 개발, 가공, 운반 등 다양한 장비수요에 대응할 수 있도록 했다. 주로 해양 이동시추플랫폼 및 선박, 부유식 원유 생산 저장 하역설비FPSO 해양공정 작업선박 등의 장비로 나뉜다.

과거의 정책은 선박공업에만 치우친 경향이 있었으며 해양공정의 장기적인 발전방향만 제시해왔다. 그러나 중국 선박제조업의 지위가 상승하고 전 세계 선박시장이 얼어붙으면서 정책뿐 아니라 기업들도 해양공정이라는 신성장산업에 눈을 돌리는 추세다. 12차 5개년 계획기간 동안 관련 정책과 자금 등의 지원이 많이 늘어날 것으로 보인다.

특히 해양공정장비 연구개발에 박차를 가하고 있으며, 프로젝트 관리기술 및 제조기술에도 힘을 쏟을 것으로 예상된다. 이를 통해 전 세계 해양공정시장에 영향력을 증대시키고 발언권을 강화한다는 목표다. 앞으로 해양공정 지원정책은 해양공정중장비 및 플랫폼 개발이 주를 이룰 것으로 예측된다.

중국이 해양공정에 뛰어든 것은 한국 조선업에 위협일까 아니면 기회일까? 금융위기 이후 극심한 수주가뭄에 시달렸던 한국 조선업계는 2010년부터 완만한 회복세를 보여왔다. 그러나 갈수록 불확실한 세계경제와 유럽 위기로 인한 선박금융시장의 불황, 상대적으로 낮은 선가로 앞으로 2년간 발주 규모가 감소할 것이라는 전망이 대세다. 그러나 선박업계의 암흑기에도 일본 지진 및 신에너지 투자증가로 인해 조선업체의 해양플랜트 등 오프쇼어 제품의 매출비중은 오히려 증가했다는 점을 눈여겨봐야 한다. 현재 한국의 조선업체도 기존의 선박보다는 고효율, 친환경 선박시장 및 해양플랜트 등 고부가가치 제품을 필두로 새로운 성장동력을 찾아

• LNG 대비 주요 에너지 오염물질 및 배출량 비교

주요 에너지 (단위: 배)	주요 오염물질 및 배출량(LNG=1)				
	CO2	SO	CO	NO	먼지
LNG	1.0	1.0	1.0	1.0	1.0
LPG	1.0	0.0	393.5	78.7	833.3
석유	1.2	1396.0	1660.5	544.1	6298.6
석탄	1.6	3191.7	3270.2	1134.1	14100.6
기타					
핵발전	핵폐기물 발생				

자료: 대우증권연구소

　나서고 있다. 특히 액화천연가스가 청정에너지로 주목받으면서 심해개발 및 LNG선의 수요도 증가하고 있다.

　2010년 전 세계 FPSO 시장규모는 125억 달러에 이른다. 이 가운데 한국 조선업체가 29억 달러를 수주했다. 또한 시추설비의 가동률은 87.9%, 부유식 시추설비 FPSO의 가동률은 100%에 육박한다. 한편 해양공정산업은 현재 시추선, 반잠수식 시추선, FPSO 등으로 집중돼 있지만, 앞으로는 해저설비로 확대될 전망이며, 해저설비 시장규모만도 2020년에는 1,800억 달러에 이를 것으로 예상된다. 세계 최고 수준인 한국의 해양설비 기술력과 경쟁력이라면 중국시장에서도 승산이 있다.

Section 5

바다의 오아시스,
해수담수화

파이프라인으로 인공호수, 하천을 만든다

중국이 내륙 사막지역에 파이프라인을 건설해 사막화를 막겠다는 사업을 발표했다. 동북의 보하이渤海만에서 네이멍구內蒙古-간쑤甘肅-신장新疆에 이르는 5,000km의 파이프라인으로 끌어들인 바닷물로 인공호수와 하천을 조성하겠다는 것이다. 광활한 중국을 가로지르는 그 거리도 상상을 초월하지만 바닷물로 사막화를 막겠다는 발상이 놀라울 수밖에 없다.

이 엄청난 프로젝트의 중심에는 해수담수화가 있다. 해수담수화란 바닷물의 염분을 빼내 식수나 공업용수로 이용할 수 있는 담수를 공급하는 산업이다. 이를 통해 기후변화와 인구증가에 따른 세계적인 물부족현상을 해결하고 수자원을 효율적으로 활용할 수 있어 미래산업으로 주목받고 있다.

• 전 세계 담수화 시장 분포

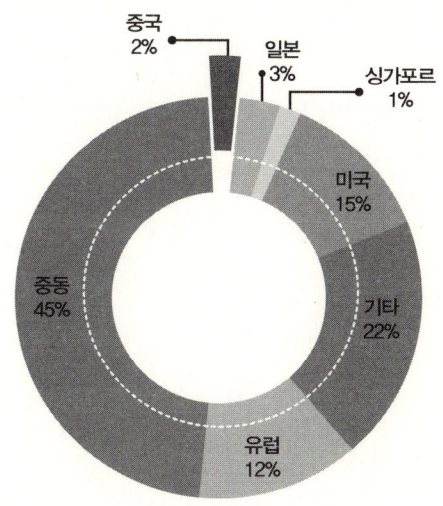

자료: 국제선박망(国际船舶网)

전 세계 해수담수화 설비시장의 규모는 현재 40억 달러로 추산되며, 이 중 중국의 비중은 2%에 불과하지만 연평균성장률이 30%에 달할 정도로 급성장 중이다.

해수담수화 현황

2011년 1사분기 기준 중국의 바닷물 담수화 능력은 1일 60만 톤이며, 2020년에는 현재의 5배 수준인 250~300만 톤으로 끌어올리겠다는 것이 중국정부의 목표다.

중국은 담수화기술과 설비 방면에서 급속한 발전을 거듭하여, 현재 톈진과 저장浙江, 산둥山东, 랴오닝辽宁에 수만 톤에서 10만 톤급 규모의 해수처리 시설을 건립가동 중이며, 중국 동부연안 지역에도 해수담수화와 가공, 제조를 일괄적으로 처리하는 신흥산업클러스터들이 들어서고 있다.

현재 해수담수화의 원가는 톤당 4~5위안까지 하락했으며, 이는 앞으로 해양담수화 실용화를 가능케 한다. 또한 해양담수화는 남수북조南水北调를 실행하고 있는 현재 중국의 상황에도 들어맞는다. 현재 진행하고 있는 남수북조의 총 투자액은 7,000억 위안인데, 만약 해수담수화가 실용화된다면 일 평균 7,000톤의 담수를 생산할 수 있게 된다. 남수북조 시 물의 원가가 톤당 5~6위안인 것에 비해 해양담수의 원가는 톤당 4~5위안이므로,

• 중국 해수담수화 현황

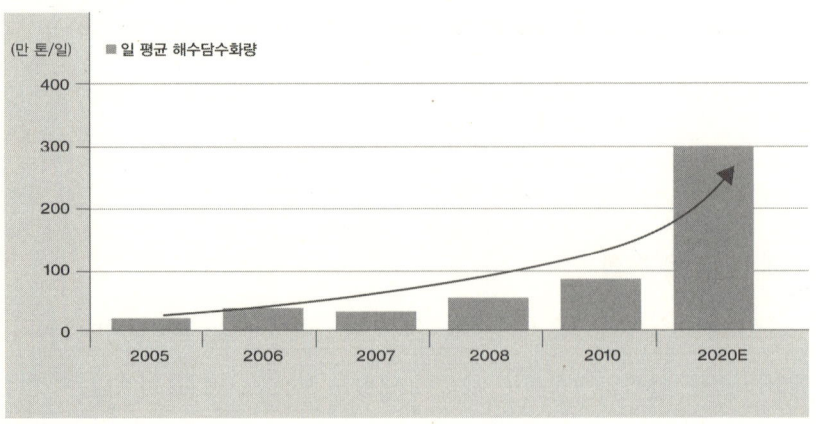

자료: RIGZONE

남수북조의 총 투자액은 3,000억이면 충분하다.

중국정부의 정책 및 성장 가능성

 2005년 7월 발전개발위원회, 국가해양국, 재정부가 발표한 '해수 이용 전문 계획'에는 2010년과 2020년의 해수 이용 목표가 명시되어 있다. 2020년까지의 목표량은 2010년 1사분기의 5배 수준으로 중국정부가 해양담수화에 거는 기대가 높다는 것을 알 수 있다.

 2010년 전국인민대표대회와 톈진시 재정국財经局은 '중국국가 지정 해수담수화산업 발전지원에 관한 정책과 건의'에서 해수담수화산업 관련 정책을 발표했다. 첫 번째 정책은 해수담수화 지원자금 항목을 지정하는 것이고, 두 번째 정책은 해수담수화 기업에 절세혜택을 주는 것, 세 번째 정책은 재정보조 기관의 설립, 마지막 네 번째 정책은 해수담수화와 수력발전 연관 산업의 추진이다. 현재 2020년까지 해수담수화의 규모를 5배 수준으로 올리겠다고 선언한 중국이 직면한 문제는 담수화 설비의 보급이다.

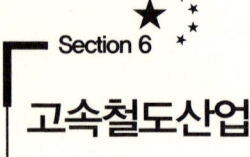

Section 6
고속철도산업

중국에는 비행기보다 빠른 고속철도가 있다?

2011년 6월 30일 중국에 비행기보다 빠른 고속철도가 개통했다. 바로 베이징과 상하이를 연결하는 초고속철도다. 단순히 속도로만 비교하자면 비행기보다 빠르진 않다. 하지만 시내에서 공항 가는 시간 및 수속시간, 도착해서 다시 시내로 가는 시간을 합친다면 고속철도가 빠르다. 시속 300km인 베이징-상하이 간 초고속철도를 이용할 때 여행시간은 4시간 48분으로, 현재 가장 빠른 베이징-상하이 간 철도의 9시 49분을 절반으로 단축했다.

중국은 2010년 자체 생산한 고속철로 시속 486.1km라는 기록을 세웠다. 고속철 개발에 뛰어든 지 불과 10년 만에 세계에서 주목받는 고속철을 가진 국가로 발돋움한 것이다. 항공기산업에서는 리더인 미국도 중국의 고속철 기술에 탄복했다. GE는 항공기 제작기술을 전수해주는 대신에 중국으로부터 고속철 기술을 배우기로 했다. 중국고속철도산업의 초고속 성장의 비밀은 무엇일까?

먼저 외국기업으로부터 적극적으로 선진기술을 받아들였기 때문이다. 중국은 뒤처진 과학기술 분야를 육성하기 위해 2000년대 초반부터 자국 시장 및 산업을 개방했다. 중국의 협상카드는 바로 '세계 최대 시장'이었다. 외국기업은 중국에 진출하기 위해 기술이전에 동의했고, 중국은 합작 법인의 형태로 국외 선진기술을 흡수할 수 있었다.

또한 단순히 기술전수에만 그치지 않고 자체기술개발에도 힘을 쏟았다. 외국기업의 기술을 토대로 중국현지에 걸맞은 기술을 발전시켰다. 중국 난처中國南車그룹은 시속 250km의 고속철도는 외국기업으로부터 기술을 도입해 제작했지만, 시속 350km 이상의 초고속철도는 100% 자체 개발했다고 밝혔다.

중국은 2008년 베이징올림픽 개막에 앞서 베이징-톈진 간 고속철도를 개통한 이후 대대적으로 고속철도 확충에 앞서왔으며, 이미 9,000여km의 고속철도망을 구축했다. 2012년까지 총연장 1만 3,000km, 2015년까지는 1만 6,000km로 확장할 계획이다. 고속철도는 철도 주변의 도시발전 속도를 높이고, 관광 및 쇼핑, 건설업의 수요도 견인할 수 있을 것으로 예상된다. 고속철도를 통해 지방도시의 경제를 활성화하고 더 나아가 중국 내수경제를 촉진할 것이라는 전망이다.

현재 중국정부가 철도건설에 투자하는 예산은 매년 증가하고 있다. 투자은행 JP모건은 12차 5개년 계획기간 동안 중국정부가 철도산업에 투자할 금액은 약 3~4조 위안, 우리 돈으로 약 500~670조 원에 이를 것으로 예상하고 있다.

중국 고속철도산업 현황

18세기부터 이어져왔던 철도산업은 최근 고속철도의 개발과 철도망 확충으로 새로운 기회를 맞이하고 있다. 중국의 고속철도산업은 차량운송과 항공운송을 대신할 수 있는 성장잠재력이 존재한다는 점 이외에도 경기주기 및 정부정책의 영향을 받는다. 12차 5개년 계획기간 동안 중국정부의 정책적 목표는 '소득 재분배와 균형발전'이다. 균형발전의 목표를 달성하기 위해서 초고속철도망 확충은 필수적이다.

2009년 중국 고속철도 분야의 고정자산 투자액은 7,000억 위안에 달하였으며, 그중 1,000억 위안 정도가 고속철을 구매하고 배치하는 데 쓰였다. 중국의 고속철도 투자계획에 따르면 2010년부터 기차 등의 철도 관련 장비의 구매량이 고 성장기에 진입할 것으로 보이며, 2010년부터 2012년까지의 성장률이 연평균 35%에 달할 것으로 보인다.

중국의 철도교통산업 발전은 2단계로 나눌 수 있다. 첫 번째 단계는 2008년부터 2011년까지로 철도교통설비의 폭발적인 증가 단계인데, 고속철도가 그 성장세를 주도했으며, 2011년 후반기부터는 완만한 지속 성장기로 들어서는 추세다. 철도부의 투자계획과 현재 개발현황을 보면 2010년부터 2012년까지 중국의 철도 기초설비 투자의 황금기로, 철도건

• 4개 주요 운송수단 비교

	철도	차량	항공	해운
에너지소모율 비교	1.0	9.3	18.6	
여객 운임 단가 비교	1.0	1.6	5.5	6.0
화물 운송 단가 비교	1.0	6.2	17.2	0.6
CO_2 배출량 비교	1.0	4.6	9.4	2.0

자료: 신만연구소

축산업 및 기계산업, 철도차량, 시멘트, 전기설비, 철강산업 등 관련 산업에 전방위적인 영향을 미칠 것으로 예상된다.

최근 전 세계 고속철도 건설 붐이 거세게 불고 있다. 이는 다른 운송수단보다 탄소배출량이 적기 때문이다. 중국은 저렴한 노동력으로 이룬 자본을 무기 삼아 중국을 넘어 전 세계 고속철도 시장을 향해 고속질주 할 전망이다.

중국 정부정책 및 성장 가능성

중국은 급속한 경제발전으로 폭발적인 운송수요에 직면했다. 중국정부는 이를 철도 운송능력 향상으로 해결하기 위해 2003년 5월 철도건설 확대 발전전략을 발표했으며, 이 전략의 목표는 운송능력을 대폭 높이는 동시에 교통설비 기술의 발전이었다. 이어 2004년 철도부는 철도건설의 구체적인 윤곽을 담은 '중장기 철도망 계획'을 발표하였다. 그리고 이는 2006년 시행된 11차 5개년 계획에서 '철도확대발전'이라는 종합 프로젝

• 2020년 중국 고속철도망

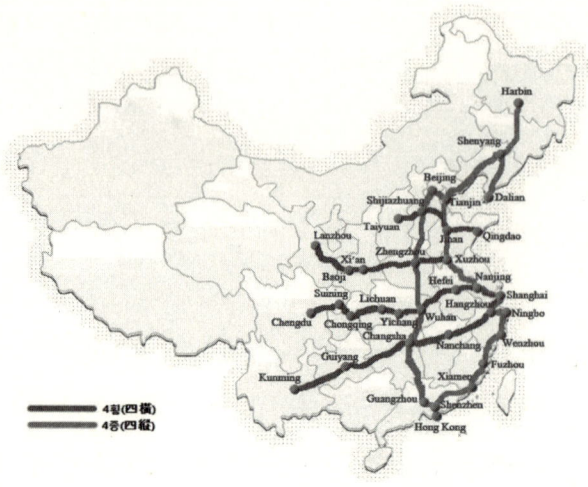

자료: 중국 고속철도망

트로 이어졌다. 2008년 금융위기 후, 중국은 경기부양책의 목적으로 4조 위안을 투입했는데, 이 중 대부분이 철도건설로 집행되었다. 이에 따라 철도부는 철도확대발전계획을 수정했으며, 철도건설의 속도가 빨라졌고 투자규모도 증가했다.

'중국 철도 중장기 발전계획'에서 중국은 2020년까지 급성장하고 있는 지역투자 및 관광객의 수요를 만족하게 하기 위해 각 성省의 성도省都와 주요 도시를 철길로 연결하는 '4종4횡四縱四橫'을 완공할 것이라고 발표하였다. 4종4횡이 완성되면 중국의 고속철도용 철로는 총연장 1만 3,000km며,

이 중 250km/h의 고속철도용 철로가 5,000km, 300km/h 고속철도용 철로가 8,000km에 이른다. 베이징-상하이, 베이징-홍콩, 베이징-하얼빈/다롄大連, 상하이-선전深圳이 4종이며, 쉬저우-란저우, 상하이-쿤밍, 칭다오-타이위안太原, 상하이-청두가 4횡이다.

2010년 8월에 발표된 '중국 고속철도망 계획'에 의하면 앞으로 중국은 중·단기와 장기 프로젝트로 나누어서 고속철도망을 완공할 예정이다. 단 중기 프로젝트는 2010년부터 2040년까지의 30년간 4종4횡을 완성시키는 것을 목표로 한다. 장기 프로젝트는 2040년부터 2070년까지의 30년간 동부와 서부를 철도로 완벽히 연결시키는 것이 목표다. 이를 통해 서부의 어떤 도시에서라도 동부연안으로 쉽게 이동할 수 있게 되며, 중국 전역의 주요 도시와 관광지를 철도로 연결하여 중국 내 관광객이 주요 교통수단으로 고속철도를 이용할 수 있다.

원조우 고속철 사고 그 이후

20011년 7월 원조우温州 고속철도 추돌 사고가 발생했다. 세계에서 가장 빠른 고속철을 자랑했던 중국 고속철도산업에 씻을 수 없는 오명을 남겼다. 이후 중국의 고속철도산업은 속도전에서 안전제일로 방향을 전환했다. 세계에서 제일 빠른 고속철을 최단 시간에 건설한다는 1950년대 '대약진 운동' 식의 속도전은 지양하고 이제는 철도의 절대 안전을 최우선시 하겠다는 것이다.

중국의 건설현장은 24시간 불이 꺼지지 않는 경우가 많다. 3교대로 건설 프로젝트의 기간을 단축하는 것이다. 중국의 고속철도도 공기단축과 조기 개통을 미덕으로 여겨왔다. 그러나 사고 이후 철도부 성광주盛光祖 부장은 공사기간을 합리적으로 정하고, 함부로 무리하게 공사기간을 단축하지 못하도록 지시했다. 또한 철도도 무리한 운행보다는 절대적인 안전을 중시하여 고속철도의 서비스와 수준을 한 차원 업그레이드할 것을 당부했다.

고속철도 사고가 지금까지 중국에 다소 부족했던 안전의식을 높이고 안전불감증의 우려감을 다소 줄일 수 있는 계기가 된 것이다. 일부는 철도부의 발표 이후 현재 계획된 고속철 프로젝트가 전면 재조정될 것이라는 우려감도 나타냈지만, 애초 고속철도 프로젝트의 청사진에는 변함이 없다. 오히려 세계에서 가장 빠르고 안전한 고속철도라는 새로운 목표가 생겼을 뿐이다. 중국은 지금과 같이 지속적으로 고속철도 건설에 막대한 투자를 할 것이며 계획 목표를 달성할 것이다.

고속철도 건설은 중국의 도시화와 맞물려 있다. 대도시에 국한된 소비시장을 중국의 내륙지방으로 넓혀 대중소비시대를 여는 것이다. 푸단대학교 중국경제연구센터 장쥔張軍 교수는 대중소비시대는 베이징, 상하이, 광저우 등의 연해 대도시가 아닌 내륙의 2, 3급 도시가 주도할 것이며, 중국정부의 균형발전정책에 따라 고속철도가 대중소비시대를 이끌 것이라고 전했다.

중국국무원발전연구센터DRC의 연구결과에 따르면 중국의 적정 도시화율은 65~75%며, 1978년 17.9%에서 2010년 49.7%로 급격히 높아졌지만,

아직 성장 가능성이 존재한다. 2, 3급 도시는 도시 인프라, 시장규모와 잠재 성장력, 전통 부유층 및 신흥부유층이 고루 갖춰져 있어 중국의 소비 촉진 및 시장확대 정책으로 빠르게 신소비 거점으로 떠오르고 있다. 중국의 고속철도 건설이 도시화 추세를 앞당기는 촉매제 역할을 하는 것이다. 앞으로는 내륙시장 진출 성공과 철저한 현지화가 중국시장에서의 성공을 좌우하게 될 것 같다.